Almas
crucificadas

VICTOR

O ESPÍRITO DA VERDADE

Edição	Impressão	Ano	Tiragem	Formato
1	1	1962	15.000	13x18
2	1	1970	5.066	13x18
3	1	1977	10.200	13x18
4	1	1982	10.200	13x18
5	1	1985	10.200	13x18
6	1	1987	10.200	13x18
7	1	1990	10.200	13x18
8	1	1992	15.000	13x18
9	1	1995	10.000	13x18
10	1	1997	5.500	13x18
11	1	1999	5.000	13x18
12	1	2000	3.000	12,5x17,5
13	1	2002	5.000	12,5x17,5
14	1	2003	5.000	12,5x17,5
15	1	2006	2.000	12,5x17,5
16	1	2007	3.000	12,5x17,5
16	2	2008	3.000	12,5x17,5
17	1	2008	5.000	12,5x17,5
17	2	2009	5.000	12,5x17,5
17	3	2010	5.000	12,5x17,5
18	1	2013	3.000	14x21
18	2	2013	3.000	14x21
18	3	2014	3.000	14x21
18	4	2015	1.000	14x21
18	5	2016	3.000	14x21
18	6	2018	2.500	14x21
18	7	2019	1.000	14x21
18	8	2020	1.500	14x21
18	POD*	2021	POD	14x21
18	IPT**	2022	250	14x21
18	IPT	2022	150	14x21
18	IPT	2023	300	14x21
18	IPT	2023	500	14x21
18	14	2024	1.200	14x21
18	15	2025	1.000	14x21

*Impressão por demanda

**Impressão pequenas tiragens

Livro espírita para um novo mundo
www.febeditora.com.br
@febeditoraoficial
@febeditora

Conselho Editorial:
Carlos Roberto Campetti
Cirne Ferreira de Araújo
Evandro Noleto Bezerra
Geraldo Campetti Sobrinho – Coord. Editorial
Jorge Godinho Barreto Nery – Presidente
Maria de Lourdes Pereira de Oliveira
Miriam Lúcia Herrera Masotti Dusi

Produção Editorial:
Elizabete de Jesus Moreira

Revisão:
Anna Cristina Rodrigues
Lígia Dib Carneiro

Capa:
Wallace Carvalho da Silva

Projeto Gráfico:
Rones José Silvano de Lima – instagram.com/bookebooks_designer

Diagramação:
Eward Bonasser Jr.

Foto de Capa:
http://www.shutterstock.com/ Andrey tiyk

Normalização Técnica:
Biblioteca de Obras Raras e Documentos Patrimoniais do Livro

Esta edição foi impressa pela FM Impressos Personalizados LTDA., Barueri, SP, com tiragem de 1,1 mil exemplares, todos em formato fechado de 140x210mm e com mancha gráfica de 104x168mm. Os papéis utilizados foram Off white bulk 58 g/m² para o miolo e o Cartão 250 g/m² para a capa. O texto principal foi composto em fonte Adobe Garamond Pro 12/15 e os títulos em Adobe Garamond Pro 28/30. Impresso no Brasil. *Presita en Brazilo.*

Almas crucificadas

HUGO

Novela psicografada por
ZILDA GAMA

Copyright © 1946 *by*
FEDERAÇÃO ESPÍRITA BRASILEIRA – FEB

1ª edição – Impressão pequenas tiragens – 11/2024

ISBN 978-85-7328-536-9

Todos os direitos reservados. Nenhuma parte desta publicação pode ser reproduzida, armazenada ou transmitida, total ou parcialmente, por quaisquer métodos ou processos, sem autorização do detentor do *copyright*.

FEDERAÇÃO ESPÍRITA BRASILEIRA – FEB
SGAN 603 – Conjunto F – Avenida L2 Norte
70830-106 – Brasília (DF) – Brasil
www.febeditora.com.br
editorial@febnet.org.br
+55 61 2101 6161

Pedidos de livros à FEB
Comercial
Tel.: (61) 2101 6161 – comercial@febnet.org.br

Adquirindo esta obra, você está colaborando com as ações de assistência e promoção social da FEB e com o Movimento Espírita na divulgação do Evangelho de Jesus à luz do Espiritismo.

Dados Internacionais de Catalogação na Publicação (CIP)
(Federação Espírita Brasileira – Biblioteca de Obras Raras)

H895a   Hugo, Victor (Espírito)

         Almas crucificadas / Victor Hugo (Espírito); romance psicografado por Zilda Gama. – 1.ed. – Impressão pequenas tiragens – Brasília: FEB, 2024.

         456 p.; 21cm – (Coleção Victor Hugo)

         ISBN 978-85-7328-536-9

         1. Romance espírita. 2. Obras psicografadas. I. Gama, Zilda, 1878–1969. II. Federação Espírita Brasileira. III. Título. IV. Coleção.

                                             CDD 133.93
                                             CDU 133.7
                                             CDE 80.02.00

Sumário

  7   Livro I
       Na pista da verdade

 59 Livro II
       Sonhos funestos e realidades pungitivas

143 Livro III
       Desenganos e reparações

165 Livro IV
       Os impulsos do destino

213 Livro V
       Trama do destino

253 Livro VI
       A execução das Leis supremas

289 Livro VII
       Quando o destino impera

359 Livro VIII
       Lutas e conquistas espirituais

Livro I

Na pista
da verdade

Remontemos ao passado, esse oceano infindo, que parece extinto, e, no entanto, se reúne a outro, também imensurável – a Eternidade porvindoura, e subsiste alhures, gravado no bronze divino e imortal da alma humana...

Sondar o passado é descer, lentamente, com o escafandro mágico do pensamento, ao abismo desse profundo oceano, para trazer à tona das vagas revoltas, que as contêm, as lúcidas pérolas das recordações milenárias. Façamos, pois, qual audaz pescador de preciosidades, e aprofundemos, no confuso Mediterrâneo do passado, o próprio pensamento, essa fagulha estelar, prova insofismável do átomo celeste que existe em nosso âmago, lucificando o negror das paixões e das amarguras terrenas, dando-nos a certeza de que somos realmente herdeiros siderais, confiantes de que o Universo pertence às centelhas divinas, de igual modo que os mais quantiosos erários dos potentados passam aos legítimos sucessores... Penetremos no vetusto solar de um denodado titular, o conde de Morato, Tasso Solano, nos términos das Cruzadas, dos lances cavalheirescos, das heroicidades bélicas... cujas façanhas estão em antítese às Leis Divinas, e, no entanto, receberam o aplauso de quase todos os que deles tiveram conhecimento...

Era esse alcáçar uma sólida construção de alvenaria, que já pertencera a diversos senhores e desafiava os séculos, tendo então origem remota e obscura. Pertencia, na época a que nos reportamos, a uma família de heráldicos descendentes de famosos romanos, que ali se aninharam, em busca de serenidade espiritual, já que as águias altaneiras, batidas pelas devastadoras borrascas, se recolhem nos ápices das cordilheiras, ansiosas de ar livre, de luz, e, principalmente, de liberdade... temendo os seus mais cruéis e invencíveis adversários – os audazes caçadores.

Possuíam os condes de Morato, nobres de estirpe e regiamente abastados, um único descendente, Cláudio Solano, de gênio indecifrável e instintos de aventureiro.

Ali se localizaram, em tempos idos, almejando paz, mas vivendo agitados, em incessantes refregas com os naturais da Dalmácia,[1] os progenitores de Cláudio Solano, procedentes de notáveis servidores da pátria, decaídos do fastígio real, por discórdias políticas. Temerosos de prováveis represálias, buscaram abrigo em acidentada região, pouco distante do Adriático. Uma tarde, fitando a névoa que provinha da praia, no início do inverno, com os olhos turvos pela bruma da saudade, pela neblina da nostalgia – embora exilado voluntariamente da pátria bem-amada, que não convinha rever –, o velho conde de Morato murmurou:

---

[1] Região da Croácia na costa leste do mar Adriático.

– Estou apartado da terra idolatrada, sim, mas o Adriático não cessa de me trazer os seus soluços... que ecoam dentro de meu saudoso coração!

Morto tragicamente a mando de desafeto antagonista político, por um campônio assalariado, o infortunado titular acarretou a morte de sua dedicada esposa que, não resistindo à dor desse infausto acontecimento, buscou a proximidade do mencionado mar e atirou-se às vagas que o inesquecível companheiro de existência tanto amava...

Ficou o unigênito do infortunado casal, Cláudio Solano, à mercê das refregas das paixões desnorteantes, que sempre assaltam quantos, inexperientes da vida social, se veem na posse de consideráveis haveres, desprovidos da mágica bússola do amor paterno para os nortear em horas de borrascas morais. Ainda muito jovem, começou ele a percorrer longínquas paragens e, só depois de haver despendido vultosa fortuna, retornou ao Solar das Sereias, que herdara de seus maiores, fatigado das longas jornadas e das pelejas sangrentas, após o imprevisto desaparecimento de São Luís – sob cujas ordens servira –, o qual foi completamente vencido pelos sarracenos.

De temperamento impetuoso e arbitrário, sabia ele, contudo, dominar os impulsos agressivos à custa de muito esforço e do apuro mental em que fora criado, pois seus genitores lhe haviam dado primorosa instrução. Regressara saudoso de seu mais fiel amigo, companheiro de infância e de armas, o jovem Marcelo Taciano, filho dos proprietários do castelo próximo ao seu, consorciado com uma encantadora tessaliana, Dioneia Isócrates, possuidora de peregrinas virtudes cristãs. Não havia quem, ao vê-la, não sentisse um deslumbramento inevitável: de mediana estatura; tez alva qual a neve dos Alpes, com um tom de alvorada primaveril nas faces esculturais; opulenta e veludosa cabeleira, ondulada, cor de topázios, com a mesma tonalidade dos maravilhosos olhos, sempre melancólicos, que não revelavam a arrogância das Vênus terrenas, e sim a candura irradiada das almas imaculadas, tão belos e sonhadores quanto os das mais formosas vestais e que pareciam ter por missão alimentar o fogo sagrado no altar da pureza e do amor incorruptível nos corações que abrigam os mais excelsos sentimentos...

Pouco tempo havia decorrido após o regresso de Cláudio Solano, quando um outro trágico sucesso abalou os habitantes dos dois solares: aparecera, com o coração atravessado por um punhal envenenado, o piedoso Marcelo Taciano! Ninguém pudera suspeitar sequer, por muito tempo, qual o móvel do crime, pois a vítima era de índole pacífica e não contava inimigo ostensivo...

Nenhum adversário conhecido possuía o assassinado, geralmente benquisto, não sendo de prever tal epílogo sangrento, que fora consumado, não em horas tardias, de trevas e silêncio, em noite sinistra e procelosa, iluminada apenas pelas serpentes celestes – os coriscos – e sim ao crepúsculo de um dia primaveril...

Tanto Marcelo quanto Cláudio eram, como dissemos, de origem napolitana, e, embora afastados das injunções governamentais, já haviam prestado o tributo bélico, além do Mediterrâneo – na Palestina. Eram, pois, ambos hábeis guerreiros, adestrados nas pugnas mortíferas, manejando as armas brancas com admirável perícia, sendo dificílimo a qualquer contendor evitar os certeiros golpes de tais adversários...

Haviam sido amigos e contemporâneos desde os estudos iniciais. As famílias de ambos sempre mantiveram perfeita cordialidade, fraternalmente, nas terras que se limitavam.

Marcelo Taciano era de compleição delicada, trigueiro, ainda que de elevada estatura, olhos negros e fúlgidos, revelando intensa melancolia ou a previsão do fim que o aguardava naquela existência; pois, precisamente quando conquistara a almejada ventura (ditosa aliança com a fascinante e nobre jovem que seus tristes olhos tinham contemplado com amor), teve interceptada, por ignorado sicário, a vida preciosa, em pleno sonho da juventude.

Cláudio Solano, em antítese do companheiro de armas, era claro, de olhos glaucos, com reflexos de aço polido, revelando a ascendência materna, que provinha de antigos gauleses transalpinos, já mesclados com os germanos. Estavam ambos intensamente vinculados pelo destino, desde que saíram da primeira infância, embora os temperamentos fossem antagônicos: Marcelo era de gênio calmo, ponderado, generoso e compassivo; Cláudio, arbitrário, destemido, capaz de atos heroicos ou degradantes – conforme os impulsos vulcânicos de seus indomáveis sentimentos! Viveram, contudo, ambos, na mais estreita cordialidade, tolerando-se mutuamente, e jamais houve dissensões entre os dois, até que Marcelo apareceu com o coração fendido por mortífero punhal corso... Seus abastados genitores para ali haviam dirigido os passos, na persuasão de viver em harmonia com os naturais da Dalmácia, adquirindo dois solares de majestosa beleza arquitetônica, quase nas fronteiras do Epiro.[2]

Para a construção das duas senhoriais habitações foram contratados famosos artífices atenienses, que as fizeram um primor de arquitetura greco-romana, recebendo as designações de Solar do Cisne e das Sereias, das famílias de Marcelo Taciano e Cláudio Solano, respectivamente. Na fachada da primeira havia uma pintura simbólica, representando um lago cor de turquesa, onde vogava a ave sonhadora e nívea que, antes de cerrar os olhos à luz da vida, vibra, pela derradeira vez, a canção de despedida do mundo que vai deixar, às vezes com incontido pesar...

Dominavam os dois castelos o cimo de uma colina, semelhando ambos formosas magnólias de mármore alvinitente, desabrochadas nos régios e extensos jardins que os rodeavam, unindo-se às árvores dos pomares, ora repletas de flores, ora de frutos dulçorosos...

Por uma tarde de nevasca, em plena estação hibernal, foram acolhidos modestos viandantes, exaustos de longa jornada com rumo à Tessália,[3] e que chegaram ao Solar do Cisne sem recursos pecuniários, desprovidos de víveres,

---

[2] Região da antiga Grécia, ao sul da Macedônia, onde estava o célebre oráculo (ruído proveniente de floresta próxima ao templo de Zeus) de Dodona.
[3] Região da Grécia.

desalentados pelos embates da adversidade. Compunha-se a aludida família de quatro pessoas: um casal, aparentando mais de nove lustros de existência; um rapaz, de 20 anos, Apeles; e sua irmã, Dioneia Isócrates, mais jovem e dotada de indefinível formosura pela inexcedível e divina estatuária – a natureza.

Alva qual o jaspe da Morávia,[4] cabelos ondulados e olhos de topázio refulgente, tez aveludada e rósea, lábios de rubro coral da Sicília, parecendo uma viva e celeste escultura de Cleômenes[5] que houvesse produzido sua obra-prima. Havia uma dúlcida melancolia em seu olhar, mais sedutor do que um lampejo de alegria, porque reveladora de sigilo pungente do coração, que antevia, por intuição supranormal, um porvir de amarguras, insondáveis por aquela época...

Os genitores de Marcelo Taciano, compadecidos da situação angustiosa em que se encontravam os infortunados romeiros – que afirmavam ter já possuído vultosa opulência e, então, arruinados, se dirigiam para a Tessália, onde lhes restavam alguns imóveis e parentes –, ofereceram-lhes acolhedora hospedagem.

Exausta da longa viagem que empreendera, em péssima caleça, a mãe da encantadora Dioneia adoecera gravemente, e, tendo-se agravado subitamente a enfermidade cardíaca que, havia muito, a torturava, desprendeu a alma compungida, no Solar do Cisne, despertando a comiseração de todos.

---

[4] Região da Europa Central, que forma a parte oriental da República Checa.
[5] Cleômenes III – Rei de Esparta (220 a.C.).

Márcio Taciano, o nobre senhor do castelo, para não vexar os abrigados com suas generosidades de verdadeiro cristão, durante a enfermidade da desditosa extinta – segundo o julgar humano – propôs a permanência de Túlio Isócrates em suas terras, nomeando o jovem Apeles administrador das propriedades, pois, precisamente por aquela época, havia falecido quem por muito tempo desempenhara o referido cargo, dando isso margem a que se instalasse no Solar do Cisne, definitivamente, a enlutada família.

Honestos e laboriosos, os três restantes passaram a viver, em plena harmonia, com aqueles que os haviam socorrido em horas de penúria desalentadora... Marcelo que, então, já contava cinco lustros de idade, não pôde ser insensível à helênica formosura de Dioneia, que correspondeu, com afeto leal e gratidão indefinível, à indômita paixão que havia inspirado, e, assim, o bronze estelar do amor esponsalício ligou por todo o sempre dois corações repletos de esperanças e sonhos de venturas ilimitadas...

Apeles e Dioneia eram cultos e revelavam apuro social, sendo exímios harpistas. Uma brusca perda de fortuna fê-los lançar mão do que haviam aprendido e davam audições públicas, que enlevavam os assistentes, tal a magistral interpretação com que executavam as mais famosas partituras daquela época. Na penosa decadência de fortuna em que estiveram, foi mister a venda dos amados instrumentos que dedilhavam com maestria; mas, por uma compensadora magnanimidade do destino, encontraram, no solar que os abrigou, as harpas que haviam perdido – como que ressuscitadas – em um de seus vastos salões! Foi assim que, inesperadamente, após alguns meses do passamento da adorada genitora, puderam ambos deleitar os que tiveram a felicidade de os escutar, executando um dos mais célebres instrumentos dos israelitas, dentre os quais deixou luminoso sulco o famoso David, o rei-profeta, que deveu grande parte de seus triunfos à harpa inolvidável, a qual possuía – como todas as outras congêneres – a graciosa forma da asa decepada de alguma águia sideral, ferida em pleno infinito e caída aos pés do famoso intérprete das inspirações celestes...

Da convivência das duas famílias – embora de raças diferentes – resultou a centelha divina do amor que, desde logo, ligou os corações de Marcelo e Dioneia, que fantasiaram uma imarcescível ventura, longa e tranquila existência, abrigados na quietude daquele castelo, que lhes pareceu haver sido edificado para os isolar do bulício dos grandes centros populosos, ilhando-os do mundo vário, para que infinita fosse a felicidade de ambos em plena idade das fantasias e das áureas ilusões! Os genitores dos enamorados aprovaram, com demonstrações de júbilo, a veemente afeição daquelas almas leais, deliberando que os nubentes permanecessem no Solar do Cisne, pois lhes faltava ânimo para deixar partirem aqueles seres bem-amados – verdadeiros fragmentos dos corações paternos – que anteviam incalculáveis encantos para ambos, no transcurso da vida.

Somente Gelcira, a consorte de Márcio Taciano, não manifestou o mesmo entusiasmo de todos do alcáçar, porque algo de secreto, de desolador, de inexprimível presságio lançou uma gota de fel no âmago do seu seio de mãe extremosa, sem que pudesse explicar quem lho tinha vertido no mais precioso dos órgãos – o coração – que desvenda, às vezes, os arcanos do porvir caliginoso.

Tudo, porém, transcorreu em paz, e em alegria foi efetuado o enlace matrimonial da formosa Dioneia com o unigênito dos senhores do Solar do Cisne, parecendo que um halo de felicidade pairava na fronte de quantos assistiram às pomposas núpcias.

Uma tarde, inesperadamente, chegou ao belo alcáçar outro personagem, Cláudio Solano, a que já nos referimos, após prolongada excursão pelo Egito e pela Etiópia, saudoso de rever o inesquecível amigo e companheiro de infância, recém-consorciado, o qual, um lustro antes, juntamente com outros conterrâneos coparticipara das últimas Cruzadas, que fracassaram, no reinado de Carlos d'Anjou, rei da França, irmão do desditoso Luís IX, denominado São Luís.

Cláudio Solano, depois dos trágicos sucessos ocorridos na família, dos labores bélicos e de longas peregrinações pelo Oriente, regressou ao Solar das Sereias, com o coração desolado, oprimido pelas penosas recordações de seus desditosos progenitores...

Sendo ambos, ele e Marcelo, filhos únicos de casais opulentos, viviam sem preocupações de ordem financeira, e aliaram-se mais intimamente durante as refregas das Cruzadas, ligados por estreita afeição fraternal. O retorno de Cláudio Solano foi recebido por Marcelo com demonstrações de intenso contentamento, pois estava ansioso por lhe apresentar a encantadora consorte, cuja beleza helênica era o alvo irresistível de todos os que tinham oportunidade de conhecê-la, confessando que jamais lhes fora dado contemplar uma estátua humana que a excedesse nos traços primorosos, ultrapassando os das concepções de Fídias,[6] que jamais pôde suplantar a divina escultora – a natureza!

Cláudio Solano era mais alto e robusto do que o amigo e consócio de armas. Tendo realizado prolongadas e dispendiosas excursões por longínquas paragens do antigo e único dos continentes de antanho, adquirira hercúlea robustez e invulgar cultura a respeito dos hábitos, literatura e filosofia de vários povos, excitando a admiração dos que tinham ocasião de lhe ouvir as proveitosas narrativas. Inteligência lúcida e multiforme, empolgava pela palavra, parecendo inspirado pelos numes[7] siderais. Era alvo, embora tisnado pelos sóis das longas jornadas, cabelos acentuadamente louros, com reflexos de labaredas. Dir-se-ia ser um atleta, invencível, do Coliseu romano.

O retorno ao castelo onde viveram seus maiores e que todos julgavam abandonado pelo único herdeiro, causou regozijo no próprio solar, tanto quanto no de seu amigo Marcelo Taciano. Por vezes, os afeiçoados e conhecidos que o visitavam, maravilhados com as suas digressões históricas ou filosóficas, aplaudiam-no com incontido entusiasmo.

Insensivelmente, porém, depois de alguns meses de permanência no seu alcáçar, artisticamente reconstruído, visível metamorfose se operou no proceder do erudito

---

[6] Escultor grego (490-431 a.C.).
[7] Divindade, poder celeste; deuses do Paganismo.

castelão; por alguns dias tornou-se incomunicável, permanecendo no Solar das Sereias, atendendo somente ao administrador, quando urgia alguma solução referente aos serviços dos campônios, tratados com rispidez.

A transformação radical operada no proceder de Cláudio não podia deixar de causar reparos e comentários dos que lhe conheciam a verbosidade e o gênio folgazão. Ele se escusava a todos que o interrogavam, afirmando estar enfermo, causando-lhe os sofrimentos que o acometeram grande depressão moral... que, talvez, o levasse ao túmulo. Foi chamado ao castelo um ervanário grego, que lhe prescreveu diversos infusos vegetais e várias precauções alimentares, pois havia verdadeiro desequilíbrio circulatório, que podia ser-lhe fatal. À indefinível alegria causada com o retorno de Cláudio Solano ao alcáçar, sucedeu incontida tristeza...

Foram suspensas as ruidosas reuniões no Solar das Sereias, onde grande se tornou a preocupação motivada pela precária saúde de seu temido senhor. Raramente saía ele, fazendo apenas algumas excursões a pé, parecendo estar pesquisando os arredores do castelo, demorando-se em pequena propriedade que ficava nos limites de suas terras com as do Solar do Cisne, onde raramente aparecia, proferindo, então, limitadas palavras. Raro era o dia em que recebia um amigo, sendo notável a mudança operada na indumentária, exceto quando ia retribuir as visitas de Marcelo Taciano, caso em que observava desusado apuro no trajar e até na linguagem de poliglota.

Em vão, o amigo de infância o interrogou sobre a causa de sua estranha transformação: a todas as arguições amistosas respondia com evasivas que deixavam em dúvida incessante os mais íntimos. Certa noite, bruscamente, dissera ele a Marcelo haver falecido, em Nápoles, sua prometida esposa...

Marcelo tentou confortar-lhe o amargurado coração, até então invulnerável às invisíveis setas dardejadas por Eros.[8]

Às vezes, ficavam Marcelo e a formosa consorte, no salão nobre ou no parque do solar, tentando lenir a mágoa do desditoso amigo.

Dioneia, sempre solícita e compassiva, proporcionava-lhe conselhos que eram acolhidos em silêncio, porém, com reconhecimento, pelo malogrado noivo. Ela, que era exímia harpista, em conjunto com Apeles enlevavam os assistentes com as mais suaves harmonias. Uma noite, estando apenas os dois cônjuges e Cláudio no varandim do castelo, os genitores de Marcelo mandaram chamá-lo para lhe comunicar certa ocorrência com um dos campônios, vítima de um acidente de trabalho, no qual teve decepado o dedo indicador da mão esquerda.

Indômita tristeza empolgava o então taciturno Cláudio, naquela tarde. Marcelo havia tentado, de forma vã, confortar-lhe as mágoas.

Ficando a sós, por momentos, com a formosa consorte do amigo, seus olhos lampejaram semelhantes coriscos em céu proceloso, ou como se o cérebro, incendiado por chamejante pensamento, transmitisse labaredas pelas órbitas. Notável mutação se operou na fisionomia de Solano que, com vulcânico fulgor no olhar, fitou a aturdida Dioneia, interpelando-a com angústia:

---

[8] Deus do amor, na Grécia.

— *Domina*,⁹ conheceis a causa real do invencível pesar que me apunhala o coração?

— Sim... a morte prematura de vossa adorada noiva — respondeu, empalidecendo de emoção e surpresa.

— Não percebestes ainda, com a lúcida inteligência que possuís, *domina*, que sois a causadora de meu padecer, cujo desenlace, certamente, será trágico?

— Não, *domine*!¹⁰ Vossas palavras apavoram-me!... Eu, que tenho procurado suavizar-vos a dor moral, que julgava sincera, como posso ser a sua causadora?

— Porque... sois a mais perfeita arte viva que conheço e que, infelizmente, já pertence a outrem!...

— Como, *domine*? É assim que retribuís o afeto do mais digno de todos os homens que conheço — Marcelo Taciano?

— Não há tempo para digressões filosóficas... Depende de vossa resposta... o futuro de muitas criaturas... Sabeis que sou muito mais opulento que... vosso esposo?

— Não o amo pelo que ele possui nos cofres, e sim pelas nobres qualidades morais, *domine*! Mesmo que não o amasse... ser-lhe-ia eternamente grata pelo acolhimento que me dispensou e aos que constituem minha família!

Entorpecente silêncio reinou no ambiente. Ouvia-se o rumor dos corações frementes. Às súbitas, Cláudio, envolvendo o pálido rosto de Dioneia com o olhar em fogo, murmurou, vagarosamente:

---

⁹ Senhora.
¹⁰ Senhor.

– *Domina*, preciso obter a certeza do que se passa em vosso íntimo, pois já não posso sufocar o que ocorre no meu coração louco... e desatinado!

– Serei, sempre e sempre, fiel a meu esposo. Além do afeto que lhe consagro e a seus dignos genitores, sinto por todos perene gratidão! Nunca me esquecerei do que fizeram por mim e por meus parentes, em horas aflitivas!...

– O que ele fez por vós... não foi por magnanimidade, e sim fascinado pela vossa incomparável formosura; qualquer homem teria feito o mesmo de bom grado... apenas por um olhar vosso... que eu julgo filtro enlouquecedor! Achais, por acaso, menos nobre o amor do que o reconhecimento?

– Sim, porque é cego! Porque faz esquecer o amigo de ontem... para tentar seduzir-lhe a esposa leal e casta! – exclamou Dioneia, purpureando-se, aumentando infinitamente o fulgor dos olhos indefiníveis e a beleza de que era dotada. – Amo e sou grata a Marcelo e a seus pais pelo que fizeram por mim e pelos que me são caros, em horas angustiosas... Por eles sacrificarei, sem pesar, a própria vida, se assim for mister!

– A sorte está lançada! *Alea jacta est!* [11] Assim, não posso mais prolongar o meu martírio... Antes jamais houvesse voltado a esta região, que ora se me afigura maldita... Sofri, nos primeiros tempos da adolescência, dois golpes profundos com a morte trágica de meus pais, e agora, que vim tangido pelas desilusões e amarguras da existência, busco

---

[11] Palavras atribuídas a César, quando passou o rio Rubicão, contrariando as ordens do Senado Romano.

conforto em um lar fraterno, porém, mais do que outrora o punhal da dor me vibra outro mortífero golpe. Não tendes uma palavra de compaixão, e sim de censura, para a minha desdita... Estou fascinado por vossa dupla formosura – moral e física –, pois reconheço a vossa virtude, que me flagela com indescritível tortura! Percorri a metade do planeta, e em parte alguma encontrei perfeição igual à vossa, porque, além de formosa, sois artista e inteligente!

– Tudo isso, *domine*, a meu ver, não tem o merecimento que possui a virtude. Esta, sim, sobrepuja todos os predicados que enumerastes! Um ente, para mim, belo, talentoso, abastado, mas sem moral, não vale tanto quanto um humilde ser, de feições imperfeitas ou mesmo monstruosas, porém que saiba cumprir os seus deveres terrenos, seja honesto e incapaz de uma perfídia ou de uma falta de lisura...

– Compreendo a altivez de vossas expressões, *domina*, e sempre havia pensado de igual forma, até ao dia em que, embevecido, fitei o vosso vulto sedutor... Fui atingido, em pleno coração, pela seta ensalmada de Eros, que transformou os meus próprios sentimentos de honorabilidade, sendo, agora, capaz de perpetrar as maiores heroicidades ou degradações para ouvir, de vossos lábios, uma palavra animadora... Eu compreendia todos os deveres morais – pois fui criado na escola da honra e da probidade –, mas fiquei alucinado desde que percebi que, na Terra, não posso, jamais, encontrar uma criatura que tenha o vosso porte, vossa formosura e vossa castidade. Como pude olvidar a lealdade consagrada a um amigo de infância e irmão de lutas guerreiras? Como pude esquecer esse irmão que o destino me concedeu, tornando-me seu indigno rival?

– E as vozes da consciência não bradam em vosso íntimo, aconselhando não pretender aviltar e destruir o lar de um irmão, pois somente por meio de um crime, ou de traição – que é um dos mais hediondos delitos morais – podereis conseguir o que ora confessastes à fiel esposa desse irmão de quem fostes amigo?!

– Estou desvairado, e não retrocederei, sejam quais forem as consequências resultantes!

– É lamentável o vosso proceder, *domine*!

Pronunciadas estas palavras pela nobre Dioneia, apareceu um servo, levando, em salva de prata fosca, vinhos e doces deliciosos. Logo após, chegou o generoso Marcelo.

Cláudio estava visivelmente soturno e contrariado, recusando tudo quanto lhe foi oferecido pelo servo e pelo amigo.

Ao retirar-se, com voz grave, o senhor do Solar das Sereias, falou:

– Marcelo, fui hoje chamado ao leste da Grécia, onde tenho negócios a realizar. É provável que, por algum tempo – cuja duração é impossível precisar –, eu me ausente desta região. Tenho, pois, forçosamente, de abandonar o conforto deste abençoado lar. Devo, porém, agir, consultando os meus interesses do *momento atual*. Se eu não partir, grande será meu prejuízo! Embora a vida não me seduza mais, opino que os nossos direitos só se devem renegar com a morte... Vou lutar com aspérrimos adversários, e talvez seja vencido... Que interesse tenho, porém, em viver ou morrer, se a minha desdita jamais terá um termo senão no abismo de um túmulo?

– Por que chamas de desventura o que foi determinado por Deus – o Juiz Supremo? Quem sabe se a desdita de hoje seria real desgraça, no futuro insondável? Devemos, pois, ser sempre resignados com os desígnios divinos, conformando-nos com os sucessos que conosco se relacionam.

– Tu tens uma crença que te conforta em todos os instantes de amargor, e eu não a possuo, embora tenha pelejado no exército de São Luís. Não lutei pela fé, e sim por amor à peleja. Não sei, agora, se serei vencido pela fatalidade, ou se poderei exterminá-la qual se fora dragão enfurecido!... Talvez seja esta a derradeira vez em que nos vejamos. Não me conformo com as leis despóticas do destino, às quais não me entrego sem restrições, nem desejo ser por elas exterminado! Desculpai-me o ter vindo entristecer-vos, perturbando a felicidade mais completa que vi neste planeta repleto de lágrimas e desilusões tremendas! Adeus! Não choreis por minha causa... Não sou digno de vossos prantos...

Um ambiente de apreensões e penosas conjeturas pairava no Solar do Cisne, até então invejavelmente o abrigo da intensa ventura desfrutada por todos que o habitavam. Dioneia retirou-se da sala por momentos. Marcelo fitou o amigo, à hora de sua partida para local ignorado, e, com os olhos fulgurantes de lágrimas, falou-lhe:

– Meu amigo, há muito suspeitava que uma grande dor ou um veemente pesar tortura o teu coração sensível, e esperava que me revelasses o que ora percebo claramente...

para poder confortar os dissabores que te excruciam o nobilíssimo coração. Tens, porém, guardado impenetrável segredo que ora compreendo: disseste haver perdido uma noiva adorada, que eu ignorava tivesses! A mudança que se operou em teu físico, e principalmente no teu proceder, tudo me revelava o domínio de avassaladora angústia. Por que, porém, não me desvendas a verdade, por mais dolorosa que seja? Em qual outro coração amigo poderás melhor expandir os teus mortificantes pesares?

– É bem certo, Marcelo, o que me disseste, mas não devo patentear o que me aflige, para que não se perturbe a lídima felicidade que existe no teu lar bendito. Sempre fomos amigos extremosos. Ligou-nos o destino indecifrável, na infância e no vigor da juventude. Terçamos armas no mesmo contingente. Nunca nos desunimos por motivos frívolos. Nossos desejos sempre foram idênticos. Há, porém, em nossas existências situações especialíssimas, que constituem sigilos impenetráveis, que somente no túmulo podem ser desvendados ou terminar. Tenho pensado, seriamente, em exterminar a vida, que se me tornou insuportável. Estive no Egito, e de lá trouxe diversos tóxicos letais que, em poucos instantes, podem aniquilar o martírio de uma inútil existência! Para que continuar a viver, se não terá fim, jamais, o meu martírio moral? Sou o único sobrevivente de três irmãos, mais idosos do que eu. Meus pais tiveram um desfecho dramático da vida terrena. Se há destino traçado por um Ser Superior às misérias deste mundo, foi bem cruel quem delineou o meu e o de minha família. Parece que somos uns falidos, malditos pelos deuses...

do Céu ou da Terra! O fracasso de meu noivado, no qual punha toda a esperança de umas migalhas de ventura... desnorteou-me! Devo desaparecer do cenário do mundo.

— Não deves nutrir esses pensamentos desconsoladores que destroem as energias e as venturas porvindouras, Cláudio! — redarguiu Marcelo, empalidecendo mais do que o era normalmente. — Bem sabes que temos uma alma imortal, e esta é a responsável pelos crimes que cometermos. Pensas encontrar a inércia absoluta no fundo do sepulcro; mas só a tem o corpo físico, pois nossa alma sobreviverá, e assim o será por toda a consumação dos séculos! Tu te libertas de uma dor terrena, necessária à purificação de teu espírito... e vais cair no vórtice, na cratera de outros sofrimentos inomináveis!

— Quem prova, categoricamente, quanto acabas de dizer, Marcelo? Quem está iludido, eu ou os que pensam da forma por que expressaste? Quais os utopistas, eu ou os sonhadores? Quem poderá provar, matematicamente, que Platão e Jesus estavam com a verdade, quando afirmaram que a alma é imortal e indestrutível? Hipóteses e absurdos não podem ser realidades insofismáveis! Só creio no real, no que se comprova pelos sentidos, e não em fantasias filosóficas... A vida, já que é nossa, pertence-nos legalmente e ninguém tem o direito de intervir nela: podemos conservá-la ou destruí-la, a nosso bel-prazer! Eis a minha teoria...

— Teoria nefasta, a que professas, Cláudio! Se assim conjeturas, também não deves considerar a vida humana digna de acatamento, pois, se não crês na sobrevivência da alma, sabendo que a trajetória humana, neste mundo, é um relâmpago entre duas eternidades — o passado e o porvir –, tendo o desejo ardente de realizar algum anelo, tu o conseguirás com a violência de um ateu, não acatando os direitos alheios para que o possas satisfazer. Por que hás de ser probo e leal, se tens a certeza de que a virtude não ultrapassa os limites de um túmulo?

– Dou cabimento às tuas ponderações, e também já pensei como acabas de expor; mas agora, que a mais cruel desilusão me oprime o infortunado coração, entendo que não se deve deixar para o *amanhã* – sempre obscuro e incerto – o que se pode efetuar *hoje*, que é o único tempo real que se conhece: quem encontrar um tropeço na estrada da vida, deverá retirá-lo, sem escrúpulos, de qualquer forma, e passar avante! Os obstáculos existem para que sejam vencidos e não respeitados! – concluiu Cláudio Solano, empalidecendo visivelmente.

– Apavoram-me as tuas palavras, Cláudio! – respondeu Marcelo, tornando-se lívido. – Sempre te conheci leal e respeitoso às Leis supremas que, incontestavelmente, regem a vida humana! Jamais um crime deixa de repercutir no íntimo, qual látego de fogo vibrado por mãos invisíveis: quem é delinquente não pode fruir tranquilidade, havendo no âmago um autocastigo, um tribunal divino que se chama Consciência! Se não fora isso, ninguém poderia tolerar outrem, abastado e feliz, ao passo que ele estivesse em penúria e infortunado. As mulheres belas seriam conquistadas a punhal e violências.

– És psicólogo, meu amigo! – murmurou Cláudio, ficando marmóreo, bruscamente. – Sempre agi dentro do direito e da justiça; sempre fui probo e ponderado;

bem conheces o meu caráter, ao qual fizeste referências inúmeras vezes; mas, ultimamente, parece-me que houve um cataclismo destruidor dentro de mim, demolindo os meus mais nobres ideais, tudo quanto de mais sacrossanto existia no meu ego, deixando-me desarvorado e com o coração em estilhaços! Estou, realmente, em situação desesperadora: não recuarei perante um obstáculo, mesmo precisando praticar tenebroso crime – se tal for mister para diminuir minha desdita...

– É horrível o que dizes, Cláudio! Tudo isso provém do insucesso de teus amores?! Não sabes que o futuro é indistinto, e, talvez, a realização de teu sonho esponsalício resultasse, no porvir, em verdadeiro fracasso da tua aspiração de felicidade, podendo ser traído ou desventurado com a eleita de tua alma, indigna da afeição que lhe consagraste? Disseste que tinhas suspeita de seu afeto, e mulher perjura, que não agia com lealdade, não merece tantas demonstrações de pesar, nem uma lágrima sequer! Estás enlouquecido, só porque era linda a tua eleita? Raras são as mulheres formosas que têm a inteireza de caráter como a possui a minha querida Dioneia, que, felizmente, é bela na alma, no físico e no moral! Ouve-me, pois, Cláudio: tens necessidade de esquecer a pérfida e, mais tarde, perdoá-la, por preceito cristão, que urge pores em execução cabal: o amor só deve existir quando partilhado e, em hipótese nenhuma, quando repelido ou desprezado.

– É o que ignoras, Marcelo, porque encontraste uma companheira de existência, tão casta quanto formosa. Ela, porém, que te abandonasse, ou fosse infiel, e não poderias esquecê-la, por mais esforços que fizesses, e, apesar da repulsa e da perfídia, continuarias a consagrar-lhe afeto, que aumenta na razão direta da afronta recebida! Teu coração, apunhalado de dor, continuaria a palpitar pela traidora e tirana. Saberias, então, no caso vertente, o abismo de sofrimentos que existe no meu, que, por vezes, tenho tentado esfacelar com um acerado punhal...

– Compreendo, amigo, toda a vastidão do sofrimento que te empolga a alma; porém, em idêntica situação (o que imploro a Jesus jamais aconteça!), eu faria o possível por expulsar de minha mente a imagem da traidora, por indigna da afeição ilibada que eu lhe dedicara, e iria empregar o meu amor em outras criaturas mais merecedoras do meu afeto, consagrando-o, tal qual Jesus, aos desventurados, aos que têm sede de justiça, de carinho e proteção.

Houve uma pausa na palavra das duas personagens. Às súbitas, interrompeu-a Cláudio:

– Tens uma crença, que não existe no meu íntimo! E se não encontrasses, jamais, a quem consagrar a tua afeição? E se fracassasse o teu mais belo ideal terreno?

– E onde faltam desditosos, nos quais possamos, protegendo-os e amparando-os, encontrar inestimável conforto para o torturado coração, Cláudio? Que mais belo ideal poderá conceber alguém do que o da felicidade eterna, conquistando-a por meio da dor, do cinzelamento moral, do bem praticado, do amor ao próximo e a Jesus? Quem poderá destruir essa aspiração, que é a do próprio e divino

Emissário? Pensas, acaso, que eu, sendo traído no amor, buscaria outra mulher? Não, absolutamente não! Dedicaria o meu mais puro afeto a meus pais, o meu fervoroso amor fraterno aos infortunados, que só não descobres onde se encontram porque não entras nas choupanas humildes, nos tugúrios misérrimos, não enxergas as mãos contraídas pelo frio e pela falta de alimentos, as crianças que soluçam por um pedaço de pão, que os pais, às vezes enfermos ou desempregados, não lhes podem fornecer... Buscaria, pois, crianças desvalidas, velhos em penúria, e, assim, na execução do bem, da seara de luz do Mestre amado, encontraria o repouso para meu coração, pois, para mim, só há uma ventura completa sobre a Terra: a paz de nossa alma, a conquista da felicidade eterna, que se refugia no Céu, por meio de ações nobres, do dever cumprido rigorosamente, dos atos meritórios! A ventura... conseguida por intermédio de um crime não é ventura: chama-se remorso, déspota incessante!

– Assim desejava proceder, Marcelo – respondeu o interlocutor, empalidecendo novamente. – Mas, desde quando me capacitei de que não se respeitam direitos alheios, havendo os que defraudam os cofres públicos, fazem pilhagens após os triunfos bélicos, os que desonram os lares, e justamente quem assim procede é afortunado, desfruta regalias sociais, conquista as mais formosas mulheres; por que hei de continuar recalcando sentimentos que desejam expansão, acatar o alheio, cultuar a amizade e amar sem ver correspondido meu intenso afeto? Não é o mal o soberano do mundo? Para que a loucura da bondade?... Para ser esmagado pelos maus, como aconteceu ao insano galileu... Jesus?!

– Cláudio, meu desditoso amigo, não estás refletindo com acerto: os perversos vencem para o mundo material, mas perdem a batalha divina; gozam na Terra, porém, padecem depois tanto quanto mal fizeram aos nossos semelhantes! Que valem, para mim, todos os efêmeros tesouros da Terra, sem serenidade na minha consciência? Que me vale o aplauso momentâneo das multidões que, no íntimo, odeiam os tiranos por elas ovacionados, se não conseguir o louvor mais valioso, o único que poderá tornar-me ditoso: o da própria consciência, norteada pelo bem e por Jesus?

– Então – interrompeu Cláudio com os olhos fulgurantes de perversa alegria, vendo Dioneia que se aproximava –, terias tu resignação... se perdesses o incomparável amor de tua modelar consorte?

– Se eu a visse morrer... choraria o seu desaparecimento do plano material, no restante de minha existência terrena, embora a considerasse viva sempre e a meu lado; se ela, porém, me fosse infiel – o maior tormento da vida que transcorre! –, pesar esse que ultrapassaria ao de vê-la desaparecer em um túmulo... não a execraria, pois teria certeza insofismável de que ela viveria mortificada de remorso, fazendo jus a muitas dores futuras, porque são infalíveis as Leis supremas, e ninguém deixará de remir o mal perpetrado conscientemente... Eu, que adoro minha esposa, não lhe oculto os meus mais secretos pensamentos... Portanto, ela sabe que, se cometer um desvario... não a matarei, mas deixá-la-ei entregue à alçada do Juiz Supremo! Ela compreende, tanto quanto eu, o modo de agir neste mundo: sabe que não existe felicidade sem a lisura de proceder! Somente somos desgraçados... quando temos a consciência remordida pela víbora da culpa! O mal está triunfante no mundo terreal, mas não será vencedor até a consumação dos milênios.

– Não tenho a tua vocação filosófica, Marcelo – respondeu Cláudio, sorrindo enigmaticamente –; não nasci para imitar Sócrates, nem para ser mártir! Falas assim, com invejável serenidade, porque és loucamente feliz e não alcanças o íntimo dos que padecem quanto eu sofro presentemente, envolto no manto sombrio da fatalidade... Vês a vida sob outro aspecto... bem diverso daquele dos desventurados! Não me apraz ser vítima... e, sim, algoz, se tal for mister!

– Acaso duvidas da sinceridade de minhas palavras e do meu afeto fraternal? – interrogou Marcelo, exaltando-se. – Achas que sou cruel... apontando-te o caminho reto, embora escabroso e eriçado de espinhos e obstáculos, da vida humana? Querias, acaso, que aplaudisse e incentivasse o mal em teu coração, sem o farol radioso da fé, tendo sido eu criado nos preceitos cristãos e humanitários, desde o berço?

– Compreendo-te, Marcelo, mas as tuas divagações filosóficas não me convencem de que não sejamos o produto da fatalidade, a que chamamos destino; que haja mérito no sofrimento e recompensa ao bem praticado, após a vida material, que me parece a única existente, digna de nossa atenção e de nosso desvelo! Quem, do Infinito, veio em socorro do chamado Emissário divino – Jesus? Quem poderá afirmar que teve Ele condigna recompensa aos seus cruéis padecimentos? Não serão todas as religiões terrenas verdadeiras utopias, quimeras às quais os adultos se apegam tal qual as crianças aos contos de fadas?

– Ah! meu amigo, estás realmente desviado do único objetivo da vida humana – o aprimoramento do diamante divino – a alma, imortal e responsável por todos os atos, bons e maus, perpetrados no plano material! Não é possível que o Criador de todas as maravilhas do Universo – que nossos olhos distinguem e nosso pensamento concebe – haja enviado à Palestina um Emissário, cuja superioridade moral ultrapassa a de todos os mortais, para confirmar fantasias, que já eram realidades nos espíritos eruditos de Pitágoras e de Platão: a sobrevivência da alma, essa fagulha divina! Mesmo que fosse pura ficção tudo quanto os filósofos têm revelado, nossa consciência repele a injustiça, o mal, a traição, a perfídia, o dolo, o homicídio – o que comprova que, em nosso âmago, existe uma entidade superior à matéria, diluída que é esta no lodo dos sepulcros. Que é a saudade? Que é o amor? Que é o ódio? Produtos da matéria, unicamente? E por que nenhum vestígio deixam no cérebro, nem em qualquer outro órgão do corpo material? Por que sentimos que a afeição consagrada aos entes bem-amados ultrapassa esta efêmera existência corporal? Por que a nossa consciência não aprova os atos indignos? Falaste há pouco sobre o excelso Nazareno, que julgas ter fracassado neste orbe de trevas... Ignoras acaso que o corpo encerrado em um sepulcro, sob os olhares vigilantes de alguns guardas ferozes, desapareceu dali, alando-se ao Céu, às regiões benditas do Universo, após haver ainda revelado aos apóstolos as verdades transcendentes e maravilhosas, que lhes deram a precisa coragem para arrostar todos os obstáculos e o próprio martírio? Não sabes que Ele apareceu, já divinizado, ao descrente São Paulo, no caminho de Damasco, transformando-o em poucos instantes, tornando-o um dos mais ardorosos propagandistas da fé? Será fantástica a sua aparição a São Pedro, quando tentava fugir de Roma, aos massacres dos cristãos? Não? Pois bem, estou convicto de que temos uma entidade intangível, imortal e eterna, incrustada na carne que forma o nosso corpo físico, mas que pela chamada morte (que é uma libertação) se desprende integralmente e, livre de todos os grilhões materiais, será julgada num tribunal incorruptível, que lavra a sentença de acordo com o mérito ou os crimes da consumada existência terrena.

– Não sei, Marcelo, qual de nós dois enlouqueceu... tu ou eu... – murmurou Cláudio, motejando.

– Não existe a loucura do bem, infelizmente, meu amigo, porque todos os alucinados só se lembram de cometer perversidades! – respondeu o piedoso Marcelo. – Eis por que Jesus não era louco, pois tinha em mira beneficiar a Humanidade e não fazê-la sofrer, Cláudio!

– Não me julgues um perverso, Marcelo, pois, como sabes, fui criado e educado por genitores honestos, que me aconselharam sempre a respeitar o alheio; mas a adversidade e a pungente experiência desta vida, única em que acredito, capacitaram-me de que, em um mundo repleto de ambiciosos e malvados, o bom é um louco escarnecido, apedrejado, tal qual sucedeu ao célebre Nazareno Jesus... Os maus triunfam, esmagando os melhores e os mais puros ideais humanos. Eis a pungente verdade, que os séculos confirmam!

– Não deixas de ter razão, em parte, Cláudio, e convencer-me-ias de tudo, se houvesse unicamente o relâmpago da vida terrena e não uma eternidade porvindoura, seriada em diversas existências.

– Aí é que divergimos totalmente, Marcelo! Quem poderá garantir que existe mais de uma peregrinação terrena para o mesmo Espírito? Utopias filosóficas apenas! Estamos, na Terra, à mercê das tentações, das seduções, dos adversários, e só do acaso depende o podermos, ou não, defender-nos dos maus!

– Enganas-te, Cláudio! Já viajei, há tempos, nas Índias, estive em contato com os brâmanes,[12] os quais estão capacitados de que as almas não se perdem no Nirvana,[13] e sim que, constantemente, entram na batalha da vida e ressurgem das cinzas, isto é, revivem qual a Fênix[14] para que possam adquirir méritos, tomar parte em novas pelejas, e, assim, no transcorrer dos evos, ficarem diáfanas, deixando, então, o plano físico, podendo alçar-se às paragens siderais! Esta é a lenda da Fênix, que se renova nas próprias cinzas, constituindo essa fantasia uma das mais belas adaptações às realidades de nossa individualidade, que não desaparece no abismo das sepulturas... Eis aí por que a alma, e não o corpo tangível, é quem assume a responsabilidade dos atos, porque só ela subsiste à destruição da matéria, porque as vestes não fazem parte integrante do organismo, podendo ser renovadas inúmeras vezes!

---

[12] Sacerdotes hindus que constituem a primeira das castas hereditárias da sociedade bramânica. Acreditavam na Palingenesia ou Lei das reencarnações.
[13] No hinduísmo, a alma atinge este estado após viver muitas vidas.
[14] Ave fabulosa que renascia das próprias cinzas, segundo a mitologia grega.

"O futuro é o reflexo do passado! Eis por que muitas vezes sofremos injustiças, perseguições, enfermidades, perfídias... porque tudo isso faz parte de nosso carma ou destino; já praticamos injustiças, perseguimos, ferimos corpos que eram sãos, inutilizando-os para os labores da existência; fomos desleais para com os nossos entes queridos, cravando-lhes nos corações o envenenado punhal da traição...

"Sei (por intuição que não desvendo presentemente) que minha felicidade conjugal vai ser interceptada bruscamente, porque eu a destruí outrora, no lar de um amigo... Não te mortifiques, querida Dioneia, que vejo empalidecer, fulgindo lágrimas nos belos olhos azuis: haja o que houver, nossas almas serão sempre aliadas por uma afeição que vencerá os milênios!... Não julgueis que enlouqueci; não, estou em plena lucidez espiritual, Cláudio e Dioneia... Compreendo, plenamente, que o torturado de hoje foi o crudelíssimo déspota do passado; a vítima do presente foi o algoz dos tempos idos... O caminho da nossa redenção é sorver o cálice das amarguras da vida sem revoltas, aceitando os sucessos por fatos indiscutíveis, sofrendo, com inabalável resignação, todos os tormentos, sem odiar os adversários, sabendo perdoá-los, tal qual Jesus o fez a seus perseguidores."

– Estás, incontestavelmente, mais evoluído do que eu, Marcelo, pois ainda prefiro ser algoz... do que vítima! – falou Cláudio, com ironia.

Houve um penoso silêncio no recinto. Bruscamente, Marcelo retrucou:

— Pois eu, Cláudio, prefiro ser imolado a causar qualquer mágoa ao meu semelhante! Quero suportar o martírio da calúnia, dos maiores sofrimentos – morais e físicos – as injustiças e as ingratidões... a ter o coração flagelado pelo câncer do remorso, por haver praticado algum ato condenável! Quantos padecimentos, quantos suplícios devem estar passando os algozes de Jesus, enquanto que Ele – um dos astros espirituais que têm baixado à Terra cheia de trevas – está isento da mais leve mortificação, salvo a piedade pelos que sofrem e recorrem à sua proteção, não podendo atender a todos na medida do que imploram ao seu boníssimo e radioso coração!

— Que importa um triunfo ignorado, como o é o espiritual, Marcelo? Eu o quero *aqui*, à face da Terra, onde me encontro, e não alhures... onde ninguém me conhece!

— Ilusão, Cláudio! Nós, aqui, na superfície terrestre, mourejamos em comum, temos verdadeiras refregas morais e materiais, e esses mesmos combatentes, além, contemplarão a nossa vitória! Que importa à minha alma o aplauso das multidões, se a lídima felicidade existe no nosso *eu*, onde se deve processar o perfeito julgamento de nossos atos nobilíssimos, e só essa secreta aprovação poderá constituir a nossa eterna ventura, aqui ou além? Quem a conquista exteriormente, não a merecendo por direito – divino ou humano –, pode obter o aplauso de todos, do mundo inteiro, mas no íntimo de nosso espírito, quando não existe a sanção dos meios legais, por intermédio dos quais a conquistamos, surgirá o remorso, látego espiritual que vergasta a consciência dos delinquentes! Chamas a isso... felicidade terrena, Cláudio?

Penoso, intenso silêncio dominou os três personagens, que durante ele, dir-se-ia, ouviam o rumor da própria respiração e o do encarcerado coração, pulsando acelerado, imperceptível nos momentos de palestra amistosa. Foi Cláudio que, empalidecendo mais, murmurou:

– Marcelo, eu louvo os teus sentimentos dignificadores, que também já foram os meus. Nada, porém, comprova, de modo indiscutível, a imortalidade da alma. Para que, pois, restringir, recalcar os nossos impulsos e sentimentos, passar uma existência de sofrimentos, para conquistar uma utópica ventura espiritual, quando tudo se há de consumar no interior de um sepulcro, com a exclusiva e vencedora heroína universal – a morte?

"Pressinto que não deixarei de executar o que tenho em mente: fugir à vida, ao local do fracasso do meu futuro... Esta deve ser a derradeira vez que nos vemos. Vou partir, ao amanhecer, para longínqua paragem... nos confins do Oriente... Estou desnorteado, sem bússola, sem diretriz, dentro de desarvorada caravela... Vós, que acreditais em Jesus, Marcelo e Dioneia, lembrai-vos de mim à hora de vossas preces... Eu permaneço como estou, e acabarei louco ou rasgando o coração, para que emudeça eternamente dominado pela lei da fatalidade – única que conheço...

"Marcelo, a noite vai alta, e vê-la-íamos findar, se aqui ficássemos opondo ideia contra ideia... Vou partir para o desconhecido, na ânsia de encontrar uma só migalha de alento e de tranquilidade para o coração enlouquecido... Fujo ao convívio de meus melhores amigos, qual maldito

Aasvero,[15] sem um instante de repouso! Sei, porém, que encontrarei a única ventura, que não é negada a nenhum vivente: a morte!".

– Dir-se-ia, Cláudio, que praticaste um crime, ou que o projetas, tendo a reprovação de tua própria consciência, e não possuis a precisa coragem de no-lo revelar! – exclamou Marcelo, compungido e inspirado por um clarão astral em seu subconsciente.

※

Depois de um novo penoso silêncio, foi Cláudio quem murmurou, tornando-se mais lívido:
– Talvez estejas perto da realidade, Marcelo! Perdoa e esquece estas palavras de dor e revolta... Quem sabe se jamais nos veremos?
– Julgo o contrário: mortos ou vivos, vestidos de carne ou despidos da matéria, nossos destinos estão jungidos perpetuamente, Cláudio!
– Quisera ter a tua fé, Marcelo! – falou o amigo, com voz trêmula, olhos rorejados de lágrimas. E, erguendo-se subitamente, a custo: – Se eu não for aniquilado, voltarei a esta região, decorrido algum tempo... Quero isolar-me do mundo, fugir aos que mais amo. Se tal não conseguir, meu coração maldito será varado por um golpe... certamente menos cruel do que a dor que há muito o mortifica...

---

[15] Judeu errante, personagem legendário que teria agredido Jesus quando este passou carregando a cruz, e foi por Ele amaldiçoado, condenado a vagar pelo mundo sem nunca morrer, até o fim dos tempos.

– Não sejas insensato, Cláudio! Nossa vida não nos pertence, nem a de nosso próximo, e sim a quem tudo criou – Deus – eterno Benfeitor, sumo Juiz universal!
– Marcelo, a minha resolução é inabalável. Se algo nos dirigir na vida... a fatalidade, talvez então regressarei a estas paragens com ideias diferentes...
– Que Jesus te proteja, Cláudio, na penosíssima situação em que te encontras!

Cláudio Solano fitou o amigo e a esposa com um olhar de alucinado, onde brilhavam prantos ardentes, abraçou-os e desapareceu na treva da noite.

– Marcelo – murmurou Dioneia, ouvindo os ladridos e uivos de Plutão –, lamento a dolorosa situação de Cláudio, mas desejo, de toda minha alma, que se afaste, por todo o sempre, de nosso lar!

– Compreendo os teus receios, querida, julgando-o capaz de cometer algum crime... até contra nós próprios... Mas, vendo-o no beiral dos mais nefandos delitos, desejo ser-lhe útil, salvá-lo... pobre ovelha desgarrada do rebanho do Cristo. Vamos orar por ele, com todo o fervor, querida!

....

Cláudio, enquanto os dois consortes procuravam o repouso, àquela hora tardia da noite, estando o castelo mergulhado em silêncio, saiu com precipitação; mas, tendo despertado a atenção do vigilante Plutão – o inteligente galgo que Márcio Taciano adquirira de um amigo do Epiro, e que, desde o anoitecer, por diversas vezes, uivava desoladamente –, teve que retroceder, até que um servo acorrentou o fiel canino para que o visitante pudesse retirar-se incólume.

Aquele doloroso uivo, porém, seguiu-o através das trevas espessas da noite, que ameaçava procela.

Cláudio, livre daquele obstáculo, tomou a direção do Solar das Sereias, sentindo-se desnorteado, voltando o olhar, por vezes, para o castelo que havia deixado, até que se extinguiu a derradeira luz... Ele o contemplou, com angústia, e experimentou indefinível esmorecimento... Sentou-se, então, em uma lájea, em uma das colinas que serviam de baliza entre os dois castelos, e, quase soluçante, murmurou mais no íntimo da alma do que com os lábios:

– Covarde e indigno amigo que sou! Por que, se há um dirigente supremo para todos os nossos atos, não me fulmina essa desconhecida potestade, neste instante? Sim, é mister que eu seja exterminado antes que pratique o mais degradante dos crimes: o assassínio de um verdadeiro amigo, sempre leal, um companheiro de infância e da juventude, para me apoderar do seu maior tesouro, a esposa, que eu devera considerar irmã, para lhe consagrar uma pura e fraternal afeição! Por que este torvo pensamento, qual vampiro voraz, se apoderou do meu cérebro, destruindo os nobres intuitos, sugerindo-me o desejo indômito de sacrificar uma preciosa e sagrada vida? Eu desejava ser fiel a Marcelo; mas a fatalidade está de permeio entre nós dois, fazendo-nos adorar a mesma formosa mulher! Para poder possuir o seu amor... só há um recurso: eliminar Marcelo dentre os vivos... Fatalidade! Fatalidade! Eu evoco as forças que nos regem, se é que existem, para que me ceifem a vida durante esta noite inesquecível, a fim de que, amanhecendo um novo dia, não pratique eu o revoltante delito, que me tornará um eterno e execrável Caim!

Incoercível soluço lhe abalou o tórax. Nenhum ruído percebeu. Somente o uivo longínquo de Plutão lhe vibrou recôndito, causando-lhe indefinível sensação...

A natureza, envolta em treva noturna, parecia compreender o martírio moral do desditoso Cláudio Solano, algemado por infinita angústia!

A custo, quase ao alvorecer, chegou ao alcáçar em que habitava. Entrou, vacilante, por secreta porta que somente ele sabia franquear, penetrando no interior sem ser pressentido. Não procurou alimento. Impressionante silêncio típico das tardias horas nas habitações campestres reinava no Solar das Sereias. Ao transpor, porém, os primeiros degraus de acesso ao dormitório, pareceu-lhe ouvir prolongado gemido, ou choro abafado por violência.

– Quem chora aí? – perguntou ele, aterrorizado subitamente, recordando-se de, quando fora assassinado seu genitor, haver escutado sua mãe chorando de modo igual ao que ouvia naquele tétrico momento!

Nenhuma resposta lhe foi dada; no seu íntimo, porém, penetrou involuntariamente um pensamento dominante: sua genitora, a infortunada suicida, estava ali e chorava, dolorosamente, não só por sua penosa situação, mas também pelo nefando crime por ele projetado contra um quase irmão, do qual recebera os mais nobres e fraternais conselhos...

– Será possível – monologou ele – que a alma sobreviva à matéria? Que somos nós afinal (os seres deste planeta... onde predomina a dor)? Eternos ou perecíveis? Poeira que se dissolve no sepulcro, ou centelha divina que se torna indestrutível e ascende ao Infinito?

Depois, com voz grave e compungida, falou ao invisível:

– Se sois minha mãe, tão honesta e compassiva, dai-me, nestes enlouquecedores instantes, uma absoluta certeza de que há realmente a sobrevivência do Espírito sobre a matéria, a fim de que eu não faça desaparecer deste mundo uma vida preciosíssima, que deveis saber de quem é... Não me podeis atender? Vede a gravidade da situação em que me encontro: se nenhum ser imaterial responder à minha aflitiva interpelação, executarei o crime que tenho em mente, à luz do dia que já se aproxima...

Após alguns momentos de atenta observação, pareceu-lhe que a janela mais próxima se abrira com violência, qual se fora impulsionada por mão invisível. Foi verificar se, de fato, algum batente estava aberto, pois ouvira o estrépito de murro violento sobre o peitoril, e, logo após, tudo se aquietara. Constatou que todas as janelas estavam fechadas...

Exausto, com as pálpebras intensamente contraídas, julgou estar ainda no Solar do Cisne, vendo Marcelo, sempre pálido, e a consorte, com as mãos entrelaçadas, felizes, envoltos na luminosidade de luar tropical, aguardando o nascimento do primogênito que iria aumentar a ventura daquele abençoado lar... Estremecendo, como que ferido por uma víbora irritada, a víbora do zelo exacerbado e indômito, sentou-se no leito e murmurou meio alucinado:

– Que importa a imortalidade da alma, se, extinguindo uma vida, posso apoderar-me da felicidade que pertence a outrem? Que importa a consciência, se esta não anula os meios de alcançar a sonhada ventura? Nada afugentará do meu cérebro o plano concebido e que, em breve, vou pôr em execução. Detesto tudo quanto se opõe à minha pretensão; quem me aconselhar o contrário do que desejo e premedito, é porque almeja ver-me vencido pela desdita e desventurado por toda a vida!

Mal pensara estas últimas palavras, houve a vibração de uma estridente gargalhada no recinto silencioso...

– Quem ousa zombar da minha dor com semelhante risada? – interrogou Cláudio às trevas que o rodeavam, estremecendo involuntariamente. – Ninguém se interponha nos meus projetos, porque estou resolvido a lutar contra a própria fatalidade, o destino, o inferno, o próprio Deus – se assim for mister – para conseguir a posse da criatura que me despreza, e talvez me odeie! Se houver algum poder contra minha pretensão, que se manifeste agora, antes que amanheça o dia!

Nenhum ruído mais foi por ele observado.

Cláudio deitou-se sem poder tranquilizar o espírito, pois desconhecia o conforto da prece, embora já houvesse pelejado pela fé cristã com as legiões dos Cruzados. Teve a impressão de estar em uma pira ardente, onde se revolvia incessantemente, parecendo-lhe que o sangue se transformara em chamas que lhe devoravam o próprio coração dolorido, cremando-o como se fossem víboras em fogo...

– Intolerável a minha situação! – exclamou, soerguendo-se no leito.

Bruscamente foi invadido por um amortecimento geral que lhe avassalou o organismo, parecendo-lhe que fora invadido por mortal torpor. Julgou distinguir um vulto alvinitente, vestindo branca túnica, o qual, aproximando-se-lhe do leito, murmurou tristemente:

– Todo o supliciante tormento por que estás passando provém de tentares derrogar as Leis Divinas e aniquilar uma vida utilíssima! Modera os impulsos violentos de tua alma delinquente, desditoso irmão! Estás sob o império de condenável paixão, que data de anterior existência e não correspondida.

"E, porque estás com os olhos vendados pela cegueira de criminoso amor, não compreendeste ainda a lúcida verdade: não devias, jamais, ter cobiçado a consorte de um irmão, de um amigo sem igual neste planeta que habitas. Devias, sim, ter repelido o nefasto sentimento que ora te empolga e alucina! Louca Humanidade! onde seres humanos lutam pelo amor, outros pelo ouro, outros pela ventura! Não percebem que o ouro gerador da felicidade é o da virtude, do bem praticado com desinteresse, a isenção de remorsos. Todo prazer conquistado à custa de lágrimas e sangue tem de ser arrebatado ao usurpador, que se torna um entre os mais míseros da Terra, porque lhe falta a suprema ventura: a serenidade de alma, a paz de consciência, denegridas pelos delitos contra as leis celestes e sociais. Recua, pois, infortunado irmão, ante a perspectiva de abominável crime, que te transformará em galé, no foro íntimo de teu próprio ser, de teu coração devorado de compunção e de autorrevolta. Não avermelhes as mãos no sangue generoso de um amigo leal.

"Não sejas outro exemplo nefasto de Caim, e sim o de discípulo de Jesus; já foste soldado do Exército que vencerá sobre a Terra a derradeira batalha: o da cruzada sacrossanta da paz, do bem e da fraternidade! Foge ao local de teu martírio; procura longínqua região, onde terás abençoada tranquilidade espiritual, que te compensará todas as angústias nobremente suportadas...

"Encontrarás uma companheira de existência, formosa e digna, que fará tua ventura, igual à que desfruta o nobre Marcelo. Não insistas em um desarrazoado projeto que te tornará odioso, execrável a teus próprios olhos, em teu próprio coração! Repele de tua alma insanas conjeturas, porque não conseguirás vencer o Juiz Supremo – Deus, cujas Leis regem o Universo! Se não atenderes a estes fraternos avisos, serás punido severamente, e terás agudo arrependimento pelo ato vil que premeditas. Quem trocar pelo crime a paz de seu coração, ainda que conquiste todos os impérios deste planeta, a fortuna de todos os Cresos,[16] todas as regalias sociais, o amor da mais encantadora Helena,[17] jamais conseguirá ser ditoso, em vigília ou adormecido, porque terá a flagelar-lhe a consciência a recordação do delito perpetrado, presa de incessante pelourinho interior. Mais vale a felicidade de um pária, de um mendigo honesto, tendo por leito as pedras das estradas desertas, famintos e sedentos, porém com a paz de espírito como a possuem o justo, o verdadeiro homem honrado, os laboriosos, incapazes de praticar vilanias!

---

[16] Último rei da Lídia (Anatólia), atual Turquia. Famoso pela sua riqueza, atribuída à exploração das areias auríferas do Pactolo, rio onde, segundo a lenda, se banhava o rei Midas (que transformava em ouro tudo que tocava).

[17] Possuía a reputação de "mulher mais bela do mundo". Seu rapto desencadeou a guerra de Troia.

"O fruto do crime é sempre amargo, fel não para a boca, mas para o coração: chama-se arrependimento ou remorso! O remorso é o látego de Deus vibrado na consciência do delinquente, o qual não poderá jamais fruir a felicidade a que aspira, se a conquistar esmagando sagrados direitos. Ninguém tem permissão de se apoderar indevidamente da taça empunhada por outrem, pois, se tal fizer, a almejada ambrosia que julgava sorver se transformará em travo de cicuta...

"Se te julgas infortunado, Cláudio, mais o serás após a execução do crime que premeditas: serás, desde então, um novo Caim maldito por muito tempo, até quando possas remir os teus atentados às leis humanas e celestiais. A vida terrena é um relâmpago que brilha por momentos no ambiente proceloso deste orbe, e logo se extingue para se reacender perenemente nas paragens siderais. Engano deplorável o de quem deseja conquistar venturas duradouras no fulgor desse corisco que o é a vida terrena, por isso que pode ter número infinito de relâmpagos, porque não surge uma vez somente no firmamento da vida; tem o mesmo fulgor das centelhas celestes que não se eclipsam eternamente, conservadas que são nos escrínios do Céu, tal qual a vida no escrínio da alma – luz imperecível – que reaparece tantas vezes quantas forem mister, no cenário terrestre ou no sideral! A vida é uma luminosidade inextinguível, que se poderia denominar oxigênio divino, ainda desconhecido dos homens ou das ciências terrenas, um dos componentes do ar, que ativa a combustão e não se destrói, jamais, inextinguível, comburente e incombustível!

"No ser humano, ativa a circulação, penetra os tecidos, produz a combustão contínua nos órgãos internos, e, quando sobrevém a morte, que é a separação da fagulha celeste, ofuscada na túnica inconsútil da matéria, persiste incombustível e perpétua! Estremeces? Duvidas, acaso, dessa verdade que, em quase todas as almas, constitui um axioma? Olha tudo quanto te cerca, desde o musgo rasteiro ao esplendor de um astro engastado na concha azul do firmamento: tudo obedece a leis harmônicas, perfeitas; durante a vida vegetativa reproduz sempre os mesmos fenômenos, desaparece depois de haver plasmado outros seres semelhantes na conformação, na cor, na consistência, nos característicos físicos! Cada vivente – animal ou vegetal – segue uma finalidade que não transgride as Leis da natureza, sempre imutáveis, desde o início ao limite de sua existência. A estrela tem luz inextinguível, sem que possamos mencionar o elemento que nutre essa luminosidade; conserva-se equilibrada no espaço, por meio de possantes forças de atração e de repulsão, de gravitação, sem discrepar um instante, seguindo os traços divinos que são as órbitas, mariposa de luz, librando asas no Infinito, seguindo uma diretriz delineada por aquele cujo nome imperfeitamente o define: Deus! Se Deus é síntese de todas as perfeições, cria corpos colossais, de luminosidade eterna, como havia de errar, deixando sem leis a criatura humana que, na Terra, culmina todos os seres em inteligência, em atributos morais e psíquicos? Duvidas desta verdade que, em muitas almas, constitui um axioma indiscutível? Há Leis Divinas que punem os crimes na alma. Não transgridas, pois, essas Leis supremas! Não almejes conquistar ventura destruindo a de outrem, pois terás um futuro turbado pelo remorso, que é o açoite vibrado pelos Mensageiros executores do Código celeste, para despertar a consciência entorpecida dos delinquentes!

"Atenta bem nas minhas palavras, grava no recesso de tua alma tudo quanto te disse; desiste desse intento funesto, desse projeto sinistro! Foge ao local de teu suplício e, muito além, recobrarás a serenidade de teu espírito, ora intensamente conturbado. Encontrarás, em longínqua paragem, o repouso que ora te falta. Evita um bárbaro e monstruoso crime, e grande será a vitória espiritual que conseguirás nesta dolorosa existência, fugindo assim a outros inomináveis sofrimentos e inauditas torturas morais!".

....

Prolongado gemido vibrou no recinto em que se achava Cláudio. Este não soube afinal se emitido por ele ou por algum ser invisível com quem confabulara e cujas afirmações lhe ficaram qual brumas de sonho na mente. Ergueu-se, no leito, com os olhos desmesuradamente dilatados, sondando a treva reinante no dormitório...

Os primeiros albores do dia penetraram, pouco depois, pelas ogivas laterais da câmara, veladas pelas cortinas de renda síria. Cláudio, porém, mal compreendeu a realidade do que se passara, e, desobedecendo aos ditames da própria consciência, murmurou, em concentrado tom de resolução:

– Não desisto do meu intento, haja o que houver! Persistirei em minha deliberação, suceda o que suceder!

Sempre fui obstinado nas minhas aspirações. Não quero prolongar meu martírio, deixando em mãos alheias o tesouro que ambiciono, porque isso me arrastará à loucura! Que importa a imortalidade futura, se o presente é de dúvidas e sofrimentos inomináveis? Prefiro um instante de ventura a um século de imortalidade desditosa!

Levantou-se, definitivamente resolvido a pôr em execução o sinistro projeto. Um camareiro aguardava ordens no limiar da porta, e, ouvindo a vibração de uma campainha no interior do dormitório, apresentou-se logo para preparar o banho e tratar da indumentária do opulento castelão.

O fâmulo, observando a palidez do macerado rosto de seu senhor, de ordinário corado qual o vinho da Campânia,[18] perguntou, respeitoso e piedosamente:

– Quer que chame um herbanário, *domine*?

– Não. Dispenso-o. Tenho que viajar, hoje, para longínquos países do mundo.

– Não temeis piorar em viagem, *domine*?

– Não posso adiar o que tenho em mente projetado. Terminando o teu trabalho de agora, dize ao administrador do solar que convoque uma reunião de todos os encarregados dos serviços do castelo, às 12 horas, porque desejo transmitir ordens diretas de interesse geral...

O dedicado fâmulo, que se chamava Patrício, retirou-se apreensivo, a fim de dar cumprimento imediato às determinações de Cláudio Solano.

---

[18] Região do sul da Itália, cuja capital é Nápoles.

Ao meio-dia estavam reunidos todos os servidores do Solar das Sereias, no pátio principal, convocados pelo administrador-geral, o ambicioso Felipe Valdomiro.

Ali se achavam não só os que trabalhavam no campo, na conservação do castelo, na lavoura, mas também os dos serviços domésticos.

A essa hora predeterminada, apareceu Cláudio Solano, que, com visível emoção, lhes dirigiu a palavra:

– Fiéis servidores, em benefício de minha própria saúde, necessito ausentar-me longamente deste solar e da própria Dalmácia, rumo ao Oriente, em busca de um célebre esculápio de cujas curas dizem prodígios. Não sabendo ao certo quando voltarei a estas paragens, nem se conseguirei regressar a este castelo, todos quantos aqui se encontram e tão fielmente me serviram, podem tomar o destino que lhes aprouver. Apenas conservarei a meu serviço Patrício e Felipe Valdomiro, que continuarão a velar pelo prédio, podendo conservar alguns trabalhadores e outros necessários ao cultivo das terras...

"Além do que lhes é devido, darei a cada um pequena gratificação, para que possam, sem penúrias, procurar outro emprego. A todos, os meus sinceros agradecimentos pelo desvelo com que me serviram".

Ouvido em significativo silêncio, quando terminou, Patrício, o mais idoso dos servidores, destacando-se, respondeu, comovido e com os olhos brilhantes de lágrimas:

– Senhor conde de Morato, nós vos servimos com dedicação, porque bem o mereceis; sois escrupuloso e pontual no pagamento, e a todos tratais com grande bondade. Eu, o mais humilde dentre todos os presentes, representando os sentimentos dos que aqui se encontram compungidos, e também sendo um dos mais experientes na prática da vida, proponho o seguinte: permaneceremos aqui nos mesmos serviços, contanto que tenhamos garantido o pão. O pagamento do que nos couber e a prometida gratificação permanecerão com o vosso honrado mordomo, para fazermos as retiradas mais urgentes. Garantidos teto e pão, preferimos ficar aqui, embora sem lucros, nem ordenado exigido, a aventurarmos a sorte em outros solares, onde não haja talvez a vossa generosidade! Aqui nos conservaremos, pois, até o vosso regresso.

As palavras do velho servidor foram aplaudidas por todos os que as ouviram em religioso silêncio. Cláudio Solano abraçou-o emocionado e, após, respondeu:

– Agradeço a vossa dedicação. Neste momento, vossas palavras tocam o íntimo do meu coração. Podeis voltar aos vossos labores; jamais olvidarei a prova de apreço que acabais de dar!

Todos os serviçais, cabisbaixos, inclusive o senhor do Solar das Sereias, estavam deveras comovidos.

Silêncio tumular pairou por momentos no local onde se haviam reunido aqueles seres humanos. Foi Cláudio Solano quem retomou a palavra, terminando os seus pensamentos:

– Meus fiéis servidores, aqui deverei estar ao término de um ano, a partir de hoje, precisamente, salvo algum sucesso ainda imprevisto. Se, por acaso, a sina for adversa, nessa hipótese deixarei, em lugar seguro, o documento com o qual podereis tomar posse deste castelo e seus domínios, onde espero e desejo que continuarão vivendo em harmonia uns com os outros, qual se todos constituíssem uma só família. Perderá o direito do que lhes outorgarei aquele que quebrar essa solidariedade. Quero que vivam em acordo pleno, como se fossem verdadeiros irmãos!

Essas palavras, ouvidas com crescente interesse, provocaram soluços emocionados dos leais camponeses.

O mordomo, não menos emocionado, disse então:

– Vós, *domine*, não sois senhor, e sim um pai generoso para aqueles que vos servem de bom grado. Gratos por vossas expressões confortadoras!

Após estas carinhosas manifestações, dissolveu-se a reunião. Cada um buscou seu modesto lar, comentando o ocorrido com pressentimentos de sucessos futuros.

Cláudio fez verbalmente diversas determinações para que fossem cumpridas durante sua ausência, quer continuasse vivo, quer perecesse.

Ao entardecer desse dia, depois de se haver despedido de todos, partiu Cláudio Solano pela estrada real que rumava para o Oriente, montando negro corcel, seu predileto para longas peregrinações, desaparecendo, enfim, na ondulação de uma colina, que ficava na linha divisória do Solar do Cisne, pertencente a Márcio Taciano e sua família. As trevas noturnas empolgaram a natureza, qual longo manto de crepe que descesse do firmamento sobre a Terra – desolada viúva após a morte honrosa de seu esposo – o Sol –, que se abismara no ocaso como se este fosse um sepulcro no Infinito...

Quem atentamente seguisse o cavaleiro, após três horas de marcha acelerada, tê-lo-ia visto retroceder e depois aproximar-se de um demolido alcáçar semioculto por uma das ramificações dos Alpes, a leste da Dalmácia.

Havia nesses escombros alguns compartimentos, do lado anterior, já invadidos por intonsos vegetais que lhes davam aparência selvática de cárcere abandonado!

Cláudio atou as rédeas do corcel, tirou-lhe o freio, para que pudesse utilizar-se das ervas abundantes no chão, e, após alguns momentos de imobilidade, para concatenar as ideias que o torturavam, esperou que decorressem as horas (que lhe pareceram séculos). Caminhou cautelosamente, ora pela estrada real, ora por dentro da floresta que a margeava; avizinhou-se das terras de seu próprio castelo, na linha divisória com o de Márcio Taciano, e ocultou-se em uma choupana abandonada havia muito pelos seus derradeiros habitantes. Antes de se esconder, lançou furtivo olhar para o Solar do Cisne, que, alvo e calmo, ficava a cavaleiro de verdejante colina. Inexprimível dor lhe constringiu o coração, e fez que rilhasse os dentes, monologando:

– Lanço a consciência ao averno! Haja o que houver, libertar-me-ei deste pesadelo que me enlouquece!

Bruscamente emocionado e trêmulo, distinguiu um vulto de homem, que, pelo trajar, reconheceu imediatamente descendo a encosta do alcáçar, Marcelo, seguido de fiel amigo – que jamais trai o ser humano –, um cão, que o acompanhava sempre quando saía para empreender ligeiras excursões. Era o denodado Plutão que seguia Marcelo, ansioso este por notícias do desventurado Cláudio... Ao sair, zelosa pelo consorte adorado, disse-lhe Dioneia:

– Meu amigo, por que não vais acompanhado por Apeles?

– Nada receies, querida! Estou habituado a sair sozinho, desde a infância! Felizmente não tenho, nem fiz inimigos desde que aqui passei a residir!

Beijou a esposa e partiu em direção do Solar das Sereias.

Livro II

Sonhos funestos e realidades pungitivas

Cláudio Solano, com o olhar sempre dirigido para o castelo do companheiro de infância, viu o vulto, seguido por seu fiel Plutão, aproximar-se do local em que se achava. Uma onda de sangue lhe turvou a mente, e sob grande tensão nervosa que lhe eclipsava o raciocínio, empunhou um punhal corso que, desde muito, trazia à cinta, com precauções excessivas para que ninguém o descobrisse, nem lhe suspeitasse as intenções sinistras, e avançou alguns passos...

Marcelo, que ia em busca de notícias daquele que considerava amigo, ao abeirar-se do local onde estava escondido o tresloucado Cláudio Solano, teve um estremecimento inexplicável, advertido pelo rosnar de Plutão, de que algo perigoso estava iminente. De súbito, sem que o suspeitasse, foi atingido por uma descomunal pedra, que lhe caiu às costas. Cambaleou e, ainda sob a dor e na semiobscuridade, distinguiu um vulto de homem com o rosto velado por um lenço. Por efeito, talvez, de mãos invisíveis, o lenço com que o criminoso buscava mascarar o semblante foi arrancado por brusca rajada do vendaval que então começava a cair e, quando bem próximo se encontrava o agressor do inditoso Marcelo, a este pareceu-lhe reconhecer o seu mais leal amigo. A dor moral daquela imprevista descoberta causou-lhe abalo tão intenso, que preferiu a morte a sobreviver a esse doloroso sucesso. Logo após, sentiu a penetração do punhal, cravado pelas costas, do lado esquerdo, atingindo em cheio o coração. Por terra, estertorando, a golfar sangue e sob indizível impressão, murmurou a custo, parecendo mais um prolongado soluço o que pronunciaria, pela derradeira vez, naquela existência:

– Cláu... dio por... que me fe... ris... te?!

A desditosa vítima, sem compreender a causa de tão brutal atentado, entrou em agonia, enquanto enfurecido, alucinado de dor, voltou Plutão ao Solar do Cisne, em vertiginosa carreira, com a cabeça ensanguentada...

Cláudio não teve ânimo de arrancar o punhal que cravara em Marcelo. Depois de fitar, com desvairado olhar, o cadáver do desditoso castelão, pôs-se a correr em direção aos escombros onde deixara o corcel em que iniciara a sangrenta viagem. Fugia ele, com inexprimível pavor, do local do desumano fratricídio, mas levava consigo o peso de bronze, de densidade inapreciável, de um remorso voraz que lhe havia de corroer todas as alegrias da funesta existência. A impressão indefinível que lhe causara o traiçoeiro golpe, vibrado no incauto Marcelo, ficou-lhe gravada indelevelmente no íntimo, como se o seu próprio coração houvesse sido apunhalado. Não lhe sairia mais da mente aquele trágico instante que se tornou eterno! Momento dramático e funesto que não o deixaria jamais fruir a maior de todas as venturas, que ele tarde compreenderia: a paz espiritual!

Houve outro detalhe que, desde então, nunca mais se lhe desvaneceu do íntimo, e lhe fustigava a alma incessantemente. Quando o desventurado Marcelo e Plutão se aproximaram do fatídico local onde ele se ocultara, o homem não o descobrira, mas o cão, com a argúcia com que fora dotado pela natureza, o pressentira, rosnando significativamente antes que o enxergasse... Queria ferir o antigo companheiro sem ser percebido nem reconhecido, mas misteriosa força lhe arrancou do rosto o lenço albanês com que o velara, patenteando-o, totalmente, ao que fora sacrificado à sua insânia... Quem o havia feito? Ignorava-o. Havia muito, notara ele a aversão que lhe votava o cão. Marcelo, bom e perspicaz, considerava-o desvelado amigo, porém, não sabia definir a hostilidade demonstrada pelo fiel irracional. Este manifestava incontidos impulsos de ferocidade ao perceber a presença de Cláudio Solano; mas, naquele instante trágico, fitou-o de outra forma: havia verdadeira angústia naquele olhar límpido e sincero! Fitou-o com verdadeira dor, percebendo que o perverso e desleal amigo estava à espera do bondoso senhor que o mimava como se fosse um verdadeiro afeiçoado, cuja amizade enchia-o de contentamento. O homem – o chamado rei da Criação – ainda não havia notado nenhuma anormalidade no proceder de Cláudio; o cão, o irracional, pois, foi o primeiro ser vivo a constatar, através do olfato psíquico, a presença do criminoso oculto na cabana em ruínas.

Encontraram-se, por momentos, no mesmo local, em atitudes opostas, o homem e o cão; o chamado irracional mostrava-se desvelado e leal; o ser pensante, bárbaro e impiedoso! O quadrúpede manifestava generosidade e nobreza de sentimentos, e o homem, hipocrisia e crueldade. Onde havia, pois, a superioridade do homem sobre o animal domesticado?

Ali, pois, naqueles indefiníveis instantes, desventuradamente estavam em confronto a meditada crueldade do homem e a comovedora afeição do animal. Eclipsara-se a fagulha celeste na alma do mísero homicida, que já havia terçado armas em defesa do túmulo de Jesus (embora no grau de aventureiro e não de crente),[19] tendo, porém, proferido um sagrado juramento em nome de Deus, de São Miguel e de São Jorge:

– Prometo ser piedoso, valente e leal!

Ele que jurara ser fiel ao Mestre da Galileia, procedera tão indignamente quanto o Iscariote, armando o braço para cravar em um coração afeiçoado e sincero um punhal de dupla criminalidade – moral e material –, pois ceifara uma vida generosa e premeditara a posse de uma esposa tão fiel e nobre quanto Sita.[20]

Como elucidar a maravilhosa intuição que possuía Plutão, percebendo, antes que tal pensamento germinasse em um cérebro humano, a presença do adversário Cláudio

---

[19] Cruzadas são as expedições realizadas do século XI ao XIII pela Europa cristã, para arrancar o Santo Sepulcro aos muçulmanos.

[20] Esposa-mártir, cuja castidade resistira aos suplícios de Ravana, voltara inculpada para seu esposo Rama.

Solano? Como pudera ele penetrar-lhe o íntimo, devassando no recôndito do coração a premeditada perfídia, antes que fosse ela exteriorizada? Por que se enfurecia o cão ao vê-lo ingressar no Solar do Cisne, pacificamente, antes que se patenteassem os seus pérfidos sentimentos, os seus sinistros projetos? Que desconhecida faculdade psíquica possuía ele – ignorada da ciência terrena – desvendando no amigo de ontem o desalmado adversário de amanhã?

Quantos enigmas, ainda insolúveis, a serem elucidados pelo envaidecido rei da Criação que, no transcurso dos séculos, vai erguendo não o decantado véu de Ísis,[21] mas uma espessa e quase impenetrável cortina que intercepta a claridade deslumbrante do sol da realidade!

O irracional e o homem, por mais que combatam essa asseveração os orgulhosos do mundo científico, têm uma alma imortal, que progride, no decurso dos séculos, através de penosos estágios.

O cão, pois, possui faculdades apreciáveis, sentimentos afetivos, nobres, predominando o da fidelidade que, infelizmente, é o menos desenvolvido nos seres humanos primitivos ou pouco evoluídos. Ser fiel ao nosso próximo é possuir uma das mais excelsas virtudes, a que faltou até em alguns dos discípulos do Mestre dos mestres – Jesus! Ter lealdade é ser amigo dedicado a outro ente, incapaz de o ludibriar; é ser infenso à traição – um dos mais condenáveis delitos morais.

---

[21] Deusa egípcia da Medicina e da cultura do trigo. Levantar o véu de Ísis quer dizer desvendar algum mistério ou arcano.

Jamais um cão trai o seu senhor; antes, é capaz de se arrojar sobre um malfeitor e imolar a vida para defendê-lo! No entanto, o homem, o racional consciente, muitas vezes é infiel à consorte, aos amigos, aos próprios irmãos e pais que lhe insuflaram a vida, educaram e alimentaram, que por ele se sacrificaram com heroicidade ignorada e inexcedível. Revela-nos o cão notáveis virtudes: lealdade, submissão, denodo na defesa do amo, abnegação no cumprimento de seus humildes misteres, no sacrifício da vida em prol da do que o criou e alimentou. Não patenteia servilismo, e sim reconhecimento e fidelidade que não se podem confundir com aquele: um é treva; outro, luz. Plutão, à semelhança da maioria dos animais de sua raça, tinha faculdades anímicas dignas de reparo, sobressaindo a da vidência e a da percepção sensitiva. O cão enxerga nas trevas, nos abismos da Terra e das almas, e, quase sempre, em vez de fixar a vista para devassar o ser humano, utiliza o olfato, que pressente as irradiações de quem se lhe aproxima, percebendo se são maléficas ou benéficas, as de um amigo ou adversário, pois, para ele, há como que o suave aroma de uma rosa ou a exalação nauseante do perverso que concebe espantosos delitos!

O olfato para ele é, assim, uma segunda visão, uma percepção psíquica de grande potência, um verdadeiro portento com o qual foi dotado pela natureza. A sagacidade do cão é, às vezes, superior à do homem. Eis a triste conclusão a que chegamos: ultrapassa a dos mais famosos dos investigadores racionais. Essa emanação psíquica, pressentida pelo cão, constitui a chamada intuição que atua também a distância, nos vegetais e em todos os seres, afetando-os, causando-lhes, em numerosos casos, o aniquilamento da vida orgânica, fenômeno esse constatado há muitos séculos, pelos romanos, que lhe deram o nome de jetatura.

❦

Plutão, após a heroica e fracassada defesa que fizera do amo, voltou, também ferido, ao Solar do Cisne, onde sua chegada, com a cabeça contundida e em sangue, sozinho, causou enorme apreensão a todos os habitantes do alcáçar!

Cláudio, desatinado, mas no veemente desejo de dissimular o seu abominável fratricídio, mal ouvira as derradeiras palavras pronunciadas pelo desventurado agonizante, pôs-se a correr, desviando-se da estrada real, emaranhando-se, por vezes, nos caules das árvores em busca do local onde deixara atado o cavalo, sem, contudo, atinar com o paradeiro.

Um aturdimento de embriaguez lhe obscurecia a mente: dir-se-ia que suas pernas vergavam, mal firmes sobre o solo, dificultando-lhe a fuga que desejava encetar em direção leste, da Ilíria,[22] que conhecia minuciosamente. Súbito, irrompeu um vendaval, sacudindo com violência as árvores. Empurrado quase pelo tremendo furacão, aumentou sua velocidade na fuga, vencendo incalculável distância do local do crime, até que, exausto, tombou sem sentidos no solo, inundado, sob o ribombar dos trovões, que, dir-se-ia,

---

[22] Região dos Balcãs.

o amaldiçoavam e com açoites líquidos o atingiam quais bombardadas aéreas, arrojadas do Infinito desejoso de punir o hediondo delito.

Assim permaneceu inconsciente até ao amanhecer, com as vestes encharcadas, a boca desmesuradamente aberta, tendo certamente sorvido tragos da enxurrada. Sentia dolorido o corpo e, embora estivesse com as roupas embebidas de água e lama, era presa de sede intensa e de incoercível tremor da cabeça aos pés; dor compressiva, na cabeça, dava-lhe a sensação de um arrocho de ferro esmagando-lhe a fronte: julgou que fosse enlouquecer! As ideias estavam confusas, mas julgava ouvir uma velada voz, não com os órgãos auditivos, e sim percebendo, pela vez primeira, a existência de algo em seu organismo que possuía aquela faculdade – a de entender o que não vinha do mundo material dos sons, mas, certamente, da sua própria alma – da qual duvidara até à véspera daquele dia fatídico.

E assim esteve longas horas, qual acontece sempre aos transgressores das Leis Divinas e sociais. Afinal, um lenheiro, tendo-lhe percebido os gemidos, desviou-se da estrada principal e encontrou-o, escaldante de febre, semimorto, sobre a relva alagada naquela região, distante do Solar das Sereias cinco milhas marítimas, mais ou menos.

Compadecido do desconhecido viajante, aquele agreste morador de rústica choupana, pouco afastada do local, providenciou para que fosse Cláudio conduzido para um improvisado leito, onde esteve por muito tempo, quase inconsciente, delirante e, por vezes, enfurecido, parecendo prestes a perder a razão, escorraçando, em brados, um inexistente animal.

....

Marcelo, desde a confissão de Cláudio Solano, em noite inolvidável para ele e sua estremecida companheira de existência, percebeu que secreto dissabor o dominava, desvairando-o, pois nunca lhe ouvira blasfemar e patentear tanto menoscabo pelos deveres morais. Dioneia compartilhava de tais temores, maiores do que os de seu consorte, sabedora que era da causa secreta dos cruciantes padecimentos do senhor do fatídico Solar das Sereias.

Por vezes, durante a noite de vigília, desejara confessar ao esposo: – Marcelo, não te penalizes tanto pelo revoltado Cláudio, porque não merece a tua compaixão. Afasta-te daquele hipócrita, que deve estar projetando alguma vilania contra o seu melhor amigo!

Um tremor, porém, a detinha: Marcelo exigiria decerto a confissão integral do que o traidor lhe havia dito, e, embora sabendo-o compassivo e justiceiro, temia, contudo, um violento impulso de dignidade ferida, um desforço – aliás merecido – contra quem atentava assim contra a honra do seu lar. Perplexa e insone, optou pelo silêncio, esperando o afastamento de Cláudio para revelar a verdade ao marido.

Aguardou, pois, com receios bem fundados, o escoar do tempo com seus consequentes sucessos. Esperaria o nascimento do primogênito, já previsto para breve, e, tão logo se verificasse a partida de Cláudio Solano, contando com o natural arrefecimento da indignação do consorte, confessaria a verdade, sem subterfúgios.

Na tarde em que vira o esposo partir em direção ao Solar das Sereias, quis seguir-lhe os passos; mas ele a isso se opôs, mesmo que fosse na sege, pois a região em que residiam era bastante acidentada e receava um abalo prejudicial ao estado em que ela se encontrava.

Dioneia viu-o sair do lar acompanhado pelo vigilante e inseparável Plutão.

Marcelo preferiu fazer o trajeto a pé, como sucedia sempre que se dirigia à residência do amigo de infância. Dioneia, apreensiva, antes que dele se apartasse, aconselhou-o:

– Marcelo, se Cláudio quiser reproduzir as loucuras que anteontem aqui proferiu, não faças comentários, e retira-te logo, pois temo que ele esteja com as faculdades mentais desequilibradas...

– Tens razão, minha Dioneia, mas não o temas, porque sempre fomos amigos dedicados, e não posso conceber o pensamento de que ele, mesmo desatinado, me cause algum dano...

– Jesus que te proteja e ao desventurado Cláudio! – exclamou ela em lágrimas, tomada de inexplicável e súbita emoção.

Marcelo beijou-a na fronte e partiu, ansioso por saber notícias daquele a quem considerava amigo, tendo dito à consorte, para tranquilizá-la:

– É provável que Cláudio já esteja em viagem desde o alvorecer. Quero que faças uma prece fervorosa a Jesus em sua intenção, minha querida!

Havia muito que Dioneia fizera reparo na atitude suspeita de Cláudio; porém, guardava disso verdadeiro sigilo, para não desgostar Marcelo.

Ela, que pertencia a uma família essencialmente cristã, sentia indizível conforto após as preces ao Redentor; mas, naquela tarde em declínio, sem atinar com a origem, sentia-se invadida por um desconsolo que lhe trazia pranto aos olhos. Ansiosa aguardava o regresso do adorado esposo, suspeitando, sem saber por quê, talvez jamais essa ventura lhe seria concedida!

Assim, com os olhos aljofrados de lágrimas, foi ao encontro do seu genitor e de Apeles, dizendo-lhes:

– Não estou tranquila, desde que Marcelo partiu para o Solar das Sereias! O trajeto não deixa de ser longo, está ameaçando temporal, e eu receio que lhe suceda algum acidente.

Túlio Isócrates tentou dissipar-lhe a inquietação; porém, não o conseguindo, comunicou a Márcio Taciano as apreensões da filha e prometeu que ele e Apeles iriam ao encalço do genro, decorridos alguns momentos.

Márcio aprovou-lhe a resolução e, coparticipando dos até então infundados temores da jovem esposa, explicou como fazer o trajeto preferido pelo filho quando ia ao Solar das Sereias. Antes de sair, Isócrates havia dito à filha, atemorizada por presságios que ele julgava infundados:

– Não te aflijas, filha, Marcelo não tem inimigos, e, além disso, foi acompanhado de Plutão, que, em caso de perigo, seria o melhor defensor!

– Bem o sei, meu pai, e dou graças a Jesus por ser Marcelo tão estimado por todos; não sei, porém, se Cláudio Solano ainda se encontra no alcáçar... Acho-o tão transformado e sem critério! – murmurou a jovem, não querendo despertar suspeitas sobre o verdadeiro móvel de seus receios, que julgava legítimos, depois que se capacitara da hipocrisia do conde de Morato. Gelcira e Márcio estavam de acordo com as apreensões da nora; Túlio, porém, a todos tranquilizou, dizendo:

– Hoje estive com um dos agregados do Solar das Sereias e soube que Cláudio vai partir para ignorada região. Todos que o conhecem têm observado a mudança operada em suas atitudes... e julgam que seja ele levado à loucura!

– Que Jesus se compadeça de Cláudio e lhe permita recobrar o senso... pois sempre foi o melhor companheiro de Marcelo, mostrando ser amigo verdadeiro! – falou Márcio, sentindo-se inquieto, embora não justificasse os temores, tanto quanto Dioneia, que acreditava nos presságios qual as pitonisas da Grécia, sua pátria.

Ao sair, Túlio, vestindo espesso casaco, uma vez que o tempo ameaçava temporal, dissera, para destruir fúnebres vaticínios:

– Até breve! Voltaremos dentro em poucos instantes, trazendo Marcelo, para tranquilidade de todos!

Havia ele desaparecido em uma curva da estrada, quando, às súbitas, surpresos e assustados constataram, os que haviam permanecido no Solar do Cisne, a volta de Plutão, com a cabeça ensanguentada, ganindo e deixando suspeitar que algo de muito grave havia ocorrido. Aproximando-se, tentou ele segurar pelas calças o velho Márcio e arrastá-lo para um local que só ele conhecia.

Compartilhando, então, da angústia da nora, e quase desfalecendo, murmurou a custo:

– Alguma coisa muito desagradável deve ter acontecido a meu filho!

Chamou alguns servos mais dedicados, armaram-se todos, e saíram, estugando os passos, e logo divisaram, distantes embora, meio indistintamente, os vultos de Túlio e Apeles Isócrates, que não tinham visto Plutão, porque este não regressara pela estrada principal, e sim por um atalho.

Arrastando-se quase, quis Plutão seguir os que iam à procura de Marcelo, mas a dor que o atormentava fez que permanecesse inerte, à soleira do castelo, arquejante, após haver cumprido o sagrado dever de indicar à família do seu desditoso dono o que ocorrera.

Ao avistar os indecisos vultos de Túlio e seu filho, Márcio Taciano gritou por seus nomes. Cientes então do regresso do cão, ferido, dirigiram-se ao castelo de Cláudio Solano, em busca de notícias tranquilizadoras. Chegando, porém, na encruzilhada que constituía uma das divisas dos dois solares, quase nas fronteiras do Epiro, avistaram, em decúbito dorsal, com o braço esquerdo curvado sobre o peito, e o direito formando um ângulo reto sobre o solo, o cadáver do infortunado filho de Márcio Taciano.

Um grito, em uníssono, vibrou:

– Marcelo foi assassinado!

– Meu filho! meu adorado filho! Que malvado teve coragem de lhe tirar a vida... sendo ele tão generoso e bom?! – exclamou Márcio, abalado por soluços incoercíveis.

Explosões de dor e de indignação partiram de todos, ao constatarem o doloroso sucesso. O infortunado genitor de Marcelo, ajoelhando-se, verificou que finalizara a vida daquele ser querido. Desolado, viu o punhal corso cravado nas costas, do lado esquerdo do cadáver.

Com a mão trêmula por indômita emoção, Márcio retirou a fatídica arma do corpo do filho, dizendo, em prantos:

– Hei de guardar este maldito punhal, e por ele descobrir o assassino do meu querido Marcelo!

༄

– Precisamos comunicar o acontecido às autoridades – pôde murmurar Apeles contristado. – Vou regressar ao solar, para com as devidas precauções preparar os ânimos, antes que seja conduzido o cadáver. Além disso, o temporal se aproxima.

– Eu te acompanho, meu filho! – disse Túlio, prevendo o golpe, para a alma da sua estremecida Dioneia e para a desventurada mãe do assassinado.

Dioneia, no alpendre do solar, tentava penetrar as trevas noturnas com olhar lacrimoso, depois de haver orado fervorosamente para que o caro consorte voltasse ao lar sem que lhe sucedesse qualquer acidente. De súbito, divisou, na penumbra da noite, os vultos cambaleantes de Apeles e seu pai.

– Que aconteceu a Marcelo? – interpelou com alterada voz, tendo ao lado Gelcira, cujo coração materno também augurava alguma funesta ocorrência para com o filho.

– Coragem, filha, não te entregues ao desespero... – respondeu Túlio, abraçando-se àquela que se considerava, até então, mãe venturosa.

Um duplo grito ressoou e as duas infortunadas damas caíram, às súbitas, sobre um canapé, semiamparadas por Apeles e seu consternado genitor.

....

A dor moral... quem a descreve? Quem poderá encontrar no vocabulário humano expressões interpretativas do que se passa no recesso de um coração sensível, no momento em que é penetrado pelo ferino punhal do sofrimento, quando compreende que toda a recôndita ventura arquitetada rui por terra, desmoronando-se todos os sonhos de felicidade que abrigava!

Dir-se-ia que, à semelhança de Pompeia, esfacelada ao furor de um devastador abalo sísmico, os escombros que subsistem – onde havia mansões ditosas, castelos de mármore e rendilhada arquitetura – à violência da convulsão do solo, verdadeira coreia vulcânica; tudo é tragado por fumegante abismo, que entulha também os corações agitados pela desdita, deixando-os imersos em ruínas, em cinzas, em granito estilhaçado, palácios de sonhos de ventura extinta.

Assim sucedeu àquelas desventuradas, mãe e esposa, cujas vibrações de sofrimento indefinível se confundiram, não percebendo que estavam remindo tremendo delito que, no passado remoto de ambas, haviam perpetrado em comum, embora então dele esquecidas. Qual das duas sentiria maior crepitação das vorazes chamas da dor? A genitora, que concebera e criara o filho com o próprio sangue? Mãe é síntese de carinho, de abnegação, de ternura, de sacrifício, de labor sagrado, de imolação voluntária... é fragmentar o coração por diversos seres, continuando integral para o amor que consagra a todos eles.

Esposa – alma bipartida, da qual uma das metades fica fazendo parte integrante da do outro cônjuge – consócios ambos da mesma existência, alegre ou penosa, para juntos galgarem o calvário das provas terrenas! O amor conjugal funde em uma só as duas almas para a consecução do mesmo excelso plano: atrair outros Espíritos, ávidos de retornar à batalha da vida planetária, a fim de os encaminhar para o bem, norteando-os para Deus, para a Eternidade – que é o porvir da Humanidade universal! Consorciada a jovem castelã havia apenas um ano de suave decurso, sem uma nuvem de dissabor, amando com ternura infinita o companheiro de existência, o qual lhe correspondia o afeto com dedicação inexcedível, aquela fração de tempo transcorrera serenamente qual sonho de inebriante ventura.

Toda essa felicidade se desvanecera de súbito... Via-se quase, qual outrora, órfã de mãe, tendo sua família perdido todos os haveres, quando ela e todos os que lhe eram caros, exaustos, planejaram reencetar a forçada peregrinação para o Epiro (onde lhes restavam alguns parentes em condições prósperas) foram convidados a permanecer no castelo. Recordou ela, naqueles pungitivos instantes, as palavras, quando iam partir daquele pacífico remanso, logo após o passamento de sua infortunada genitora:

– *Domine* – dissera Isócrates, emocionado –, devo deixar-vos, por todo o sempre, mal alvoreça o dia! Nunca me pareceu tão formosa esta tarde primaveril, contrastando com o negror do sofrimento que jaz em meu coração...

– Não vos constranjo, nem aos que muito amais, *domine* – respondeu-lhe Márcio, também comovido, interpretando a tortura que martirizava a alma do desditoso ancião. – No entanto, eu vos convido a permanecer neste solar amigo, pois espero que, com a proteção de Jesus, jamais vos faltará o que for mister à subsistência de vossos entes amados...

– Bem o sei, *domine*; mas não devo ultrapassar a generosa hospitalidade que nos dispensastes. Encontramo-nos nas fronteiras da Dalmácia; estaremos em breve no Epiro, onde temos alguns parentes e contamos com a Misericórdia Divina que nunca nos abandonou nos abismos da existência.

– Bem sabemos, *domine*, que não sois aventureiros, e sim nobres criaturas, arrojadas da opulência – pelo poder invencível do destino – ao solo eriçado de pedregulhos; por isso, se não vos desagradar permanecer neste alcáçar, aqui ficareis, novos componentes de uma família única...

– Aqui, *domine*, é uma das mansões dos deuses tutelares, que hei conhecido sobre a Terra, destinada aos que sofrem! – exclamou Túlio com os olhos fúlgidos de lágrimas. – Não queremos, contudo, abusar da hospitalidade cristã. É forçoso, pois, o recomeçar nossa dolorosa peregrinação, até que meus olhos – que só enxergam o negror do futuro depois da partida de minha adorada companheira – possam ser deslumbrados com a luz inextinguível da Eternidade.

– Sabemos que sois escrupulosos e dignos das bênçãos divinas; mas o nosso dever – humano e cristão – é abrir as portas de nosso lar aos que não o têm.

– Com isso provais, *domine*, que não sois unicamente nobre pela estirpe, mas pela alma, que já possui a verdadeira nobreza espiritual.

※

Voltemos a alguns meses antes.

– Nosso destino não depende de nossa vontade, mas da execução das Leis supremas que regem o Universo! – disse Márcio. – Suponho, entretanto, que podemos modificar o futuro de nossa alma, não transgredindo as leis sociais e celestes, sendo probos, justos e laboriosos. Assim, naturalmente, Deus, que é imparcial juiz, fará justiça, concedendo-nos a melhoria de situação merecida, quando se extinguir nossa vida terrena. No entanto, muitas vezes, entes que são íntegros no cumprimento dos seus deveres, justos e laboriosos, em cujo número incluo o próprio, *domine*, são presas de sofrimentos, e, parece, a desdita se aloja em seus lares, a penúria dos seres queridos lhes tortura os corações. Por quê? Às vezes, caro amigo, penso qual os brâmanes: devemos ter mais de uma existência planetária, resgatando em uma vida de lutas incessantes, de submissão e virtudes cristãs, crimes e arbitrariedades cometidos em séculos passados.

– Devo, pois, *domine*, em transcorrida existência, ter sido impiedoso e perdulário! – exclamou Túlio com incontida amargura.

– Quem fomos nós no pretérito milenário de nossa alma, e quem seremos na eternidade futura que nos aguarda, *domine*? – respondeu-lhe Márcio Taciano, perplexo.

– Seja, porém, verdadeira ou não, a crença dos brâmanes não está em oposição ao Cristianismo que professamos, qual o pregou Jesus, pois, afirmaram os apóstolos que, por vezes, Ele se referiu a uma existência transcorrida e substituída por outra, fazendo crer que João Batista havia sido Elias e que para "poder-se ver a face do Pai celestial é mister haver nascido não uma, porém, muitas vezes"... Se Ele assim falou, não devemos pôr em dúvida as suas palavras, quando afirmava que não basta uma vida só, e sim diversas, no plano material, para que seja conquistado o mérito de poder deixar de ser habitante terrestre, para se transportar aos mundos ditosos do Universo, onde só ingressam os redimidos, os limpos de máculas espirituais. Não é isso mais confortador do que acreditar nas geenas, nas punições perpétuas, que são o aniquilamento da fagulha divina, uma vez condenada ao sofrimento sem remissão? Que valeria a imortalidade em um local de suplícios infernais? Não seria melhor, ou mais razoável, então, o Nirvana ou o Nada por futuro?

– Sim! – confirmou Túlio, em tom convicto. – Se houvesse, de fato, mais de uma existência terrena, quem suporíeis tenha sido eu, *domine*?

– Não ficareis ofendido, se vos disser o que imagino?

– Não; estamos no plano das hipóteses, desejando embora que fossem verdades inegáveis.

– Pois bem, *domine*, julgo que fostes possuidor de grandes cabedais, de opulência régia; mas fizestes mau uso de vossos haveres, deixando muitas vezes sem teto os vossos serviçais, despedindo-os impiedosamente. Fostes, porém, sempre muito probo, incapaz de usurpar quem quer que fosse, e abristes algumas vezes as portas de vosso palácio aos peregrinos, aos flagelados pela penúria das situações angustiosas. Quem sabe, *domine*, não me acolhestes sob vosso teto, e eu estou remindo um sagrado débito na atualidade? Quem sabe se somos velhos aliados de há muitos séculos?

– Assim o dissestes, *domine*, porque sois dadivoso e merecedor das graças divinas! – exclamou Túlio Isócrates muito emocionado.

– Parece-me que estás ficando louco! – obtemperou Gelcira, a esposa de Márcio, que discordava quanto ao acolhimento dispensado a Túlio e família, mormente depois de haver percebido a estreita afinidade existente entre o filho e a formosa quanto infortunada Dioneia.

– Também os adversários do Cristianismo acoimam de louco o Mestre bem-amado, Gelcira! Como, porém, meu pensamento não tem travas, hei de agir como me aprouver, e tu, Gelcira, tens a liberdade de raciocinar segundo teu agrado. Deus concede uma lâmpada – a alma – a todos os seres humanos, e estes podem nela deitar mais óleo ou deixá-la apagada. Não estamos de acordo, mas não poderás impedir que eu pense de modo contrário.

Depois de assim se expressar, voltando-se Márcio para o humilhado Túlio Isócrates, serenamente lhe falou, resoluto, enquanto Gelcira saía com arrebatamento:

– Quero, *domine*, que, doravante, aqui estejais sem constrangimento, coparticipando de nosso lar, de nossa família; meu querido Marcelo pretende desposar vossa prendada filha Dioneia, que me parece tão perfeita no corpo quanto na alma, e espero que a sua pretensão não seja recusada.

– Muito me desvanece o vosso honroso pedido, *domine*, que meu coração acolhe com a maior das alegrias, maior do que se o pretendente fosse o herdeiro de um trono! Confesso-vos, porém, com lealdade, que um dos motivos de minha pretendida retirada de vosso hospitaleiro lar era o afeto que minha experiente percepção já havia observado existir nos corações de nossos amados filhos, Marcelo e Dioneia. Compreendi que seria intolerável a nossa permanência aqui, estando em situações opostas: ele, cercado de todos os prestígios sociais, belo, denodado, opulento, podendo pretender uma donzela de igual categoria; minha Dioneia, pobre, relegada para a casta dos humildes, embora houvesse nascido também em alcáçar do Epiro, em era próspera de nossa existência...

– Podemos, acaso, ser responsáveis pelas bruscas e dolorosas quedas da fortuna, *domine*? Quem sabe o que nos aguarda no porvir? Quem nos dirá que não sejam talvez invertidas as nossas condições, no transcurso dos tempos futuros? Quem sabe se a vossa fortuna será reconstituída e a minha consumida? – disse Márcio Taciano a seu hóspede, profeticamente, iluminado por súbito clarão que o fazia devassar os arcanos porvindouros, sempre tão obscuros e impenetráveis para os habitantes terrestres.

– Não, *domine*! – exclamou Túlio Isócrates, com veemência – se tal ocorresse, meu lar seria o vosso, tal a gratidão que vibra em minha alma por tudo quanto nos tendes feito! Digo-vos mais: não considero desdouro o ser vosso servo, pois a grandes e humildes sabeis tratar com lhaneza e bondade, tornando-se ventura o ser amigo ou servidor de Márcio Taciano!

– Obrigado por vosso generoso julgamento, caro amigo, e folgo por saber que a solicitação de Marcelo é acolhida com prazer.

Túlio Isócrates levantou-se, e, comovido, abraçou o digno senhor do Solar do Cisne e o jovem Marcelo que, naquele instante, entrou no gabinete.

– Eu te acolho em meu coração, como se foras outro filho bem-amado, Marcelo! – exclamou Túlio, radiante, abraçando o noivo de sua estremecida Dioneia. – És, para mim, mais do que um príncipe encantado, pois a bondade de tua alma te faz mais inapreciável do que se fosses o herdeiro de um trono. A tua fidalguia é a do próprio espírito: tem tanto valor na Terra quanto, por certo, nas regiões siderais!

No decurso de um mês foram preparados deslumbrantes festejos para as núpcias de Marcelo com Dioneia, tudo com intenso júbilo, do qual apenas parecia não participar a genitora do noivo. Contrastava a tristeza de Gelcira com as demonstrações de alacridade que todos os habitantes do castelo manifestavam. Depois, decorreu um ano de regozijos e incessante harmonia, num ambiente propício à felicidade terrena, compartilhada por todos quantos conviviam no Solar do Cisne.

Uma tarde, porém, inesperadamente, a monotonia do alcáçar foi interrompida pelo regresso de Cláudio Solano, após ausência de um lustro, durante o qual esteve peregrinando por longínquas paragens. Acolhido fraternalmente por todos da família e residentes, a princípio mostrava-se expansivo o recém-chegado, relatando episódios interessantes da sua estada no Tibet, nas proximidades do Himalaia e no Indostão, constituindo essas narrativas motivo de entretenimento, em uma época em que havia carência de tal nas habitações campestres. Cláudio, culto e destemido, acreditava apenas no que lhe ferisse os sentidos: combatia o sobrenatural, o espiritual, dominado por ideias de ceticismo, e só cuidava em fruir coisas mundanas, gozos materiais, tendo por único objetivo a conquista da felicidade, por meios legais ou mesmo condenáveis. Às vezes, a palestra amistosa no Solar do Cisne era perturbada pelo antagonismo do que ele manifestava, de encontro às ideias sãs que os assistentes professavam sobre a imortalidade da alma, a recompensa aos heróis espirituais que, na Terra, são os mais austeros cumpridores das leis humanas e celestes.

– Como crer na sobrevivência do Espírito – dizia Cláudio com ênfase – se perdi meus pais tragicamente, e, até ao presente, nenhuma prova houve que lhes confirmasse a existência, eclipsando-se ambos, desde então, de minha vista, deixando-me só para as refregas da vida, muitas vezes em luta com temíveis adversários? Ninguém, pois, me convencerá de que deva amar o meu próximo qual se fora meu irmão, se este não perderá ocasião para me tirar a vida... a única que me interessa e que, realmente, possuímos, enquanto não tombamos no sepulcro! Relego a outra aos filósofos, gregos ou romanos, aos utopistas de todas as eras! Praticar o bem, imitando Jesus, rodeado dos maus e perversos deste mundo, só terá uma consequência, um epílogo dramático: a cruz, o patíbulo!

– Nem sempre professaste essas teorias, Cláudio! – falou-lhe certa noite Marcelo. – Fomos companheiros desde os primeiros tempos de existência, e só agora não estamos de acordo. Voltaste transformado, depois de longa peregrinação pelo Oriente, do berço do espiritualismo, da fé e da resignação. Regressaste cético e revoltado. Estranho muito como te metamorfoseaste com o negro pessimismo que se apoderou de teu coração, outrora tão sensível e esperançoso...

– Porque somente agora compreendo, melhor do que antigamente, a minha situação, sempre ferido pelo punhal da adversidade, sem que me lembre haver prejudicado ninguém. Sinto-me invadido de revolta e pessimismo, sem um incentivo para a luta da existência...

– É a reação do intenso labutar durante o tempo em que estiveste na Cruzada; é a bonança após a tempestade! – exclamou Márcio Taciano, para reanimá-lo.

– No entanto, *domine*, nunca me senti tão infortunado quanto agora! – murmurou Cláudio, com intensa melancolia.

– Pois bem, meu amigo, que considero quase um filho – prosseguiu o ancião –, hás de permitir-me um conselho paternal: Volta-te para Jesus, implora-lhe as forças que ora te faltam para as refregas morais que todos somos compelidos a enfrentar, a fim de que, perante o Pai celestial, cada um receba o quinhão merecido...

– Não o creio, *domine*, porque meu mal é injusto. Jesus não intervém em nossas existências. De outra forma, não teria eu perdido tão cruelmente meus pais, que eram probos e bons...

– Sofres de um mal indecifrável, Cláudio! Por que não dominas o coração, qual se fora este um corcel em vertiginoso galopar, que te arrojará a um despenhadeiro, a fim de que sejas salvo e não cruelmente esfacelado?

– Eu não tenho a precisa coragem de reagir. O *corcel* já me arrastou ao vórtice, que não temo, pois será preferível a viver na expectativa de ser atirado a um abismo, cuja profundidade já pressinto.

– Essa falta de confiança em teu próprio valor, *domine* – falou-lhe Túlio apreensivo –, provém de teu menosprezo a Jesus. Essa descrença das Leis Divinas, aliada à violência dos sentimentos de ceticismo, há de levá-lo a um sorvedouro de infortúnios.

– Eu me julgava fadado ao heroísmo, quando batalhava na Palestina; agora, sinto-me covarde para tentar o suicídio, senão... senão, já seria cadáver. Não me resigno, porém, passar pela existência sem haver conquistado um quinhão de felicidade, contemplando quem o tem. Se ainda cresse na recompensa futura, resignar-me-ia com a aridez de minha vida. Não crendo na imortalidade da alma, renuncio de bom grado ao que houver por hipótese no Céu, pelo que há de realidade neste mundo onde vivo.

– Tu me alarmas com essas teorias nefastas, Cláudio – reiterou Marcelo empalidecendo. – Eu prefiro a dor, a escravidão, a cegueira, todos os padecimentos humanos a cometer a mínima infração às Leis Divinas e terrenas! Quero estar com a consciência serena, livre de remorsos, de cilícios morais, e só assim me considero ditoso! Tudo quanto sofro será em benefício de minha alma. Sei que esta vida terrena é um instante apenas entre duas eternidades – uma que já nos antecedeu e outra que há de vir – e não desejo perder o fruto de meus sacrifícios e a felicidade ilimitada me aguarda. Não quero conquistar um gozo – por maior que seja – por meios ilícitos, que arranquem uma lágrima de dor, minha ou de outrem! Prefiro o sofrimento que reverta em benefícios para nosso próximo e para minha própria alma!

– Assim te expressas, Marcelo, porque és imensamente feliz! Também eu, antes da dolorosa situação em que me encontro, era otimista, e partilhava dos teus atuais pensamentos!

Todos os circunstantes fitaram-no surpresos.

Foi o ponderado Márcio Taciano quem replicou a Cláudio Solano:

– Não deixa de ser rude a vossa prova, *domine*, mas quando regressastes de uma longa peregrinação pelo Oriente, não nutríeis ideias tão trágicas. Só agora manifestais pensamentos rancorosos, que muito prejudicam a paz de vossa própria consciência. Dir-se-ia que, aqui, onde fostes recebido fraternalmente, tivestes exacerbada a dor que vos empolga o coração.

– Tendes razão, *domine*, nas vossas sensatas observações, pois, somente há poucos dias, soube do infortúnio que vos patenteei, justamente quando, contemplando as venturas de um quase irmão, Marcelo, eu supunha conquistar felicidade semelhante à sua.

– E por que não podereis conseguir ainda uma fiel e formosa consorte, igual à que tem o vosso sincero amigo e companheiro de infância, *domine*?

Cláudio, tornando-se lívido, murmurou a custo:

– É bem difícil conquistar, eu, uma felicidade igual à de Marcelo, que encontrou uma preciosidade, a última gema no veio diamantino deste planeta: ninguém descobrirá alguma que a imite, sequer!

Os circunstantes entreolharam-se atônitos por essa expansão inesperada de Cláudio Solano, e, para quebrar a embaraçosa impressão causada por aquelas insensatas expressões, falou Túlio Isócrates:

– Se duvidais da honestidade das mulheres formosas – que as há na aparência e mais belas ainda quanto à virtude! –, deveis procurar uma que seja modesta e educada por nobres genitores, que o sejam nos sentimentos elevados. Geralmente, os homens, quando desejam constituir um lar, buscam, em primeiro lugar, atrair os olhares das mais sedutoras donzelas, como se a formosura plástica bastasse para fazer a ventura dos consortes. Não se lembram eles de que a beleza física, sem a moral, é sempre nefasta! Há mais probabilidade de alguém ser feliz em um lar honesto, onde imperem a bondade, a nobreza de coração, o trabalho, os sacrifícios, do que em outro, onde reine uma encantadora jovem que, descuidada dos deveres domésticos, deseje mais fascinar os olhares masculinos e fruir gozos mundanos, os prazeres prejudiciais à alma e ao corpo, nas sociedades equívocas.

– Eis por que, *domine*, eu afirmei que jamais poderei conquistar ventura igual à que obteve Marcelo! – exclamou Cláudio, com veemência desnorteante.

– Pois eu te assevero que te podes iludir, Cláudio! – falou Marcelo. – Eu me encarrego de procurar uma donzela digna de teu amor, bela e virtuosa, e ainda poderás ser tão feliz quanto eu o sou! Evita recordar o passado, reacendendo cinzas; volta teu pensamento para o Mestre bem-amado, para que Ele te inspire à hora da conquista almejada e te proporcione uma dita inestimável! Ele saberá fazer-te justiça; se tiveres direitos adquiridos, a Têmis divina[23] será a teu lado.

– Isso é problemático. Não vedes os homens probos e nobres sofrerem as arbitrariedades dos maus e perversos sempre vencedores, como o foram os algozes do próprio Jesus, que todos vós tomastes para exemplo e mestre?

– Isso nos leva a crer, Cláudio, que a vida humana é seriada, e não uma apenas: o homem probo, da atualidade, foi o prepotente de outras eras, e agora está remindo os débitos de uma vida tumultuosa, nociva e despótica; os iníquos, de hoje, hão de resgatar com lágrimas ardentes as injustiças e os delitos que tiverem cometido. É mister soframos as consequências de nossos próprios erros, com resignação cristã, sem ofender jamais, nem com um pensamento de rebelião interior, a Justiça suprema! Tive opulência incalculável, e subitamente tudo perdi; vi minhas terras devastadas pelos adversários de Roma, e não tive revoltas contra as leis celestes. Humilhei-me e, conforme podem

---

[23] Justiça divina.

todos testemunhar, encontrei outro lar bendito, onde me sorriu, novamente, a ventura, a tranquilidade e a paz, que eu pensava destruídas eternamente!

– Mas quem poderá asseverar, categoricamente, que a alma sobreviva à matéria; que haja um Ser Supremo nas alturas consteladas; que tenhamos de ser julgados por Ele com imparcialidade? Tudo quanto sucede é fruto do cego e onipotente acaso – o soberano do Universo! A vingança é a justiça exercida pelo prejudicado, e é nesta que hoje creio, porque, até a presente data, não houve quem interviesse em minha vida para me fazer ditoso, e sim desgraçado. Ficou impune, até esta data, o crime perpetrado contra meu pai – que era reto e honesto –, sendo esse crime a causa do suicídio de minha mãe. O tempo vai transcorrendo, e a minha dor, ultimamente, mais me tem excruciado o coração, predispondo-o para a vingança! Se a vida fosse, como dissestes, em séries contínuas, solidárias umas com as outras, por que o proclamado Emissário divino não se referiu à palingenesia?

– Enganas-te, ainda, Cláudio – continuou Márcio –, pois as suas palavras foram transmitidas por intermédio dos apóstolos e estão gravadas nos Evangelhos. A tradição registra que, ao perguntarem-lhe o que era mister fazer para ver a face do Pai que está no Céu, Ele deu a seguinte resposta: – "Na verdade vos digo que tendes de nascer de novo!" – "Como, Senhor, podemos nascer mais outra vez, se já estamos com este corpo carnal?" – "Na verdade vos digo que tendes de nascer novamente. O que for da água, terá sua origem nesta e, o que proceder do Espírito, deste será semelhante, e o Espírito sopra onde quiser!".

"Por estas e outras expressões, depreende-se que não temos uma só existência planetária, e sim inúmeras vidas, todas solidárias umas com as outras, pois punições e recompensas provêm do demérito ou do mérito de cada um. Eis por que não deves vacilar tanto em praticar o bem e evitar o mal, para que, em porvindoura existência, sejas galardoado e não sofras as funestas consequências de passadas delitos. Na Índia, no Egito e em outros países asiáticos e africanos, esta crença – a do regresso à vida – já é milenária, pois acreditam na palingenesia, que foi admitida pelo gênio grego que se chamou Pitágoras, e muitos seres humanos estão convencidos de que ela representa a execução de uma Lei Divina, por meio da qual a Justiça suprema é sempre exercida com imparcialidade, e ninguém poderá deixar de resgatar os crimes cometidos em qualquer uma de suas encarnações!"

Cláudio empalideceu novamente, até à lividez, e, com um sorriso contrafeito, murmurou:

– O que dissestes, *domine*, teria viabilidade, se houvesse algo de positivo para corroborar a crença da palingenesia, saindo do terreno das hipóteses para o das teorias insofismáveis, à semelhança dos matemáticos que comprovam pelos números a verdade das equações.

Eram desse jaez as palestras realizadas no Solar do Cisne, e reproduzidas mais ou menos no último encontro dos dois quase irmãos, palestras que causavam desagrado geral, pelo pessimismo de Cláudio, mormente a Gelcira e a Dioneia.

Haviam todos notado o desequilíbrio das ideias de Solano, inclinado à revolta, à desforra violenta, ao crime, não medindo as consequências deploráveis dos triunfos nas conquistas ilícitas. Talvez houvesse no coração dos que o conheciam mais intimamente um presságio doloroso, algo de muito grave a suceder, presságio que o assassínio de Marcelo Taciano veio confirmar. Quando, pois, ocorreu a pungente tragédia, na qual foi arrebatada a vida inestimável do filho de Márcio Taciano, houve a eclosão de suspeita de que o causador de tal desdita fosse o insensato *amigo* do imolado. Efetuadas pesquisas pelas autoridades da Dalmácia, verificou-se que Cláudio Solano havia partido na véspera do delito, para uma longa excursão, prometendo enviar ao Solar das Sereias um emissário revelando o seu paradeiro. Se, no decorrer de um mês, não enviasse referências pessoais, isso significaria ter posto remate à sua atribulada existência.

Investigações nos arredores dos castelos, em cujas proximidades ocorrera o bárbaro homicídio, não permitiram às autoridades, nem aos parentes de Marcelo Taciano, desvendar o mistério que o envolvia. Na Terra havia apenas uma testemunha – Plutão – que, gravemente contundido, por mais de um mês permanecera indiferente a tudo que o circundava, parecendo ter perdido a faculdade da vigilância, na qual era exímio, tornando-o temido por todos. Uivava funebremente, quase sempre à noite, como se algo de doloroso houvesse ainda de suceder aos habitantes do Solar do Cisne. Nenhum vestígio fora descoberto do autor do cruel assassínio, que levara a consternação e o luto a um venturoso lar, verdadeiramente cristão.

Marcelo, de todos os da família, era o mais conceituado, o mais piedoso e sensível. Qual o móvel do crime que entenebrecera tantos corações? Eis a incógnita indecifrável para cuja solução todos se empenhavam com fervor. Nenhum objeto de uso individual fora subtraído, não sendo, pois, o roubo o motivo do nefando delito.

Nenhum desafeto declarado conheciam os que lhe pranteavam o brusco trespasse, salvo ter sido (e isto era o que parecia provável) vítima de um campônio que, dias antes, havia sido por ele despedido, porque estava semeando a discórdia entre os que trabalhavam pacificamente no castelo, prometendo exterminar um antigo e fiel fâmulo de Márcio Taciano, que vivia apreensivo. Ninguém descobrira o paradeiro do serviçal despedido, que era de origem saxônia, e não mais fora visto nos arredores do local onde residira por alguns meses, desde que se tornara indesejável.

À hora em que, vergado ao peso do coração que estuava de angústia, Túlio transmitiu a notícia do infausto sucesso aos sogros de sua filha e a Dioneia, houve a explosão de uma dor violenta, que, dir-se-ia, levaria à loucura aqueles entes desvelados, até então infinitamente felizes.

– Minha filha – disse Túlio, em pranto –, por que não fui eu o sacrificado em lugar de Marcelo? Eu atingi o limite da vida, e ele apenas a tinha iniciado.

– Meu pai! meu pai! não fale em morte, agora que a tenho no coração!

Compadecido da nora, Márcio, lacrimoso, assim lhe falou:

– É mister que resistas à dor que ora nos acabrunha; tua vida é duplamente preciosa; dela depende a daquele que substituirá em nosso lar enlutado o inesquecível Marcelo, e será certamente o nosso maior conforto sobre a Terra! Mais intensa do que a tua dor de agora é a dor daquela que lhe deu o ser.

Gelcira, desde o instante em que soube do infausto acontecimento, emudeceu, e dir-se-ia transformada em estátua humana, entregue a um pesar inenarrável.

Compreendera Dioneia o que se ocultava naquele amargurado coração de mãe, e, abraçando-a terna e ansiosamente, deixou que uma catadupa de lágrimas lhe umedecesse o lívido rosto. Ambas unidas pela mesma desventura não puderam exprimir a dor e o vácuo do seu íntimo que jamais seria preenchido naquela existência.

Qual dor seria maior – a da genitora ou a da esposa?

Mãe! aquela que ama o ser que Deus lhe enviou qual dádiva celeste, e a quem ela concede o atributo divino – a vida –, olvidando todos os sofrimentos pelo amor que consagra a quem lhos fez padecer! Mãe! amiga incomparável dos arcanjos que quebram as asas ao deixar o Infinito constelado, para caírem no tétrico abismo da Terra – a mais extensa de todas as jornadas! – e os acolhe em seu generoso seio, beijando-os, desejando-lhes todas as venturas, todas as bênçãos celestiais, todas as alegrias mundanas! Mãe! aquela que padece as ingratidões dos filhos, chorando, suplicando ao Céu sempre e sempre auxílio, proteção para que sejam encaminhados ao bem e às venturas! Mãe! aquela que, na Terra, representa o próprio Criador do Universo, pois ela é quem nucleia e atrai a alma – fragmento divino, átomo do Pai Celestial – para torná-la movimentada, consciente pelo cérebro.

Para ela, a morte ou a separação terrena é uma amputação, um desequilíbrio do seu próprio eu, pois todos aqueles que ela gerou são frações de si mesma, repercutindo-se nela as dores, os infortúnios que atingirem seus entes queridos, e, para vê-los ditosos, não mede sacrifícios nem abnegações! Quando sucede algo de penoso para com as migalhas de sua alma, há profunda repercussão em seu imo e, quando os fere a morte – tão mal compreendida no globo terrestre –, há em seu recôndito o estilhaçar de uma fibra, o estalar de uma corda sensível.

Esposa! companheira e irmã ligada pelo destino por sólidos e inquebrantáveis elos, que se forjam na Terra e não se extinguem no infinito dos milênios! Os consórcios originados pelos interesses materiais, pelo egoísmo, pelos sentimentos inferiores são efêmeros, ligam os corpos apenas e não atingem as almas, terminando nos sepulcros.

Os lídimos enlaces conjugais são os dos Espíritos afeiçoados, verdadeiras almas gêmeas, os daqueles que já se consagraram terno amor em outras eras e se recordam de alianças transcorridas em paz e recíprocos afetos! Valem por frações que se apartam uma das outras, momentaneamente, e se integram após as jornadas terrenas, reconhecendo-se quando se reencontram no plano material, seguindo, sempre aliados, diversas existências planetárias, as mesmas trajetórias – a exemplo dos astros que não se afastam das órbitas, traçadas pelo giz radioso do Geômetra divino – Deus – e, conquistando virtudes, cumpridos todos os deveres, voltam-se para o Sempiterno, enobrecidos por excelsos atos, espiritualizados, tornando-se irmãos siameses que ascendem, perpetuamente unidos, às paragens siderais.

Muitas vezes, os adversários de uma etapa terrena se entrelaçam em outras peregrinações futuras, para que se reconciliem, a fim de que, em comum, desempenhem encargos penosos ou meritórios, como, aliás, o são os dos que convivem em um mesmo lar, criando e educando entes que o Criador lhes confia para que seja aformoseado o diamante das jazidas celestes – a alma – lapidando-o, burilando-o, facetando-o, aperfeiçoando-o, enfim, para que se torne átomo de estrela ou do próprio Sol do Universo – Deus!

Mãe e esposa são as duas artífices dos lares, fundidas em um único ser, pois a consorte é convertida quase sempre em genitora! A esposa fiel e nobre jamais se descuida de seus misteres domésticos, sociais e morais, criando seres dignos e úteis à família, à pátria e às coletividades, concorrendo poderosamente para a conquista da redenção psíquica de todos eles, exercendo uma similar missão à dos Mensageiros siderais, norteando-os para o Onipotente – o alvo supremo de todos os entes humanos! Quando sucede o contrário, isto é, quando a esposa-mãe não concorre para a purificação de uma alma que lhe foi confiada pelo sumo Juiz universal (não lhe combatendo os maus pendores), dando incremento à vaidade, ao orgulho, à soberba, não debelando as inclinações para os vícios, para os erros que sempre os transviados do bem praticam, acarreta novas punições em existências futuras, para si própria, e para os seus entes bem-amados!

O amor de esposa rivaliza, pois, com o materno, no qual se funde algumas vezes, e é um dos sentimentos mais empolgantes no ser pensante; há, no entanto, muito mais falências no primeiro caso do que no segundo, sendo ambos de grande excelsitude quando sinceros e veementes.

Naquele instante angustioso e inolvidável, abraçaram-se as duas desditosas, em iguais condições morais, com os corações esfacelados pelo homicídio do ser adorado por ambas. Dir-se-ia que, naquele momento de dor infinita, houve o desmoronar de uma torre muito alta e muito alva, que julgavam alcançar o céu e, bruscamente, qual a simbólica Babel, ruísse com fragor e desaparecesse no vórtice aterrador de um oceano infindo.

Por seu turno, os dois anciãos, o pai e o sogro do assassinado, confraternizaram-se no mesmo amplexo mudo de dor, escutando apenas soluçar os nobres corações.

Dioneia, abalada pela desventura que transformara em caos sua existência florida, caiu gravemente enferma e, após o nascimento do primogênito (que recebeu o nome de Márcio Lúcio), não se erguia do leito, presa de intensa febre.

O tenro recém-nascido foi amamentado por uma robusta camponesa, Adriana Moreia, que a ele se afeiçoou profundamente, pois havia perdido o primeiro filhinho, e agora, acarinhando o alvo e louro Márcio Lúcio, lhe parecia diminuído o vácuo do que havia perdido.

※

Dias intérminos, de penosas cogitações, decorreram no Solar do Cisne. Dioneia, que estava próxima do último transe, febril e delirante, parecendo haver perdido o senso, proferia frases desconexas, verdadeiras vibrações da alma, ora afagando o querido morto, ora prevenindo-o de iminente perigo, ora lamentando a sua brusca partida para o Além. Enquanto estivera empolgada pela febre puerperal, mostrava-se agitada e sob o domínio de pensamentos de revide. Desde, porém, que a enfermidade decresceu de violência, entrando em um período de calma, pareceu a todos que ela ficara indiferente à própria vida e à dos entes queridos. Às vezes, percebia os uivos de Plutão que, depois de muitos dias, sem poder locomover-se, ficou aturdido (consequência do golpe da pedra), e então tristemente ela dizia:

– Veem como ele chora a perda do amigo? Como pode um cão ter mais piedade do que um ser humano? Antes fosse o seu lamento por mim, e não por meu adorado Marcelo! Quem sabe se ele o vê? Quem sabe se tem saudades do amigo que morreu?

– Acalma-te, minha filha – objetava o velho Túlio, temendo que a filha enlouquecesse.

Dioneia vivia em estado de apatia, e raramente perguntava pelo filhinho. Enquanto avassalada pelo delírio, desejava erguer-se do leito, com o rosto afogueado, proferindo palavras incisivas, pedindo justiça, chamando pelo Plutão para que fosse buscar Marcelo; depois, aquietando-se, parecia de mármore. Lentamente, porém, lhe foi voltando o senso, assumindo outra fase a enfermidade. Seu angustiado genitor, postado sempre ao pé do leito, orava fervorosamente a Jesus para que lhe concedesse as melhoras almejadas, e não a abandonava quase, do alvorecer às trevas noturnas.

Noite houve em que todos os habitantes do Solar do Cisne perderam a esperança de vê-la amanhecer viva. Pálida e prostrada sobre rubra almofada, não acusava nenhuma sensibilidade, parecendo indiferente a tudo. A sua palidez era cadavérica.

Túlio, em prantos, fitava-a com ternura infinita e, quase ao amanhecer, falou, tentando reanimá-la:

– Dioneia, filha de minha alma, não me deixes só, leva-me contigo, se tiveres de partir!

Dioneia, como se percebesse o que lhe dissera o pai, mais com as faculdades psíquicas do que com as mentais, pareceu ter ouvido o aflitivo apelo, e murmurou debilmente:

– Ainda não está... terminada a batalha, meu pai! Ainda vai ser descoberto... o assassino... do pobre... Marcelo!

– Será melhor que partamos no seu encalço, filha! Estou exausto de sofrer e de lutar!

– Não tarda muito... pai! *Eles* aqui estão a nosso lado... e não os podeis ver quanto são radiosos! Estão *eles* dizendo... que vou reviver... para penar muito ainda... remindo o que outrora fiz outros... padecerem! Assim o quer nosso Pai... que está no Céu!

– Seja feita a sua vontade, filha! Contigo e Apeles, perto de meu coração... terei ânimo para sofrer! Não desejo é que algum dos dois desapareça, deixando-me com a alma angustiada!

– Os que partem... para o plano onde se acha *ele*... o adorado Marcelo, estão mais vivos do que nós... porque não temem mais a morte... e sim a vida terrestre, pai! Nossa alma... é que está amortalhada na carne, pai!

– Então já viste Marcelo, filha?

– Não, para que a emoção... não abreviasse minha vinda... para onde se acha *ele*. Sei que ainda o veremos... tal qual outrora... quando éramos felizes! Já me foi permitido... por Jesus... ver a querida mãezinha... que tanto padece por nossa causa!

– Não está ela conformada com o destino, filha? – indagou Túlio, enxugando lágrimas.

– Um tanto... mas avisou que muito temos ainda que padecer!

– Por que não despertas, filha? Tenho a impressão de que me falas em voz diversa da tua, parecendo provir do fundo de um sepulcro!

– Assim quase o é, pai, pois minha alma já se acha... quase toda exteriorizada... o que não sucede quando está... fortemente presa à matéria... quando há saúde!

– Muito te agradeço estas palavras ditadas decerto por alguma entidade espiritual. Que Jesus vele por nós, filha!

– Ele não se esquece... das ovelhas de seu rebanho, pai!

– E por que Ele, tão bom, permitiu que um malfeitor exterminasse a vida de Marcelo?

– Porque... Marcelo, embora piedoso, tinha uma dívida... a resgatar de outras eras! Nós todos, pai, somos pecadores e temos delitos a remir... O sofrimento é que liberta a alma... dos crimes esquecidos pelos seres humanos... que os olvidam... quando voltam à Terra!

– Causa-me grande pesar o conhecimento dessa dolorosa verdade, pois talvez ainda nos aguardem novas dores!

– Assim é a justiça divina... muitos padecimentos... estão iminentes sobre nossas frontes, pai!

– E sabes quem foi o algoz de Marcelo, filha?

– *Eles*, os que nos rodeiam sempre, afirmam... que terei a verdade patenteada quando chegar o fim... desta peregrinação terrena... antes, seria dificultar o cumprimento das Leis supremas!

– Já falaste bastante, filha bem-amada! Cala-te, para que possas repousar!

– *Eles*, de agora em diante... quando necessário... vão falar, assim, por minha boca...

※

Profundo suspiro se desprendeu do peito da enferma, que novamente recaiu na prostração, indiferente ao mundo exterior.

O pequenino Lúcio havia sido confiado aos cuidados da avó paterna e de sua dedicada ama. Nenhuma semelhança patenteava ele com o extinto genitor: era alvo, tal sua mãe, de olhos azuis, tinha o aspecto de um arcanjo de Fídias. A afeição dos dois avós, de Apeles e dos habitantes do Solar do Cisne era invulgar pelo formoso entezinho. Apenas Gelcira mostrou indiferença, retraída mesmo nas demonstrações de carinho ao neto, e ninguém ainda lhe vira beijar a criança.

Por alguns dias ainda, Dioneia esteve presa ao leito de sofrimentos. Seu velho pai, cuja fronte alvejou qual um floco de neve alpina, raramente abandonava o seu posto de sacrifício e desvelo, e observara o afastamento de Gelcira da câmara da nora, desde o nascimento do netinho, que ele julgava fosse para ela objeto dos seus mais ternos carinhos, dado o falecimento do adorado filho.

Sucederam-se os dias, e ela permanecia enigmática, taciturna, alheia à enfermidade de Dioneia. Uma tarde, não se conteve o ancião e falou a Márcio Taciano:

— Observo, *domine*, que, com a morte do querido Marcelo, vossa esposa se tornou indiferente à sorte de sua desditosa nora e do encantador netinho, que devia cativar-lhe o coração saudoso.

Márcio estremeceu àquelas palavras de Túlio, e murmurou, meio perturbado:

— Ela ficou profundamente desgostosa e contrafeita, porque o netinho não se parece com o nosso filho adorado. Ela nutria a esperança fagueira de que o pequenino lhe lembrasse a fisionomia do falecido pai, mas o destino — sempre indecifrável — quis que sucedesse justamente o contrário: Lúcio não se parece, absolutamente, com o nosso inesquecível Marcelo! Eis justificada sua atitude, *domine*!

— Muito me surpreende o que me revelais, *domine*, pois não podemos culpar a quem quer que seja a respeito dos característicos físicos dos seres humanos; todos têm o tipo peculiar à família de que procedem, mormente o de um dos genitores, e, muitas vezes, nascem completamente diversos, parecendo originados de outra casta, tão dessemelhantes são no organismo e nos predicados morais! O pequeno Márcio Lúcio, como deveis ter notado, tem semelhança materna e da avó materna. Seria muito confortador, para todos nós, que tal parecença fosse com o falecido genitor;

mas a nossa vontade, *domine*, nem sempre vigora ante as forças da natureza. Além disso, pareça ele ou não com o querido morto, nenhuma dúvida poderá existir a respeito de sua filiação. Portanto, sendo minha filha a síntese da honestidade, esse retraimento de vossa consorte é ultrajante para Dioneia, que, tão logo melhore, há de fazer idêntico reparo.

– Não vejais a questão por aspecto diferente do que suponho, *domine*! Gelcira está com o coração esfacelado de dor, e não pode agir com o critério que a nossa idade faculta, com longa experiência que adquirimos em mais de meio século de sofrimentos!

– Conheço a nobreza de vossos sentimentos, *domine*, e não ponho em dúvida a vossa sinceridade; mas, confesso com lealdade, meu coração está profundamente ferido com o indesculpável proceder de vossa esposa!

– Aguardemos o escoar dos dias, *domine*, para que se desfaçam nossos amargos pensamentos, originados pela grande dor que nos flagela a alma.

Três meses decorreram, monótonos e inexpressivos, após o diálogo dos dois velhos pais. Só então, a Dioneia vieram os primórdios da convalescença, reanimando-se-lhe o físico, continuando, porém, em profunda apatia.

Durante o período em que se manteve inerte no leito, seu pensamento não cessava de lhe martirizar a mente, reconstituindo os fatos remotos, as palavras enigmáticas de Cláudio Solano, capacitando-se de que o crime perpetrado que lhe abalara a alma, deixando-a semimorta, não fora alheio à sua ação de infiel amigo, partícipe da tragédia que a infelicitara. Marcelo, ela o sabia, generoso e bom, não tinha inimigos ocultos, salvo o que lhe ambicionava a ventura, cobiçando-a para si próprio. Nos momentos de dor intensa, havia em seu íntimo a revolta de sua consciência, por haver calado os seus preságios, não revelando o que com ela ocorrera, quando o hipócrita lhe havia dito qual era a verdadeira origem de seu grande pesar, o infortúnio de havê-la conhecido já esposa de Marcelo!

Esse desgosto é que a mortificava, que lhe ensombrava a alma, que apunhalava de secreta dor recôndita o nobre coração de esposa, que, embora incorruptível, não fora franca para com o marido que tanto a amava. A sua dignidade impunha que fosse expulso do Solar do Cisne o traidor, o falso amigo e ludibriador; mas o temor de uma desarmonia entre o consorte e o rival, criando odiosidade entre dois homens, que até então se consideravam irmãos, e a perspectiva de tê-lo por inimigo, sabendo quanto era rancoroso e insensato o senhor do solar vizinho, aconselhara-a apenas a manter-se em reserva, conservando em sigilo o que, agora reconhecia, causara a sua desventura.

O pesar de julgar-se culpada da morte do adorado esposo, por haver mantido reserva do que percebera lucidamente (a paixão que inspirara ao falso amigo), quase lhe tirava o ânimo de viver, sentindo que seu coração se transformara em bronze vivo e que, em cada sístole e diástole, parecia proferir uma censura amaríssima contra o seu proceder. Desejava depois o desprendimento de sua alma, para se aliar eternamente ao adorado Marcelo, podendo implorar-lhe perdão por lhe não haver revelado o temível segredo que conservara em seu íntimo, e pelo qual perdera, ela, ao mesmo tempo, a seu ver, honra e ventura. Era irremediável o seu infortúnio! Lamentava não haver usado de sinceridade à hora em que Marcelo, apreensivo por aquele que considerava amigo, fora ao Solar das Sereias certificar-se de já haver ele partido ou ainda lá permanecer talvez enfermo, em leito de sofrimento. Recordava-se ainda, com infinita amargura, das palavras que lhe dissera, ao vê-lo em preparativos de saída, seguido pelo vigilante Plutão:

– Marcelo, meu querido, desiste de ir ver o enigmático Cláudio. É melhor que ele se afaste, por todo o sempre, de nosso lar!

Durante os dias em que estivera com a vida ameaçada, muitas vezes, nas horas de delírio que a acometera, pronunciara palavras que confundiram seu próprio e desvelado genitor:

– Não, miserável! Meu amor é dele, sim, do meu adorado Marcelo! Foge, covarde assassino... para que ninguém te reconheça a face de Caim! Jamais procures ver-me... Odeio-te! Teu coração desprezível será rasgado com o mesmo punhal... com que feriste o meu... covarde, assassino! Foge! Não te quero ver jamais!

Outras vezes, aparentemente calma, tendo sempre a seu lado o velho pai, com os olhos orvalhados de pranto, monologava ela, dolorosamente:

– Quem sabe se a brusca partida de Cláudio Solano foi simulada, apenas com o propósito de nos iludir e à justiça, a fim de que fique envolto em impenetráveis sombras o seu horripilante crime?

Enquanto ela assim raciocinava, não longe de sua câmara os desolados pais do malogrado Marcelo também confidenciavam, dolorosamente apreensivos:

— Será concebível, Gelcira — falava o pai —, que a tua suspeita tenha cabimento e nosso bem-amado filho haja sido morto por aquele que considerava o mais fiel amigo?

— Há muito suspeitava, Márcio, que ele estivesse enamorado de Dioneia; mas, quem sabe, às ocultas, foram os dois miseráveis que projetaram o assassínio de nosso inesquecível Marcelo?

— Se fosse verdade que Cláudio estivesse enamorado de nossa nora — que é bela de alucinar qualquer mortal —, tudo estaria elucidado! Que é o homem cobiçoso da felicidade alheia, senão um lobo cerval, Gelcira? Custa-me a crer, porém, que ela tenha pactuado em crime tão abominável...

E os dois cônjuges continuavam as conjeturas, sempre com os olhos enevoados de lágrimas.

— Eu estou perplexa, Márcio, até sobre a legitimidade do filho, que é tão louro quanto aquele a quem atribuo o revoltante crime que nos infelicitou. É tão diverso de nosso Marcelo! Não tive ânimo ainda de beijá-lo; não lhe vejo um traço sequer de nosso filho.

— A natureza, Gelcira, obedece a Leis supremas, e não à nossa vontade! Márcio Lúcio é louro porque o é aquela que o concebeu — Dioneia, e, bem o vês, não se parece com o pai. Quem poderá desvendar as secretas leis que presidem ao aparecimento dos entes humanos neste planeta?

Aguardemos o futuro, que, certamente, há de revelar a verdade e desvendar os arcanos do hediondo delito. O crime está envolto em mistério.

— Foi a fatalidade, Márcio, que trouxe ao nosso lar essa família grega! Devias ter permitido que Túlio partisse quando lhe morreu a consorte.

— Atendi a um pedido de Marcelo, Gelcira! Eu e ele fomos impulsionados pelo coração, o melhor farol que nos guia os passos sobre a Terra.

— No entanto, o coração às vezes nos ilude, tornando-se o nosso pior inimigo, quando age sob o impulso de uma paixão que turba o senso! Dioneia é formosa em demasia para que seja honesta; ela não ignora que atrai os olhares de todos os homens, que a contemplam com olhos cheios de paixão. Apesar de aparentemente ter um proceder impecável, quem sabe se secretamente correspondia ao criminoso amor de Cláudio?

— Não podemos julgar com essa crueldade a infortunada Dioneia, que acredito adorava nosso filho. Entreguemos a Jesus a nossa dor, a nossa causa, e Ele nos fará justiça.

Nesse instante, o pequenino Márcio Lúcio, que adormecera em seu berço no quarto dos avós paternos, despertou e abriu os lindos olhos glaucos. As feições esculturais do pequenino Lúcio já revelavam os traços de sua mãe, mas um verdadeiro psicólogo nelas descobriria também a herança paterna, principalmente na expressão dos olhos, que ressumbravam a mesma incessante e dúlcida tristeza dos de seu desventurado genitor. Márcio fitou-o com visível melancolia, murmurando, tristemente:

– O olhar do pequenino é semelhante ao de nosso estremecido Marcelo, Gelcira! Parece que nos fitou entristecido, como se a nossa conversação lhe houvesse magoado... Ai! quem nos dera desvendar a verdade, que confirmasse ou desvanecesse as nossas dolorosas suspeitas!

~

Penoso silêncio reinou por alguns instantes no aposento. Gelcira, que fitava as feições angélicas do netinho com indizível apreensão, murmurou:
– Se Deus me concedesse a permissão de descobrir o assassino de Marcelo, poderia depois extinguir-me a vida, como se esta fora uma inútil lâmpada!
– A denominada morte constitui uma das mais acerbas expiações para o ente humano, e só Deus sabe por que as merecem os calcetas terrenos. Quem sabe se a dor, que ora nos esfacela o coração, não a infligimos nós a outrem, em transcorrido avatar? Os inocentes, Gelcira, não sofrem penas injustas, porque as Leis supremas são perfeitas e incoercíveis.
– Jesus era justo e bom; por que sofreu tanto, e seus algozes foram os vencedores?
– Porque Ele veio à Terra apenas ensinar, exemplificando, a cartilha da salvação para nossa alma: padecer, com resignação e sem revoltas; suster, nos ombros frágeis, o madeiro da dor, ou das purificações eficazes, conduzindo-o vergado a seu peso ao Calvário que, eternamente neste mundo, representa o termo de todos os padecimentos físicos, morais e espirituais! Se o Emissário

divino viesse desfrutar os privilégios sociais, não fosse Ele perseguido, condenado injustamente, praticando o bem e recebendo o mal, ninguém se conformaria com os tormentos da vida, Gelcira. Ele veio dar a norma de proceder e da redenção: sorveu o cálice de todas as amarguras, não se revoltando contra os seus perseguidores, sabendo perdoá-los; não tendo imprecado contra as sentenças humanas e celestes, arrastou a cruz até ao Gólgota, que todos nós temos de galgar – o sofrimento!

– Somente as almas santificadas dos mártires poderão imitá-lo, e nós somos de barro putrescível, Márcio!

– E que estamos fazendo sobre a Terra, senão santificando os nossos espíritos, Gelcira?

– Terás ânimo de perdoar ao assassino de nosso adorado Marcelo, *domine*? – inquiriu, com arrebatamento, a irascível castelã.

– Assim o espero, e, para isso conseguir, todos os dias imploro a Jesus a força precisa para o imitar.

– Tu não amaste nosso filho, quanto eu ainda o adoro, Márcio!

– E eu digo que tu não amas a Jesus, quanto eu o adoro, e quanto Ele o merece, Gelcira!

Ambos choravam. Novo e penoso silêncio reinou no recinto. Ouviram um pungente gemido, e, no berço, o pequenino começou a chorar, como se fora a resposta merecida ao diálogo dos avós paternos.

– O menino precisa alimentar-se – murmurou Márcio.

E, alteando a voz, chamou pela ama, que logo levou a criança.

– Quem sabe se Dioneia piorou, Gelcira? – disse à esposa o compassivo castelão.

– Ela tem quem lhe vele pela saúde: o pai. Estou, por isso, dispensada de qualquer interferência a esse respeito! – exclamou Gelcira, mostrando a aridez de seu coração.

O consorte, sempre ponderado e justo, obtemperou, passando a destra pelos cabelos de neve:

– Às vezes penso, *domina*, que Túlio é mais desditoso do que nós, os pais do querido morto.

– Por quê, Márcio? Acaso não lhe ficaram os filhos e o neto?

– Porque já notou a atitude hostil que tomaste, desde o falecimento de Marcelo. Enquanto nosso filho vivia, sendo seu genro, ele e os seus tinham certo direito de permanecer, sem vexames, neste lar, que agora se tornou intolerável para eles, que devem ter percebido a suspeita contra sua sinceridade. Observo que andam entristecidos, intimidados...

– És mais generoso do que eu, *domine*. Não os estimo, e estou ansiosa que percebam a realidade e se retirem definitivamente deste solar!

– Oh! Gelcira! pois não compreendes as amarguras que pungem aqueles três corações sensíveis e humilhados?

– Eu os julgo os responsáveis pela morte de nosso inesquecível filho, e, por essa razão, tudo quanto padecem é pouco, em confronto com a minha dor, que ultrapassa a de todos eles! Desde que para aqui vieram, e até então, a nossa vida transcorria serena e venturosa! Depois, começaram as desditas, tornaram-se mais frequentes as visitas de

Cláudio, que, com as suas revoltas, expressões impiedosas e incessantes blasfêmias, envenenou as nossas alegrias, terminando tudo com a tragédia que nos tornou desgraçados para o resto desta cruel existência!

– Não julgues com demasiada severidade os três entes que eu continuo a considerar honestos e dignos de nossa confiança, para que não sejas condenada pelo divino Pai! Todo o interesse dessa família devia residir na conservação da vida de nosso bondoso filho, e não existe prova alguma que nos leve à convicção de que soubessem do crime. Suspende, pois, o teu temerário juízo, até que tenhamos absoluta certeza de quem conspirou contra a nossa felicidade.

– Ninguém me convencerá do contrário do que há em minha mente: Cláudio estava enamorado por Dioneia, e sua brusca partida, coincidindo com o assassínio do nosso adorado filho, convence-me de que, se não foi ele o assassino, deve ter sido o mandante da morte do rival!

– Se tal é a verdade, por que se ausentou ele, justamente quando lhe convinha permanecer aqui?

– Para iludir suspeitas.

– Por que não revelaste as tuas, Gelcira, logo que as concebeste? Talvez desse modo tivéssemos evitado o irreparável crime, que nos enlutou a existência.

– Temi algum violento desforço de nosso filho contra o temível Cláudio.

– E quem sabe, Gelcira, se não foi essa mesma razão que obstou Dioneia de nos revelar a verdade? Ela parece leal e possuir grande nobreza de sentimentos.

Retrocedamos para alguns episódios da narrativa.

Cláudio Solano, após a execução do nefando homicídio, embrenhou-se em matagais e regiões desconhecidas, tendo perdido por isso a orientação do local onde deixara o corcel, que não mais encontrou, o qual, certamente acicatado pela violência da fome e da sede, rompeu as bridas e foi ter onde alguém dele se assenhoreou, valiosa presa, não reclamada.

Um mal ignorado, uma constrição lhe tomou o órgão ao qual é atribuída a fonte dos sentimentos, o coração. Desde que vira tombar o companheiro de infância, sentiu-se maldito, apavorado de si próprio, desventurado réprobo. O uivo de Plutão gravara-se-lhe nos refolhos da alma torturada, e compreendeu que, enquanto vivesse, aquele lamento do chamado irracional jamais se desvaneceria de sua mente, como que o condenando, inflexivelmente, mesmo com o decurso de um século.

Depois de horas de desespero, temendo ser reconhecido e aprisionado, andou ao acaso. Sobreveio depois fustigante temporal, e ele, caído, com a cabeça reclinada sobre a raiz de velha árvore, semimorto de fadiga, febril e delirante, assim esteve até que foi acolhido por um camponês que o encontrou desacordado.

Muitas vezes, no silêncio da noite, o enfermo julgava ouvir longínqua imprecação contra ele, clamores e maldições: apenas adormecia, por instantes embora, via-se arrastado por mãos vigorosas às cercanias do Solar do Cisne, e, entre lamentos estridentes e exclamações de dor infinita, fitava o cadáver do assassinado, sentindo, às vezes, que as suas carnes, de acovardado pelo remorso, eram esfaceladas pelos dentes vorazes de Plutão enfurecido. Ouvia os brados de sofrimento dos seres que adoravam o piedoso Marcelo, e dir-se-ia, então, tenazes de fogo lhe premiam o coração, tornado brasa viva.

– Justiça! Justiça! Justiça! – ouvia ele, em som clangoroso, nesse dormido sonho.

Tais exclamações e gritos valiam por verdadeiras punhaladas que lhe penetravam o íntimo, causando-lhe sensação mortificante. Presa de angústia inenarrável, dentro de seu próprio espírito houve a repercussão de clamores desconhecidos, de turbas enlouquecidas, de palavras de imprecação, que o flagelavam intensamente. Certa noite, pareceu-lhe ouvir uma dúlcida voz, sem distinguir quem lhe falava:

– Desditoso Cláudio! delinquente que és, estás sob a alçada divina, e terás que ressarcir, penosamente, em dores acerbas, todos os teus desatinos! Desejaste, criminosamente, roubar as venturas de um irmão, olvidando a única e mais valiosa felicidade! Nos momentos de suplício moral, inexprimível, quando premeditavas o nefasto homicídio, foste inspirado para o não executar, sentiste o influxo benéfico do Alto para que fugisses do local da tentação maldita onde ias consumar um verdadeiro fratricídio; mas desprezaste as intuições dos emissários celestes, e puseste em prática o plano sinistro que concebeste – inspirado por adversário de ambos – que te instigou a cometer um tremendo delito.

– De adversário? – falou Cláudio à invisível entidade.

– Sim, adversário da era em que tu e *ele* fostes legionários romanos, quando empunhastes armas fratricidas.

— Somos, acaso, responsáveis pelos crimes dos potentados, que lançam os seus vassalos nos sangrentos prélios?

— Os combatentes não são responsáveis pelo que cometem nas lutas bélicas, e sim pelos delitos que provam a ferocidade de seus corações, perseguindo os inimigos com rancor, negando-lhes muitas vezes uma palavra de compaixão, prejudicando-os com odiosidades selváticas, em muitas existências terrenas!

— Por *muitas existências terrenas* — dissestes vós? Esta detestável vida não tem epílogo na sepultura?

— Ainda tens dúvidas, obstinado Cláudio Solano? Queres ver aquele que foi, há pouco, tua vítima e do qual te julgaste livre por todo sempre, para te apoderares da sua digna e fiel companheira?

— Não! não! não! — rugiu Cláudio (alarmando o bondoso campônio que o havia acolhido). — É-me intolerável a sua presença! Não o quero ver jamais, jamais!

— Pelos teus sentimentos egoísticos e exclusivistas, infortunado irmão, tens que passar pelo suplício de vê-lo, dentro de pouco tempo, para que jamais executes outro crime semelhante ao que ora enche tua alma de torturas.

— Por que não me aconselhastes antes, claramente, do delito de que me falais agora?

— Porque tem cada ser pensante um tribunal interior — a consciência — farol divino, que deve ser o nosso eterno guia; possui inteligência, discernimento do bem e do mal, clareza de ideias, raciocínio para agir voluntariamente, com verdadeiro conhecimento de causa e efeito. Não é possível que tua consciência — a voz divina enclausurada na mente imortal – aprovasse o que praticaste: o extermínio de um desvelado irmão, com o intuito de usurpar o seu mais precioso bem, a adorada consorte. Não percebeste a reprovação de teus entes queridos, na noite fatal que antecedeu o crime, transmitindo-te conselhos, do Plano Espiritual?

– A paixão me cegou totalmente, obscurecendo todos os nobres sentimentos, fazendo-me agir, não por mim, por conta própria, e sim pela violência indomável da tormenta que ela gerou.

– Não, jamais perdeste a reflexão, Cláudio, porque premeditaste longamente o delito cometido à traição! Embora a ignores, só tens uma atenuante: com os teus adversários e os de teus progenitores, já fostes ligados em vidas transatas sucessivas e responsáveis por muitas lutas fratricidas. Eles te impeliram à vindita, porque esses rancorosos inimigos se regozijam com as desditas daqueles a quem odeiam, e lhes instigam ações condenáveis que acarretam desventuras. Tu lhes deste guarida na alma, tudo fizeste para fruir uma ventura criminosa e assim perdeste a real felicidade, a única que existe neste planeta de acerbos padecimentos: a isenção de remorsos, a tranquilidade espiritual!

– Dizei-me se adquiri adversários quando fui das Cruzadas. Somos, então, responsáveis perante Deus por defender a nossa pátria ou a nossa religião?

– Quem se defende está com a justiça celestial a seu lado, irmão; mas assim não acontece quando alguém agride um povo pacífico por ambição desmedida, para ampliar territórios, escravizando irmãos, lutando ferozmente para a conquista do que não lhe pertence, ferindo corações e interesses coletivos, espoliando inocentes, esmagando direitos adquiridos e sagrados. Esses delitos recaem sobre os agressores, os invasores de países ordeiros, e foi esse o crime que praticaste, e bem assim o desditoso Marcelo, em finda peregrinação planetária, ambos guerreiros, o de desrespeito aos lares dos vencidos, dos que haviam perdido a vida em defesa do direito incontestável que, na Terra, cada povo consegue à custa de muitos labores e de muitas imolações! Se não houvesse o desventurado Marcelo incorrido nesse delito, não conseguirias praticar o atentado à sua vida, porque, em tal hipótese, os defensores divinos torná-lo-iam intangível a qualquer golpe traiçoeiro.

– Poderei ainda vê-lo, sem remorsos, e alcançar o seu e o perdão de Deus?

– Sim, depois de tremenda expiação que te aguarda, levando-te à confissão do que perpetraste às ocultas, rodeado de trevas, tendo por única testemunha o fiel Plutão!

Cláudio perdera a consciência e a noção do local onde se encontrava, confabulando com invisível entidade, que lhe dirigia a palavra para dentro de seu íntimo. Subitamente, estranha vibração repercutiu em seu imo, parecendo-lhe que todos aqueles que viviam sobre a Terra poderiam percebê-la:

– Dioneia! Dioneia! ainda te resta um final de amarguras... santificantes! Tens que velar pelo anjinho com o qual contraíste dívida. Ambos têm adversários implacáveis, mas necessitam reconciliar-se, por mais penoso que seja esse sacrifício! Sofro muito por causa do pequenino que era toda a minha esperança na Terra!

– Levai-me deste local maldito, Mestre, senão enlouqueço! – exclamou o enfermo, soerguendo-se no leito e parecendo querer sair em carreira pelas estradas desertas.

O bondoso campônio que o acolhera tocou-lhe no braço dizendo-lhe:

– Acalmai-vos, *domine*! Aqui ninguém vos persegue.

– Estou ouvindo *alguém* a gemer, a gritar... Penso que vou... enlouquecer! Amanhã, quero mandar um portador ao Solar das Sereias... Quero que saibam onde estou... Quero socorro!

– Vossas ordens serão cumpridas fielmente, *domine*!

Quando o compassivo camponês foi acomodar-se, Cláudio continuou ouvindo a mesma voz conselheira e amiga:

– Por que te revoltas contra a dor, consequência inevitável das transgressões às Leis Divinas e sociais? Verás, desditoso irmão, todas as dolorosas e acerbas consequências do delito cometido; além do homicídio, a suspeita odiosa que recai sobre a virtuosa Dioneia...

– É horrível o que se passa comigo! Devo estar perto da insânia... Por que na guerra, alguém, enfrentando inimigo, pode exterminar muitos seres humanos, constituindo isso atos de bravura, e, fora do campo de batalha, praticar um assassínio tem consequências tão cruéis?

– As responsabilidades de uma guerra recaem sobre os que a ocasionam, e não sobre os defensores, pois cada povo tem direito constituído sobre o seu pátrio território, e a defesa é permitida pelas Leis supremas e humanas, enquanto que os adversários dos que invadem e infamam lares, fazendo pilhagens, trucidando esposas, donzelas, crianças, enfermos, velhinhos, prisioneiros, constituem crimes que já cometestes – tu e Marcelo, em idos avatares. Não tens atenuantes. Aquele que já compreende o valor da probidade, se rapinar o que é alheio, não poderá ser julgado piedosamente, e sim com austeridade, embora remissora. Aquele a quem prejudicaste era honesto e organizara um lar sagrado, onde imperava o amor conjugal, pontificava a virtude, ascendeu, vertiginosamente, na hierarquia espiritual, galgou muitos degraus na ascese da redenção, e ainda virá à Terra em abnegada e meritória missão, que lhe dará supremacia psíquica, resultante da aquisição de virtudes, e fará que ele atinja moradas radiosas do Universo, junto de Espíritos purificados.

"Esse lar de Marcelo será reconstituído no futuro milenar de ambos, por ele e por sua fiel consorte, que é um dos Espíritos aliados da mesma falange. Virá ele, antes da partida de Dioneia, aguardá-la no extremo de sua peregrinação planetária, para substituí-la e poder prosseguir a excelsa missão que foi outorgada àquela nobre irmã. Vais, dentro em limitado tempo, trinta e seis meses talvez, conseguir a realização do que premeditaste, mas em condições especiais, que presentemente não te posso revelar. Compreenderás, porém, que após a execução de um delito, ninguém conseguirá ser venturoso, porque no imo de cada ente humano há esse austero tribunal, incorruptível – a própria consciência! O que tanto ambicionaste vai-te ser concedido, porém, para tormento e expiação de tua alma e de teu coração."

– Por que não me aniquilastes, ou não o fazeis neste momento, por todo o sempre – vós, que falais comigo e deveis transitar pelo Espaço Infinito?

– Quem possui o poder de o fazer, meu infortunado irmão? Quem conseguirá extinguir o espírito imortal, a eterna e indestrutível Vida? Somente o Criador do Universo teria poder de apagar uma lâmpada perene.

– Por que não me avisastes, falando tal qual o fazeis agora, sobre as deploráveis consequências de um crime premeditado, tendo havido tempo suficiente para o sustar?

– Porque nenhum mérito caberia à tua alma, Cláudio! A criatura humana tem que praticar o bem impulsionada pelos próprios sentimentos dignificadores. Nenhum mérito tem o indivíduo que deixa de perpetrar um crime porque o seu braço foi sustido por impulso alheio – do plano material ou do espiritual.

– E se o homicídio for perpetrado em defesa própria?

– A defesa exime o delinquente das graves penalidades, por isso que a vida é um tesouro divino e sagrado que todos têm o dever de conservar intacto e proteger. No entanto, o que se imolar por alguém, para não macular a alma com o sangue de um irmão, alcança um triunfo incalculável! É preferível, pois, ser vítima do que algoz, pois este foi o exemplo que nos legou o Mestre, Jesus! Este poderia, se o quisesse, paralisar a ação maléfica de seus flageladores, mas não quis prevalecer-se dessa faculdade, e, sendo sacrificado, perdoou com humildade e compaixão: "Perdoai--lhes, Pai, eles não sabem o que fazem!". Assim procedeu o celeste Crucificado, e todos nós temos o dever de lhe seguir o eternal exemplo neste planeta de lágrimas...

– Então, se Jesus houvesse fulminado os seus algozes...

– Teria fracassado na grandiosa e meritória missão na Terra! Não podia falir o Emissário celeste, a fim de que seu exemplo edificante fosse, aqui, o eterno modelo para todos os povos.

– Tarde conheci essa preciosa verdade, Mestre!

– Nunca é tarde para adquirir virtude, Cláudio! É mister que, em porvindoura existência, firmes o pensamento no cumprimento de todos os deveres morais e divinos, nos quais tens que basear, doravante, teu proceder individual...

Doloroso e prolongado gemido emitiu Cláudio Solano, que, após, começou a soluçar.

– Deixai-me partir, Mestre, desta maldita existência terrena. Quero morrer, Mestre! – implorava ele à fúlgida entidade, que, divisada nas trevas compactas que o circundavam, lhe aparecia qual plenilúnio encantado em pleno firmamento ou semelhante a uma portentosa incrustação de luz sideral na caligem da noite.

– Coragem, irmão! – disse-lhe o radioso mentor, compassivamente. – É mister que se gravem em tua alma, indelevelmente, como que por um estilete de fogo, as pungentes experiências que ora vais adquirindo.

Qual se fosse arrastado no vórtice de infindo oceano, Cláudio teve a sensação de que fora arrebatado aos ares, deixando, no humilde catre da choupana do piedoso campônio, o envoltório material estirado, com a aparência de um despojo cadavérico, e, decorridos poucos instantes, viu-se transportado ao interior do Solar do Cisne, onde fitou o aspecto mortuário da formosa Dioneia, deitada sobre o leito.

Nenhum movimento das pálpebras havia na enferma que, dir-se-ia, estava prestes a desprender o derradeiro alento. Não longe, velando pela doente, achava-se o venerável Túlio, cuja fronte pendida e lágrimas incessantes denunciavam, próximo, o desenlace da estremecida filha.

– Observa o esvaimento da vida desta infortunada mãe e consorte irrepreensível... – murmurou o mentor que transportara Cláudio ao aposento da combalida viúva.

– Sou o criminoso causador do infortúnio destas nobres criaturas! – exclamou Cláudio, com infinita amargura. – Ela vai morrer, Mestre? – inquiriu com ansiedade. – Matai-me! Tenho necessidade de extinguir a vida ou fugir deste local que me suplicia a alma e me fará enlouquecer!

– Os emissários divinos são agentes abnegados e zelosos do progresso espiritual de seus tutelados, e não assassinos dos delinquentes, pois, desse modo, tornar-se-iam também criminosos, e se estes fossem sempre trucidados na Terra... bem poucos seres humanos restariam! A todos Deus concede o livre-arbítrio e o discernimento de seus atos. Tu e Marcelo, em outra existência, penetrastes em lar onde seduzistes, com promessas falazes, cândidas donzelas, órfãs de mãe, e cujo genitor, estando em luta bélica em longínqua região, não as pôde defender. Quando, ao regressar, se aproximou de ambos a defender o ultrajado lar, imolastes a vida daquele desditoso pai... Uma das desventuradas jovens, na atual peregrinação terrena, é esta que aqui vês no leito de sofrimento, justamente a que maculaste, e, até a era presente, não te perdoou de todo, guardando recôndito ressentimento. Aquele que Dioneia concebeu foi também um adversário, ao qual usurpaste a honra e os haveres; na atual etapa terrena, tens que lhe dar reparação.

– Como deverei agir para atenuar as consequências de meus crimes? – interrogou Cláudio, emocionado. – Dizei-me, vós, que tendes o poder de devassar o futuro e o passado.

– Não me é permitido fazê-lo, por enquanto, até que estejas completamente regenerado. Vais ser causador de outras desditas à infortunada Dioneia e aos seus entes queridos. Só então ser-te-á inspirada a conduta que convém!...

– Cada vez mais se agrava a minha aflição: é horrível saber que, além da viuvez trágica, é suspeita de um crime, do qual está inocente!

Silêncio glacial reinou no recinto onde se achavam os dois seres intangíveis – Cláudio, exteriorizado da matéria, e seu etéreo mentor.

– Um delito, irmão, nunca termina com o aniquilamento de uma vida planetária, e uma das consequências lamentáveis pode ser a suspeita infundada de um crime, tal qual sucede atualmente com Dioneia.

– Por que não fui punido com o extermínio absoluto, para evitar tão grande monstruosidade?

– A alma imortal, irmão, é um eterno enigma para os habitantes da Terra. E se tu soubesses que, antes da perpetração daquele delito, já havias delinquido inúmeras vezes?

– Como podem ser críveis tais culpas, Mestre, se não me recordo de haver vivido outras existências, antes de ser o senhor do Solar das Sereias?

– A vida é uma série incessante de incursões no plano material e outras tantas no espiritual, sempre na luta pela perfeição.

– Não seria mais razoável que a vida fosse uma unicamente?

– Não. Após as dores, lutas, angústias, labores, da conquista das virtudes, vêm a obtenção da paz, da sabedoria, as aquisições grandiosas, morais e intelectuais, a felicidade perpétua.

– Mas por que os seres humanos não conhecem todas essas verdades? Por que não as enxergam todos, através do mesmo prisma, para conquista desses bens espirituais?

– Porque o valor da conquista depende do esforço, do sacrifício, da abnegação de cada um, na luta pelo bem contra o mal.

– Então, o mal não deve ser condenável, é antes um bem inestimável, porque em razão da sua existência se conquista a eterna felicidade, Mestre!

– Iludes-te, meu irmão! Só pelo bem praticado, no decorrer dos séculos, é que o ser humano conquista a ventura integral e inextinguível! O mal é a treva, na qual um foco de luz tem mais realce. O mal é a transgressão às Leis celestes e sociais. O mal é a força destruidora da harmonia universal: está em desencontro aos códigos celestiais e planetários; gera o crime, que é o seu efeito, e faz delinquentes sobre os quais recaem sentenças incoercíveis, ainda que reparadoras.

Subitamente, o diálogo foi interrompido por um gemido doloroso, sendo difícil perceber se fora emitido por um ser humano ou por um irracional.

– Quem vibra no silêncio da noite esse angustioso lamento, Mestre? – interrogou Cláudio. – Dir-se-ia que reconheço esse lamento.

– É Plutão que chora a seu modo a perda do amigo desaparecido.

– Será crível que Plutão ainda não haja esquecido o morto, e lamente a sua ausência?

– Morto, não, apenas liberto da matéria, Cláudio! Afirmo-te que Plutão o enxerga, nota a diversidade de aspecto e consistência corporal, percebe que Marcelo já não tem o mesmo envoltório material... O cão possui o instinto tão desenvolvido, que o torna observador inigualável; a lucidez mental que, nos seres humanos, se chama intuição, e que não tem correlação alguma com a matéria. É um sentido psíquico, indefinível na linguagem terrena, o qual permite, a quantos o possuem, perceber a presença dos bons e dos perversos. O cão tem essa percepção, ainda indecifrável, que lhe inspira a hostilidade contra os malfeitores, quando estes penetram nos lares com intuitos sinistros, e o torna policial vigilante, que protege, com sinceridade e dedicação, aqueles a quem pertence, vela por todos de uma habitação honesta, defendendo-os contra quaisquer adversários, e sacrifica o repouso e o sono em prol de seu senhor; é uma atalaia que jamais se acovarda, e jamais trai a confiança que o dono nele deposita, fidelidade rara, aliás, no ser pensante.

Cláudio, que desejava elucidar ainda alguns enigmas que o perturbavam naqueles memoráveis instantes, interrogou:

– Como esclareceis, Mestre, tantas diversidades de condições, se todos os seres humanos são originados da mesma forma, se em todos existe (o que eu punha em dúvida, até há poucos dias) uma fagulha celeste, partindo do mesmo princípio – Deus? Por que a centelha divina não produz exclusivamente o que é louvável e digno, e há indivíduos iguais a mim?

– No início das existências planetárias, as criaturas são semelhantes, possuem as mesmas faculdades, porém necessitam adquirir experiências, méritos, caldear o metal divino – o espírito – para obtenção de triunfos valiosos, comparativamente à água transparente e cristalina que sai da fonte originária e tem longa trajetória, ora a deslizar sobre vargedos de veludo vegetal, ora sobre rijas pedras, ora sobre pântanos deletérios. Assim as almas, em contato com a matéria, esquecem a procedência celeste e se contaminam com as imperfeições, com o que é nocivo e prejudicial a elas próprias e à Humanidade. Mas, pouco a pouco, pelo esforço próprio, pelas quedas morais, pelo labor e pelas virtudes, tornam-se diferentes, parecendo ter sido diversa a origem de cada uma. Passam-se séculos. A linfa que se infiltrara pelo solo, contaminara-se nos lodaçais das paixões malsãs, corrompida e deletéria, vai prosseguindo sua trajetória, purificando-se no filtro da dor, e, novamente pura e cristalina, se torna diamante líquido, que parece conter a luz das estrelas, o cintilar dos sóis que abrolham no Infinito! As lutas incessantes, as refregas morais, principalmente, depuram, saneiam, lucificam os espíritos humanos, unificando-os nos mesmos ideais dignificadores, nas mesmas esperanças confortadoras!

– Por que não é criada impoluta nossa alma? Por que não possui unicamente predicados nobres e excelsos?

– Porque isso seria a destruição do mérito próprio, a desvalorização do esforço individual, porque não dependeria da luta redentora a conquista da paz, da sapiência, das virtudes e das felicidades eternas!

– Mas, em compensação, desapareceria a dor no Universo!

– Essa aspiração, Cláudio, é oriunda do egoísmo, do desejo da inércia, do gozo permanente, da ociosidade coletiva e improdutiva! É mister a peleja, para que haja triunfo meritório. É pela luta que se enrija a vontade, que se alindam as potências psíquicas, que se formam e se transformam os sentimentos nocivos em virtudes imortais!

– Por que, então, insisto, condenar o mal, se este é elemento de luta para que a alma conquiste a ventura suprema?

– O mal, já disse, é a prática de atos contrários às Leis Divinas e sociais, é o sentimento injusto e nocivo que impede a perfeição individual, afastando os seres das virtudes espirituais. São duas forças antagônicas – o bem e o mal – que estabelecem um combate perpétuo, a fim de que as virtudes sejam galardoadas e vencedoras. Muitos seres ficam perplexos, não achando concebível que Deus, a incomparável Perfeição, tenha infundido em todos os viventes uma centelha imortal e de procedência divina, e tal centelha, em contato com a matéria, se corrompa e se transforme em todos os vícios, em todas as degradações e crueldades que têm infelicitado a Humanidade. Escuta-me, pois, irmão: Nossa alma, conforme te disse, é semelhante à linfa das nuvens, a qual, depois de haver permanecido no espaço, cai à Terra e, em confusão com esta, se metamorfoseia em um líquido turvo, compacto, lamacento; mas, pela infiltração no próprio solo, forma não raro fontes cristalinas e, pela evaporação, ascende novamente ao ar atmosférico, constituindo o orvalho que borrifa nos vegetais diamantes líquidos, e se eleva à sua origem, o céu, ao influxo do Sol! Eis o que sucede à criatura humana, Cláudio, que vem ao nosso planeta entrar em contato promíscuo com o lodaçal das paixões malsãs, das iniquidades; mas, no decorrer dos séculos, em vidas sucessivas, ao influxo propulsor de sua origem celeste, pelo esforço próprio, pelas virtudes conquistadas, se torna cristalina qual o orvalho, límpida qual a lágrima de cândida criancinha, e, livre de todas as impurezas que a retinham nos pântanos das imperfeições, ascende gloriosamente ao Infinito, lúcida fonte de tudo quanto constitui o Universo!

– Obrigado, Mestre. Posso esperar, pois, que o meu execrável delito seja remido no transcorrer dos séculos?

– Sim, quando reparares o dano causado às tuas vítimas. O insuflador do crime que cometeste foi o egoísmo. Bem sabes que é condenável o que está em oposição ao decálogo: "Não cobiçar a mulher de teu próximo", e sacrificaste uma vida para usurpar sua legítima companheira, tão fiel quanto formosa, física e espiritualmente. Uma das virtudes máximas da evolução humana consiste na renúncia de tudo quanto possa ferir nosso próximo. Cada um deve convencer-se de que tem o que merece, não cobiçando o que não lhe pertence legitimamente. Isso, porém, não agrada a muitos egoístas, e constitui o fracasso de inúmeras aspirações terrenas supostamente lídimas, a derrocada de espúrias esperanças, o aniquilamento de ambiciosos projetos de melhoria de situação! Procedeste de modo condenável, Cláudio, dando guarida a sentimentos impulsivos e corruptores, plenos de egoísmo e de hipocrisia, ao extremo de patentear uma afeição desonrosa à esposa da tua vítima. Essa nobre esposa, para te poupar a vida, guardou segredo das tuas afrontosas palavras, ocasionando indiretamente a morte do consorte, circunstância que lhe causa inconsolável tortura: lembrar-se de que poderia ter livrado Marcelo de tua traição, e de que, não o fazendo, sacrificou a própria felicidade e a daquele que tem sido seu aliado em diversas etapas terrenas.

– Então, Mestre, Dioneia sabe do crime que pratiquei? – inquiriu Cláudio.

– A suspeita provém de uma faculdade anímica que pode tomar proporções assombrosas, atingindo a percepção do que já sucedeu ou vai suceder, apreendendo na alma todas as verdades, pretéritas ou porvindouras, existentes no plano material ou astral.

— E se Dioneia sucumbir sob esse desgosto intenso... aumentarei com isso o meu crime?

— O delito cometido será agravado. O sacrifício de cada vida aumenta a responsabilidade do delinquente, acumulando punições dolorosas para o futuro.

— E se eu tiver o ensejo de lhe aliviar o sofrimento, Mestre?

— Serão atenuados os teus padecimentos, e esse será o teu dever no futuro.

— Agora, Mestre, levai-me deste local que tanto me tortura. Até o uivo de Plutão se torna insuportável. Quero sair deste local maldito! Também agora sei que tenho alma... pelo que padeço. Parece que estou sendo devorado por um fogo interior... A presença de Dioneia, semimorta, causa-me inenarrável angústia! A presença dos pais de Marcelo... é-me intolerável! Apodera-se de mim o receio de ver... Mar... ce... lo! Enlouquecerei... se tal se der!

— É necessário que padeças as consequências de teu crime, Cláudio, a fim de que jamais destruas a vida de um irmão; é mister que seja revolvido o punhal do remorso em teu coração, para que deste se desalojem os sentimentos inferiores, transformando-os em eternas virtudes!

— Mais uma vez, peço, levai-me deste local execrando, Mestre! Eu vo-lo rogo, em nome de Jesus!

— Grava bem na memória o quadro que ora contemplas: ainda aqui voltarás em ocasião oportuna. Quando regressares ao Solar das Sereias, prometes não mais abater uma criatura humana, por maiores que sejam as ofensas recebidas?

— Sim, prometo, sob o nome de Jesus!

— Toda a promessa feita sob a invocação do nome do Mestre, ou de Deus, deve ser cumprida escrupulosamente! Eu me compadeço de ti, Cláudio, e por isso te relevei um suplício moral; vou atender a tua rogativa: voltemos para onde se acha desfalecido o teu envoltório carnal.

Estridente grito e prolongado suspiro fizeram arfar o tórax do enfermo, banhado de abundante transpiração. Momentâneo alívio o reanimou, ao constatar que se encontrava em local seguro, desperto de excruciante sonho. Ouvindo o grito, precipitara-se para ele o vigilante campônio, que o interrogou:

— Que estás sentindo, *domine*? Estais pior?

— Tive um pesadelo horripilante. Ia ser precipitado do alto de um rochedo... sobre o mar agitado em vagalhões da altura... do Himalaia!

— Felizmente despertastes, *domine*!

— Estou transpirando bastante e sinto-me álgido... Já amanheceu o dia?

— Está alvorecendo, *domine*.

Ausente o piedoso campônio, Cláudio encetou tristes conjeturas. Dir-se-ia que estivera no Solar do Cisne, e capacitava-se de que se transportara a distantes regiões, recordando-se até de ouvir o angustioso uivo de Plutão, e de haver visto o rosto desmaiado da infortunada Dioneia, inconsolável pela morte do esposo.

Lembrava-se, igualmente, de que alguém (que não podia precisar) lhe dera salutares ensinamentos e conselhos, acompanhando-o naquela peregrinação. Quem seria a entidade cujas palavras lhe haviam ficado no recôndito da alma? Era, então, uma incontestável verdade – a imortalidade da alma? Sobrevivia esta à matéria? E seria a matéria o instrumento de que se utiliza o Espírito para a consumação de todos os crimes, de todos os trabalhos e de todos os atos dignos de louvor? Por que, só então, lhe haviam sido concedidas aquelas preciosas lições, e não antes de haver cometido um delito que o tornaria desventurado por toda aquela penosa existência? Que lhe valia desde agora a imortalidade, se jamais cessaria o seu martírio moral? Não seria melhor cortar o fio da vida, punindo-se assim severamente? Que lhe valiam mocidade, opulência, instrução, tendo de viver em um ciclo de dores morais inconcebíveis, de remorso comparável a labaredas vulcânicas, queimando-lhe o pensamento? Que gênero de morte escolheria? Um tóxico? A abertura das artérias? Atirar-se-ia ao mar?

Pretendia agir durante o dia, na realização do que, então, firmemente resolvera para término de seu suplício moral; mas, tentando erguer-se do leito, não o conseguiu. Um tremor convulsivo lhe contorcia o corpo, fazendo-o rilhar os dentes. Ia ensandecer ou morrer? Para quem apelar, em tão aflitiva emergência?

Avassalador desalento prendia-o ao leito: dir-se-ia que algo de essencial lhe fora subtraído do organismo, aniquilando-lhe o desejo de viver, de lutar, de vencer qualquer obstáculo. Sentia-se vencido pelo destino, qual lutador romano, em plena arena, ao receber na fronte o golpe esmagador; não tinha mais ânimo para tomar parte na batalha da vida. Naquele instante, desde que adoecera tão gravemente, lembrou-se apenas de que possuía valores incalculáveis numa bolsa de viagem que conduzia consigo, e de que era preciso enviar um emissário ao Solar das Sereias, comunicar a Felipe Valdomiro, administrador do castelo, o que sucedera; mas inenarrável covardia dominava-o singularmente: o receio de suspeitarem de que fora ele o assassino de Marcelo, coincidindo sua ausência com o homicídio. Admirara a honestidade do campônio que o salvara, caído em um lodaçal, e que poderia tê-lo assassinado fácil e impunemente. Quanto mais nobre fora o proceder daquele rústico, salvando um desconhecido, do que o dele, imolando a vida de um irmão, um companheiro dedicado... A quem deveria encarregar dessa espinhosa incumbência de ir ao Solar das Sereias fazer as comunicações e levar o tesouro que conduzira em bolsa, a tiracolo, por baixo do casaco? Estariam intactos os valores? Deixaria amanhecer, pensou ele, para agir, pois, evidentemente, após a reação salutar do vinho ingerido, sentia-se mais calmo e confiante na inútil volta à vida, que ele desejava destruir, voluntariamente. E não amanhecia! Que acontecera, que a noite não terminava?

Chamou o caridoso Sérvulo, a quem assim falou:

– Meu amigo, estou melhor, e somente agora compreendo o que deve ter ocorrido comigo: desmaiei numa estrada desconhecida e sucumbiria fatalmente se não me houvesses socorrido generosamente! Tens direito a uma valiosa recompensa, que te concederei, pois já deves ter verificado existir considerável quantia dentro da bolsa que eu conduzia a tiracolo...

— *Domine*, folgo com as vossas melhoras, certamente permitidas por Jesus, ao qual, ontem à noite, eu e minha companheira muito rogamos em vosso benefício. Quanto ao dinheiro que dizeis haver na bolsa, ainda se acha intacto, sob o forro do leito que ocupais. Quereis certificar-vos do que afirmo, *domine*?

— Não, digno amigo; tens um dos maiores tesouros humanos, a honradez, que, dia a dia, mais rara se torna neste mundo repleto de traições e de misérias. Quero gratificar-te pelos cuidados que tens tido comigo, pois te devo a vida! Pertence-te a choupana em que vives com tua esposa?

— Não, *domine*. Aqui possuo apenas alguns modestos móveis e utensílios domésticos, tudo muito humilde, como vedes, e que adquiri com enormes sacrifícios por ocasião de meu recente consórcio. As terras e a choça em que vivemos pertencem a um usurário castelão. Por que desejais saber?

— Porque vou adquirir, em teu nome, as terras onde se encontra a choupana, para que melhor possas gozar o fruto de teus esforços e trabalhos.

— *Domine*, e se alguém suspeitar que cometi um crime para possuir, repentinamente, o que sempre me faltou, dinheiro, para a aquisição de terras e de um lar próprio?

— Irás, então, para outro local onde não sejam conhecidas as tuas condições financeiras. Abre agora a janela e dá-me a bolsa da qual vou retirar uma quantia. Não quero ir para o túmulo sem dar justa recompensa à tua dedicação.

– *Domine*, muito vos agradeço a generosidade, desejando gratificar o que constitui um dever de todo verdadeiro cristão: a caridade fraternal! Anseio mais que recobreis a saúde do que ser recompensado materialmente, pois tudo faço tendo a guiar-me, em todos os atos, as palavras e a doutrina do Mestre!

– Abre a janela, Sérvulo!

– Não enxergais a luz do dia, *domine*? Há muito que está aberta, de par em par, a janela deste dormitório.

– Não! não, Sérvulo! Julgava que ainda não houvesse amanhecido totalmente. Apenas percebo uma frouxa claridade semelhante à do anoitecer!

– Lamento a vossa desdita, *domine*: há muito que amanheceu. O dia está luminoso qual a alma do justo, ou a de Jesus!

– Desgraçado que sou eu: devo estar cego! Cego, eu? Justamente o que mais temi! Abre mais a janela! Quero medir toda a extensão de minha desdita, Sérvulo! Se eu estiver cego, hás de dar-me um punhal para atravessar o meu próprio coração.

– Que Jesus não me permita concorrer para um tão nefando crime, *domine*!

– Sérvulo, compreendo as tuas virtudes e probidade; mas deves avaliar a vastidão da minha desventura!

– *Domine*, ainda que seja real a vossa cegueira, não percais a esperança de recobrar a vista: há em Eubeia, que, como sabeis, é uma das mais populosas ilhas da Grécia, no mar Egeu, um herbanário que é um prodígio. Tem feito curas assombrosas. Eu vos levarei até lá, se concordares.

– Aceito o teu generoso oferecimento, Sérvulo. Providencia para aquisição de uma sege, a fim de nos facilitar a viagem... Se eu morrer durante o trajeto, tudo quanto possuo ficará pertencendo-te e à tua família.

– Agradeço-vos a generosidade, *domine*, mas não poderia aceitar o que vos pertence. Não tendes família, *domine*, à qual possamos comunicar a vossa presença em nosso humilde lar?

– De momento a momento mais te elevas no meu julgamento, Sérvulo.

– Vós vos iludis, *domine*; tenho apenas compreensão de meus deveres morais, que me vedam a prática do mal que me traria o remorso, desgraçando o meu ser, por muitos séculos, talvez!

– Muitos séculos, disseste tu, Sérvulo? Qual a existência humana que excede mais de um século?

– Eu me refiro à alma, *domine*, à eternidade do Espírito – onde se gravam os atos – perversos ou meritórios, e não tem a efêmera duração do corpo.

– Onde foste educado, Sérvulo?

– No meu próprio lar, santificado pelos salutares exemplos de meus pais, que criaram dois filhos, eu e um irmão, Joel Sarajevo, cujas palavras arrebatam a quem as escuta.

– Onde vivem?

– Já vos disse: em Eubeia, onde são humildes proprietários de uma hospedaria. Quereis, acaso, *domine*, dar-me o prazer de ali buscar pousada?

– Sim, esse é o meu desejo.

– Deixai tudo a meu cargo. Vou providenciar para que possamos partir dentro em poucas horas.

Recaiu intenso o silêncio no modesto recinto.

– Quero que me tragas a bolsa para te entregar a quantia necessária aos preparativos da jornada. Se acaso sobrevier algo que modifique a minha situação, ficarás com o que nela estiver, e mandarás comunicar o ocorrido a Felipe Valdomiro, administrador do Solar das Sereias...

– Sois o proprietário desse solar, *domine*?

– Sim, tu o conheces, porventura?

– Longe corre a fama da opulência dos senhores daquele castelo, *domine*, e, se quiserdes, podereis regressar a ele, desistindo da jornada à Eubeia.

– Sérvulo! Ultimamente passei ali por terríveis dissabores, e, por enquanto, desejo conservar-me afastado de lá.

– Já sabeis que foi cometido um bárbaro homicídio no Solar do Cisne, não longe das vossas terras? – perguntou o camponês, que notou a palidez súbita de Cláudio.

– Não, e lamento o ocorrido, porque sou muito afeiçoado ao filho do proprietário daquele solar... Marcelo... Taciano!

– Foi justamente esse o assassinado! As autoridades e os membros de sua família estão à procura do desconhecido malfeitor. Há promessa de gratificação a quem descobrir o seu paradeiro.

– Será verdade isso, Sérvulo? Mataram... o meu melhor amigo? Se não necessitasse de tratamento urgente, ameaçado de cegueira, voltaria ao Solar das Sereias... para auxiliar as pesquisas que desvendem o crime! – tornou Cláudio, com a voz alterada pela emoção.

– Vou tentar adquirir a sege de um amigo, que reside um pouco afastado daqui. E porque careceis de cuidados incessantes, deixarei meus sogros, vizinhos, em meu lugar, para que vos prestem a devida assistência. Até breve, *domine*!

– Um momento ainda, Sérvulo! Ainda não trouxeste a bolsa, que pedi.

– Ela se encontra ao alcance de vossas mãos, na mesinha fronteira ao leito, onde se acha a bilha da água.

– Obrigado, Sérvulo. Abre a bolsa e leva a quantia suficiente para a aquisição de uma sege e mais despesas de viagem a Eubeia.

O probo camponês relacionou tudo quanto encontrara na bolsa.

Cláudio Solano ficou surpreso pela fidelidade com que agiu ele, não omitindo um sestércio. Após, deu-lhe quantia mais do que suficiente para a compra da carruagem e mais outra a título de gratificação por sua dedicação, o que foi aceito depois de intensa relutância. Os sogros de Sérvulo Sarajevo foram chamados, e vieram prestar o prometido auxílio enquanto o genro estivesse ausente. Ficou a partida marcada para o dia imediato.

Os modestos campônios tentaram reanimá-lo, narrando-lhe prodigiosas curas efetuadas pelo famoso herbanário, residente em uma das ilhas gregas do mar Egeu; mas o atribulado castelão mal percebia o que lhe diziam, vencido pela depressão moral que o avassalava.

Vivia já invadido pelo remorso, e todo o pavor que o dominava consistia em recear comprometer-se por alguma palavra inadvertida, deixada escapar de seus lábios, e acessível à percepção de Sérvulo, cuja moral irrepreensível o levaria a acusá-lo. Teria o camponês percebido a sua perturbação, quando se referiu ao bárbaro homicídio de Marcelo Taciano? Suspeitando-o delinquente, continuaria a interessar-se por sua vida, ou o entregaria às mãos das autoridades?

Sérvulo, quando foi indagar se necessitava ele de algum alimento, antes de se retirar para seu modesto dormitório, prometendo despertá-lo mal clareasse o dia, perguntou, respeitosamente:

– Quereis enviar emissário ao Solar das Sereias, antes de vossa partida para a Eubeia, *domine*?

– Não... para não afligir os que lá residem e me julgam muito distante desta região... – murmurou ele, após ligeira meditação. – Prefiro não lhes dar uma notícia má, antes de me certificar da verdade, sem nenhuma ilusão de cura!

– Desejo-lhe uma noite tranquila. Que Jesus vos conceda melhoras.

Novo silêncio sepulcral invadiu a humilde habitação de Sérvulo, o qual, após os labores diurnos, encontrou o sono reparador dos que têm saúde e serenidade espiritual.

Uma quietude polar parecia empolgar a própria natureza, cortada apenas pelo farfalhar de uma árvore que havia ao lado esquerdo da choupana. Insone, Cláudio refletia na premente perplexidade em que se encontrava, e um alarmante receio de ser denunciado, de ser conhecido o seu esconderijo ou descoberto o seu crime infamante; sentia indefinível tortura, que parecia transformar em chamas sutis as cobertas, no leito, e que se lhe entranhavam no imo do coração.

Insustentável era a sua contingência de delinquente foragido! Era forçoso buscar saída do círculo de tormentos em que se achava encerrado: a morte voluntária era o alvo a atingir! Era-lhe intolerável a vida, pois a execração o aguardava desde quando se soubesse que ele eliminara um irmão, companheiro de infância, de lutas bélicas! Sentia um vácuo impreenchível, uma cratera hiante, devastadora de todas as esperanças terrenas, dentro de seu ser, compreendendo confusamente a existência de algo imaterial e indestrutível que lhe parecia ter-se afastado daquele invólucro de criminoso. Como, porém, efetuar o seu sinistro plano e recobrar a tranquilidade espiritual? Refletiu e deliberou enforcar-se, rasgando o lençol que o cobria, para formar com a improvisada cordoalha o laço com o qual comprimiria o pescoço, conseguindo o suicídio. Mal, porém, concebera o pensamento desse novo delito, invadiu-lhe o organismo um invencível torpor, um aniquilamento que lhe dava a rigidez cadavérica, tornando-o pedra humana. Sentiu, porém, o desprender-se de algo muito tênue e suave que, logo após, se integrara no exterior de seu corpo tangível, e ficou frente a frente com uma entidade imaterial, de formosura indescritível, cuja aparência era a dos arcanjos ideados pelos cristãos, porém com indefinível expressão de melancolia a extravasar-se-lhe do rosto encantador.

– Cláudio – *ouviu* ele estarrecido –, não recordas mais os conselhos que te transmiti, há poucos dias? Não te convenceste de que um crime não resgata outro, e de que deves cumprir a penalidade que te fará ressarcir o hediondo delito que praticaste?

– Sou indigno de viver, Mestre!
– Folgo que sintas em teu íntimo a condenação da consciência, irmão; mas não deves, por isso, premeditar a deserção da vida, o que jamais conseguirás, pois que ela é indestrutível!
– Se houvesse podido avaliar quão intenso é o sofrimento moral, não teria consumado a barbaridade que cometi...
– Inútil é relembrar o passado. É preciso suportar-lhe as consequências, viver – oprimido o teu coração pelo peso da cruz que, doravante, tens que conduzir ao Calvário da Redenção!
– Não possuo a resignação cristã necessária para enfrentar esses padecimentos presentes ou futuros, Mestre!
– Pois bem, Cláudio, uma vez que és pusilânime, e desejas a todo transe fugir dos tormentos remissores impostos aos delinquentes, teu Espírito não regressará ao cárcere carnal, e sim a um abismo de trevas, onde permanecerás por muitos séculos, perdendo, quase, a noção da vida real, com as recordações incessantes do delito que praticaste! – exclamou a fúlgida entidade, para atemorizá-lo e evitar novo crime.
– Estou irremediavelmente perdido! – falou Cláudio, soluçante.
– O Mestre bem-amado disse: "Pai, das ovelhas que me destes, nenhuma se perderá!". Serás salvo, irmão, ovelha que és do compassivo Zagal; mas tens de submeter-te às Leis de Deus e às da Terra!
– Que vale a imortalidade para a alma desiludida e infortunada, imersa em um abismo de trevas, quer esteja sobre a Terra ou no Espaço?

– Chegará o instante bendito da redenção, Cláudio! Suporta os tormentos morais que te aguardam, limpa tua alma nos caudais de lágrimas que hão de fluir de teus olhos de trevas. Eis o que te alvitro, discípulo de Jesus que sou, e irmão de todos os desventurados.

– Não me conformo em viver imerso em noite infinda!

– Eu me compadeço de ti, porém sou compelido a dizer-te a realidade: a sentença já foi exarada. Extinguiste a luz preciosíssima – a vida terrena de um irmão; a penalidade é semelhante: apagou-se em tua alma a lâmpada divina da visão!

– Pois a vista não provém dos órgãos visuais?

– Acaso estão vazados os teus olhos? Não se conservam eles límpidos, denotando que algo de precioso se apagou em teu íntimo?

– O mundo deixou de existir para mim; sou um cadáver que se movimenta, um morto... vivo! É-me intolerável a vida.

– Não te lembras de que havia um lar ditoso, onde, em paz e ligados por sacrossanta afeição, dois seres aguardavam a chegada de um arcanjo, que iria aumentar-lhes a ventura, e de que cravaste um punhal no coração que te consagrava amor fraterno? E de que ainda houve outra dor, incomparavelmente maior e mais intolerável do que a agonia da morte dos órgãos visuais, e foi a de reconhecer aquele que o assassinou – o seu mais prezado amigo, no qual confiava sem restrições? Achas que a cegueira é penalidade excessivamente cruel para punir tão abominável crime, triplicemente bárbaro?

– Mestre! Não me recordeis esse delito.

– Escolhe, pois, dentre os dois caminhos o que mais te convenha: a tua momentânea cegueira, ou a de duração ilimitada, na Eternidade, se transgredires novamente as Leis Divinas. Escolhe, infortunado irmão...

Um gemido pungente se desprendeu do peito de Cláudio Solano, que assim respondeu à entidade que lhe falava:

– Sim, tudo sofrerei, para reparação de meu delito; aceito o cálice de amarguras, e imploro a proteção do Céu para que minha vida terrena não se prolongue em demasia.

– Tudo depende de ti, de te consagrares ao bem, ao cumprimento de todos os deveres.

– Inspirai-me, sempre, Mestre.

– Sim, caro irmão, eu te inspirarei, nos momentos acerbos e oportunos de tua existência, as melhores resoluções a tomar. Terás que concorrer para suavizar as amarguras de tuas vítimas!

Outro doloroso gemido fez arfar o tórax de Cláudio, que despertou exausto, como se houvesse sustentado renhida peleja com algum possante gladiador romano. Abriu os olhos cheios de trevas e não pôde ver se o dia já havia derramado do Oriente à Terra, qual enamorado celeste, uma catarata de rosas de luz sobre sua fronte sombria. Lembrou-se de que estava cego, e soluços convulsivos lhe saíram do peito, qual jorro de lavas candentes arrojadas do interior de um vesúvio enfurecido. Ouviu-se a voz do camponês, que o interrogou, com entonação fraterna:

– Que tendes, *domine*? Estais sentindo alguma dor?

– Tenho-a na alma, Sérvulo! Foi um sonho angustioso. Não sei, nem vejo se o dia já desfez as sombras da noite, e isso me leva ao desespero!

– Resignai-vos, *domine*, pois já amanheceu, e, dentro em pouco, partiremos para Eubeia, onde tenho esperança de que haveis de obter melhoras surpreendentes!

Livro III

Desenganos e reparações

A peregrinação de Cláudio Taciano foi longa e penosa, desde as terras alcantiladas da Dalmácia até Eubeia, a formosa ilha grega do mar Egeu.

Fizera ele o trajeto sob os cuidados de Sérvulo Sarajevo, e, no término do percurso, foi acolhido na hospedaria – "Abrigo dos Viajantes" – pertencente aos genitores do probo camponês. Comovedora foi ali a separação.

À hora da partida, disse-lhe, emocionado, o campônio:

– Para não despertar invejas e suspeitas, transferirei o meu lar para outra região, onde todos ignorem os haveres que me proporcionastes, generosamente, *domine*! Onde quer, porém, que esteja domiciliado, comunicar-vos-ei o local dessa residência.

Depois de diversas recomendações a seus entes queridos, para que se desvelassem pelo enfermo, partiu Sérvulo deveras emocionado.

Por alguns dias, o senhor do Solar das Sereias manteve-se em mutismo quase absoluto. Certa tarde, após um dia de tormenta constante, desses que entristecem as almas impressionáveis, predispondo-as à meditação e ao recolhimento, Cláudio fez ir à sua presença o hospedeiro Soriano Sarajevo, a quem disse:

– Sou muito grato ao vosso filho Sérvulo. Segundo me afirmou, não longe desta habitação há um herbanário prodigioso nas curas que realiza...

– Sérvulo encarregou-me de trazê-lo à vossa presença; porém, ele se ausentou, tendo ido ao Egito, onde permanecerá por alguns dias, *domine*...

– Tenho refletido muito sobre o mal que me acometeu, e resolvi não procurar remédio para o que está irremediavelmente perdido!

– Repeli esses trágicos pensamentos, *domine*, pois não ignorais, talvez, que nunca estamos sozinhos; temos amigos e adversários invisíveis, que nos defendem ou nos lançam numa voragem de dores, de acordo com os nossos pensamentos ou nosso proceder! Quando não proferimos palavras de revolta contra as Leis supremas, de blasfêmias, de pessimismo, temos a proteção dos amigos intangíveis; mas sucede o contrário, quando temos brados de desespero, de desalento, e, então, ficamos à mercê dos perversos invisíveis, que se comprazem em nos atirar aos abismos físicos ou morais!

– Cheguei ao limite desta infortunada existência, sem atingir uma lógica e convincente conclusão sobre os problemas da alma... Desisto de lhes dar solução! Necessito agora apenas de um emissário para ir ao Solar das Sereias, que me pertence, a fim de levar notícias minhas e os valores monetários e em joias que estão em meu poder. Tendes o emissário de que careço?

– Sim, *domine*; mas vós estais enfermo, e com ideias fúnebres. Quereis que vos traga outro herbanário, antes que regresse o que foi ao Egito?

– Não, porque resolvi, inabalavelmente, não me tratar! Sei que minha cegueira é total, é incurável. Quero agora apenas um portador de toda confiança.

– Difícil é a vossa incumbência, *domine*; mas responsabilizo-me pela quantia e pela missão, que confiarei a meu filho Joel. Vou chamá-lo à vossa presença.

Findos alguns instantes, deu entrada no dormitório o mais jovem dos filhos do proprietário da hospedaria. Cláudio não pôde divisá-lo claramente, parecendo-lhe, porém, irradiar algo de luminosidade, que o tornava visível dentre as trevas que o circundavam: porte acima do mediano, cabelos ondulados, áureos, emoldurando-lhe a fronte helênica, olhos glaucos, expressivos, fúlgidos, que revelavam perspicácia e inteligência invulgares.

– Estou ao vosso dispor, *domine*! – murmurou Joel, aproximando-se do leito.

– Joel – indagou Cláudio –, em quantos dias contas ir ao Solar das Sereias, na Dalmácia?

– A cavalo, por mar ou a pé? – perguntou o jovem.

– Será crível que empreendesses, a pé, uma viagem tão longa, até perto de Zara?[24]

– Se for preciso... não me faltará a indispensável coragem de ir e voltar até aos confins da Sibéria!

---

[24] Zadar (antigamente denominada *Zara*), cidade croata, na costa leste do mar Adriático.

– És corajoso, e a intrepidez é um grande elemento da vitória na vida. Quando pretendes partir?

– Ao entardecer, *domine*; estamos no verão e conto com a amenidade das noites para viajar. Depois de aportar em Zara, irei marchando, conforme fazem os peregrinos desprovidos de fortuna.

– Fica a teu dispor a escolha dos meios para viajar. Quanto necessitas para o desempenho da incumbência que te vou confiar?

– Apenas o indispensável à minha manutenção, sem gratificações ao que pretendo realizar!

– Confio em ti, e saberei ser generoso, pois não concordo em que te sacrifiques por mim, sem recompensa aos teus esforços...

Durante o dia, tendo-se alimentado frugalmente, Cláudio conservou-se no leito, no mutismo costumeiro, sentindo o mesmo torpor invencível dominar-lhe o organismo, alheio ao presente, empolgado por uma depressão moral que o tornava inútil para a vida, incapaz de reagir com os próprios sentimentos.

Quando, à tarde, Joel se lhe apresentou no dormitório, foi que se recordou da missão a confiar-lhe. Ditou algumas palavras, dirigidas a Felipe Valdomiro, o administrador do Solar das Sereias, extensivas a todos os seus habitantes, transferindo-lhe grande parte dos valores que se achavam em seu poder, para, no caso de morte, sua fortuna ser dividida pelos que viviam no castelo, uma vez que não possuía herdeiro natural.

Depois de alguns instantes de reflexão, pediu a Joel que prestasse a máxima atenção às palavras que lhe ia transmitir: teria de dirigir-se ao vizinho Solar do Cisne, para receber notícias dos que lá residiam, transmitindo expressões amistosas a todos, relatando estar ele, Cláudio, cego. Depois de palestrar com Joel, entregou-lhe os valores em uma bolsa de couro, que este ocultou sob as modestas vestes, dizendo ao castelão:

— Que prova vos convencerá de que desempenhei escrupulosamente a incumbência que me foi confiada?

— Nas palavras que me transmitas, em resposta, reconhecerei a verdade. Sei que és honesto e digno da confiança que ora deposito em ti. Talvez já me encontres no túmulo, e, em tal caso, tudo quanto restar em meu poder pertencer-te-á, além da quantia que te entrego neste instante. Toma-a!

— Obrigado, *domine*! Aventuremos, porém, uma hipótese: se malfeitores que infestam os mares e as estradas abaterem o meu corpo, e se apoderarem dos valores que conduzo?

— Maior será a tua perda, perdendo a preciosa vida! És cristão, Joel?

— Sim, *domine*, e minha fé na doutrina do Crucificado é tão veemente, que a considero inestimável tesouro, que os malfeitores não poderão usurpar.

～✤～

Cláudio esperou mais algumas expressões de Joel, mas este se conservou calado. Cláudio, soerguendo-se no leito, acrescentou então:

— Confio em absoluto na tua honestidade, e por isso te entreguei grande parte do que possuo. Quanto ao resto dos meus haveres, está encerrado em um esconderijo, que revelarei aos que assistirem aos meus derradeiros instantes, quiçá bem próximos, pois me considero vencido, e decerto não nos veremos mais.

– Ninguém deve considerar-se um vencido na Terra, *domine*. Eu tenho inabalável crença na imortalidade da alma: *sei* que havemos de nos encontrar, forçosamente, podendo resgatar os compromissos assumidos neste momento!

– Invejo-te a fé irredutível nas coisas transcendentais.

– E quem vos impede que as tenhais, superiores ou iguais às que possuo, *domine*?

– Quem poderá dar-te uma resposta segura e definitiva?

– Basta que alguém seja consciente de seus atos, honesto e sincero, para servir a contento ao Senhor dos Mundos.

– Nossas condições são diversas; no entanto, confesso, com lealdade, que trocaria pela tua fé toda a fortuna que possuo.

– Podeis recuar e seguir o roteiro luminoso, farol divino existente em nosso Espírito imortal – a consciência!

– É tarde para conseguir esse triunfo. Presentemente só me resta uma solução digna para mim: a *morte*, para terminar o meu suplício moral.

– Estais iludido, *domine*; a morte não é o remate dos padecimentos morais ou físicos, e sim uma transição na vida imortal.

– Prefiro o *nada*, o esquecimento de mim próprio, Joel! Desejo o esvaimento da vida, o eterno aniquilamento da alma!

– Estais equivocado, *domine*, repito. A morte é o despertar de todas as faculdades do Espírito entorpecidas no túmulo da carne e, então, liberto das sombras terrenas.

– E como resolves esses problemas da vida, Joel?

– Sintetizo: a palingenesia, ou a lei das vidas seriadas, é uma verdade incontestável! Os crimes perpetrados em uma vida, ficando impunes pela justiça terrena, são resgatados por meio de punições equivalentes ao delito cometido. Somente a dor, moral e física, o cumprimento austero de todos os deveres sociais e divinos, podem remir as faltas tenebrosas. Só a virtude e a moral, em vidas futuras, isentam os seres racionais de todas as vilanias do passado. Eis por que, às vezes, um homem probo e digno das bênçãos celestiais padece aparentes injustiças, sofre calúnias e provas acerbas: está resgatando, com lágrimas, os delitos do passado, de outrora.

Houve prolongado silêncio. O jovem, que se encontrava a poucos passos do leito, com o porte ereto, o rosto incendido por um clarão interior, os olhos lucificados, falando com a segurança reveladora da presença de um gênio desconhecido, arrancou dos lábios de Cláudio esta arguição:

– Onde recebeste tantas elucidações morais e religiosas, que transmites como se foras abalizado mestre?

– Meu pai, Soriano Sarajevo, recebeu na primeira juventude ensinamentos dos que haviam sido discípulos de Pitágoras.

– Não disseste que és cristão?

– Que inconveniente há que eu tenha dois excelsos Mestres – Jesus e Pitágoras, emissários siderais em missão terrena? Vieram em épocas diversas; mas, no tempo, um é complemento do outro, ambos Espíritos lapidados pelo buril da virtude! Aqui estamos por um poder superior ao nosso, e daqui partiremos em circunstâncias alheias à nossa vontade. A exemplo do general que estuda os planos de batalha, o local onde se vão travar os combates decisivos, com o desejo ardente do triunfo, assim devemos proceder, relativamente ao porvir que nos aguarda, nós que vivemos entre duas eternidades, o passado e o futuro!

– Mas o general estuda o que é positivo e palpável, enquanto que nós temos de lutar com o mistério e o insondável...

– Essa a impressão quase geral; mas é ilusória. Basta meditar sobre o que somos e o que nos circunda; uns belos e inteligentes, outros atrofiados, disformes, cegos, imbecis; uns virtuosos e bons, outros perversos, propensos ao mal, à traição, ao crime, dominados por instintos inferiores; alguns incapazes de molestar um inseto, outros capazes de apunhalar um amigo, um ser útil e compassivo, de empunhar uma arma para tirar a vida a um irmão dedicado...

Cláudio empalideceu até a lividez ao ouvir as últimas palavras do jovem inspirado. Joel fitava-o com fixidez, com a intuição nítida de que a enfermidade que acabrunhava o seu interlocutor não era exclusivamente material, e sim espiritual, com raízes no remorso.

– Importunam-vos, acaso, as minhas expressões sinceras, *domine*? – interrogou Joel.

– Não... estou surpreso de que, tão jovem, já tenhas cogitado da solução de problemas morais de tanta transcendência.

— É que estudo tanto quanto posso e não cesso de interrogar a meu pai, que é um humilde sábio, sobre o que ainda estou em dúvida. E ele, um verdadeiro iluminado, vai revelando-me as suas concepções grandiosas.

— Sou bem mais idoso do que tu, mas desejo ouvir as tuas elucidações, porque me considero um vencido, quase um farrapo humano que tem por derradeiro ideal a *morte*, o único que não falha, tendo por corolário o *nada*, o esquecimento de tudo – para sempre.

— Ninguém consegue, *domine*, tal olvido, porque a morte é o início de outra vida, quando se aprimora a lucidez das faculdades psíquicas e se rememoram todos os crimes e todas as ações meritórias. Em vez do olvido, há a eclosão de faculdades latentes, mal desabrochadas no período terreal.

"A convicção inabalável sobre a imortalidade é inata na alma – fagulha divina, o Espírito –, provém das vidas anteriores. Eu me recordo lucidamente, por exemplo, de que já vivi em diversas eras, cometi desatinos e atos heroicos; já ouvi a palavra inspirada de incomparáveis e eternos mestres. Não há muito, houve na Palestina exemplo vívido de um Enviado divino patenteando que, findas as provas suportadas com denodo, poderemos partir em busca do Céu, da isenção do sofrimento. Jesus alou-se ao firmamento azul qual se fora uma andorinha de luz. Sejamos fiéis discípulos, tenhamos confiança absoluta em seus ensinamentos sublimes, e alcançaremos a verdadeira felicidade – a paz. Trabalhemos, pois, para colher tal felicidade futura, cultuando o bem."

Profundo suspiro se exalou do opresso peito de Cláudio Solano, e lágrimas fluíram de seus apagados olhos.

Joel Sarajevo fitou contristado o enfermo, compadecido dos sofrimentos morais que percebera supliciavam aquela alma de delinquente, recebendo que estava as vibrações emitidas do cérebro do castelão, graças à potência psíquica dos seres evoluídos. Cravou perquiridor olhar no rosto pálido de Cláudio Solano, e, quase imperceptivelmente, acercou-se mais do leito, murmurando, qual verdadeiro inspirado:

– Grande foi o vosso delito, *domine*, e, por isso, quase invencível é a vossa depressão moral; aceita, porém, os sofrimentos remissores para que se atenuem os martírios do vosso atribulado coração.

Cláudio não deu resposta imediata, deixando que as lágrimas fluíssem de seus olhos trevosos. Afinal, exclamou:

– E eu desejava ser bom e honesto, mas fatal paixão levou-me ao desvario, Joel!

– Vivo no mesmo plano material em que vos achais, *domine*; mas a minha alma tem a faculdade de penetrar os arcanos dos corações, para lhes devassar os feitos, nobres ou condenáveis! Sérvulo, meu irmão, não suspeitou sequer a verdade, que ora me foi patenteada, como se o fosse, por palavras vossas, equivalentes a uma sincera confissão...

– Como sabes, com tanta lucidez, tudo quanto julgas ter ocorrido no passado?

– Aqueles que se voltam para Deus, *domine*, adquirem faculdades surpreendentes, que todos consideram mágicas, e são, todavia, inerentes às criaturas humanas, submissas às Leis Divinas...

– Lembrar-te-ás, então, deste mísero pecador. Dize-me, porém, Joel, o que tanto anseio saber: podes, acaso, modificar o destino humano?

– Quem poderá consegui-lo, *domine*? Não tenho a pretensão de derrogar as Leis supremas; posso, contudo, com os meus esforços, evitar que se execute um crime igual ao que estáveis projetando, com o que afasto muitas penas futuras, muitos tormentos morais.

Pelos cegos olhos de Cláudio Solano ainda deslizavam lágrimas.

Joel, o inspirado de Eubeia, fitando, sempre com piedade, o abatido enfermo, acrescentou:

– A vossa compunção é supliciante, *domine*; mas levar-vos-á à redenção de todos os delitos cometidos. Vossos compassivos amigos – invisíveis aos olhos incrédulos –, vossos desvelados mentores espirituais, que já têm visto anulados, muitas vezes, os seus ingentes esforços em vosso benefício, sofrem por vossa causa... não podendo anular influências maléficas que são acolhidas em vosso coração!

– Por que não me arrebatam a vida, que se me tornou inútil, esses a quem chamas meus dedicados protetores?

– Porque eles não têm por missão abater os tutelados, e sim retirá-los do caos, inspirando-lhes a prática do bem, sublimes e dignificadores ideais!

Cláudio Solano ouvia-o com profunda emoção, sentindo-se um tanto aliviado, pois, pela primeira vez naquela tumultuosa existência terrena, pôde patentear a uma criatura digna os seus mais secretos sentimentos. Solicitou ele a Joel que ficasse bem próximo ao leito, para melhor escutar a confidência das suas amarguras:

– Meus genitores amavam-me extremosamente, mas eram indiferentes à educação moral, ao culto do dever – que é mister predomine nos corações juvenis, para que neles desabrochem as rosas divinas da virtude! Agora reconheço que grande parte do destino humano depende do zelo dos pais, incutindo nos filhos sadias crenças confortadoras, sem descuidos no que concerne ao culto do bem. Meus pais, carinhosos e solícitos, satisfaziam-me nos menores desejos, eram zelosos de meu corpo, mas indiferentes à alma, que eu desconhecia e desprezava. Meus primeiros tempos de existência foram agitados por grandes dissabores. Sempre em luta com tenazes adversários, que desejavam apoderar-se dos haveres dos meus ancestrais que, talvez nem sempre agindo com lisura, conseguiram cabedais surpreendentes. Meu pai foi assassinado por assalariados de nossos desafetos, que, alta noite, penetraram no solar, e, ocultos em uma de suas dependências, puderam facilmente consumar o crime. Minha mãe, que se ocultara no subterrâneo (pois assim lhe gritara a tempo o marido, que lutava em defesa do castelo, ao lado de fiéis servidores), quando soube que o estremecido companheiro de existência havia tombado sem vida, enlouquecida de dor, saiu em vertiginosa carreira e arrojou-se ao Adriático. Não foi encontrado o seu cadáver. Eu fui poupado à sanha dos assassinos, porque, dias antes, seguira para Roma, a fim de estudar com abalizados mestres, que muito concorreram para a cultura de meu intelecto, embora me deixassem profundamente pessimista, crendo unicamente no tangível, no real. Fiquei, em suma, jovem e inexperiente, à mercê das aventuras arriscadas e perigosas, com sobejos recursos pecuniários e uma alma árida e desprovida de virtudes. Fiz-me legionário, juntamente com outro mancebo, de raros predicados morais, com o qual passei a conviver, quase fraternalmente, tendo os seus genitores adquirido o Solar do Cisne, na Dalmácia, pouco distante do que me coube por herança materna. Éramos inseparáveis, e, quando nos apartávamos, por dias, permutávamos epistolarmente os nossos pensamentos saudosos. Fizemos, nos últimos períodos da Guerra Santa, das Cruzadas, a campanha militar, e, terminada, ele regressou ao lar venturoso enquanto eu iniciava uma série de peregrinações pelo Egito e pelo Oriente, despendendo largamente em prazeres.

"Algum tempo decorrido, recebi afetuosa missiva de Marcelo Taciano (assim se chamava o meu amigo) comunicando-me que se havia consorciado com formosa donzela, sendo infinitamente ditoso, pois, além da fúlgida beleza, possuía ela invulgar cultura intelectual e primorosa educação moral. Fiquei ansioso por voltar ao meu castelo, para melhor certificar-me da felicidade de meu incomparável amigo, embora me fosse penosíssimo rever o local em que ocorreram as tragédias de família.

"Quando meus olhos fitaram a consorte de meu amigo, apoderou-se de mim íntima e inenarrável angústia: percebi que se me havia deparado o ideal que concebera para a minha felicidade terrena, e, para possuir o seu afeto, seria capaz de cometer todos os crimes, todos os desvarios! Apoderou-se de minha alma o dragão do ciúme: estimava e odiava o nobre Marcelo, invejando-lhe a ventura que o inebriava, e eu considerava inigualável na Terra – o amor inapreciável da sua casta, inteligente e deslumbrante Dioneia! Só a virtude cria semelhante prodígio. Se ela compartilhasse de meu afeto criminoso, eu nunca teria pensado no delito que pratiquei para apoderar-me, ilicitamente, do que não me pertencia. Ela, porém, era invulnerável e indiferente à paixão indômita e perturbadora que avassalava todo o meu ser".

– Decorreram cinco meses após a hediondez que cometi, e não pormenorizo porque não tenho expressões para tanto; falta-me o ânimo preciso para relatar o que ainda existe em meu íntimo. Eu imaginava que, ficando desimpedido o obstáculo à sonhada felicidade, tudo estaria facilitado, e eu livre para a conquista do amor daquela que exerceu verdadeira fascinação sobre o meu enlouquecido coração! No entanto, (quanto estava iludido!) vejo-me, dia a dia, como que atado a um pelourinho, do qual desejo fugir para o seio da morte.

– E contais ter repouso, *domine*, após a prática de um segundo crime?

– De que me vale a reflexão nestes instantes tormentosos, Joel? Quero atirar-me resolutamente a uma insondável voragem, de olhos cerrados... Se houver o prolongamento da vida material, será preferível que eu esteja no mundo das trevas, porque, lá, certamente não se acham pessoas de minhas relações sociais. Sinto-me, dia a dia, invadido pelas sombras onde naufragou o meu coração em mar de atros nevoeiros. Ainda não tive um sono reparador... desde o instante fatal do hediondo crime que cometi. O único lenitivo que me foi dado desfrutar, desde esse momento fatal, consiste em ter quem me escute, como sucede agora, que patenteio todo o martírio que me excrucia o coração, quem me compreenda, quem avalie a extensão de meu penar, pois percebo a compaixão com que me falas, Joel, alma nobre e varonil, que, muito tarde, encontrei na vida.

Assim terminou Cláudio Solano sua narrativa, soluçando convulsivamente...

....

Ergueu-se de um só impulso o jovem heleno que, dir-se-ia estava inspirado pelos Gênios que têm baixado ao solo bendito da Grécia através dos séculos. Por instantes empolgou o enfermo com a eloquência que lhe era peculiar como a têm os que, após milênios de acerbas provas e árduas experiências, destroem os resíduos do mal e fazem germinar a sementeira do bem, por já estarem ultimando as peregrinações planetárias.

– *Domine* – falou ele, com o olhar repleto de radiosidades siderais –, o homicídio só tem atenuante no caso de defesa, de agressão insólita e brutal, sem motivo justificado. Se buscais o alívio ambicionado por meio do suicídio, vossos padecimentos serão recrudescidos, porque não tendes atenuantes para esse outro delito. Fugindo da Terra, não se foge à punição, porque a Lei é eterna. Eu, que aqui me encontro a vosso lado, e que vós julgais um privilegiado de Deus, estou finalizando uma árdua penalidade: tenho que resgatar um derradeiro delito, cometido outrora, quando ainda desconhecia as Leis Divinas. Coadjuvei então alguns celerados a destruir um lar honesto, por meio de propositado incêndio, para ocultar o extermínio do chefe da família, assassinado à traição! Não me revolto, porém, entregando-me às mãos protetoras de Jesus e de meus intangíveis mentores, os quais, melhor do que eu, sabem do que necessito para completo expurgo de minha alma! Estivestes, até agora, com os olhos cerrados à verdadeira luz; tudo quanto estais padecendo é para que seja abalada a vossa alma, a fim de receber as inspirações dos Arautos divinos, as vibrações celestes que se metamorfoseiam em esperanças radiosas, em altruísmo, em fraternidade, e só então sentireis o bálsamo da consolação esparso em vosso íntimo. Consenti, pois, *domine*, que eu aplique minhas mãos sobre vossa fronte – em cujo interior há um Etna[25] de dores e remorsos – e, com o pensamento irradiado para o Céu, para o Altíssimo, possa conseguir, com a sua permissão, infundir uma fagulha astral, que se transmita a vossos olhos cheios das trevas que inundam o vosso espírito.

Ereto e majestoso, o jovem iluminado de Eubeia impôs as mãos sobre a fronte do enfermo, e, qual sussurro de aragem entre folhagem primaveril, murmurou, com veemência:

---

[25] Vulcão da Sicília.

— Deus, Sol do Universo, Juiz Supremo, Pai de todos os seres humanos que se encontram na Terra e em outros orbes do espaço, ousamos erguer o pensamento desta masmorra de sombras, para implorar-vos a esmola de uma gota de luz para os órgãos visuais deste que aqui se encontra, imerso no mais tenebroso de todos os mares – o do pessimismo, da descrença em vossos desígnios sublimes, ao desalento que arroja ao caos dos sofrimentos... Se meu humilde rogo não puder ser atendido, Senhor, porque sabeis de que necessitam os réus deste planeta, infundi, então, em seu íntimo o gérmen de luz que ainda não abrolhou no granito de seu espírito de cético impenitente. Permiti, pois, que, para prova de vossa clemência insuperável, este infortunado vosso filho tenha um vislumbre da preciosa faculdade que se extinguiu. Reconhecemos a justiça de vossas Leis redentoras, mas imploramos a vossa misericórdia, para que nunca mais falte uma gota de Sol em seu íntimo, e, guiado por essa divina fagulha, siga, a passo firme, o áspero carreiro da vida, sem jamais transgredir vossas eternas e sábias Leis.

Decorreram alguns instantes de silêncio, findos os quais a voz suave de Joel interpelou o enfermo:

— Estais observando algo?

— Sim, duas mãos luminosas penetram minha fronte! Se eu conseguir rever o mundo... não haverá crente mais fervoroso do que eu, Joel!

— A concessão talvez não seja integral, *domine*; no entanto, Deus poderá permitir-lhe distinguir as criaturas e a natureza como se estivessem mergulhadas numa neblina.

Mas haveis de prometer, como se estivésseis perante Deus, que, sejam quais forem as dores enviadas à vossa alma, para remissão de tremendas culpas, curvareis a fronte, submetendo-vos, sem revoltas, aos desígnios traçados no futuro.

– Sim – murmurou Cláudio Solano, como se suas palavras saíssem de uma furna subterrânea.

– Considerai a gravidade de vossas palavras, *domine*; este *sim* que proferistes quer dizer: Não atentarei mais, em nenhuma hipótese, contra a minha vida, nem contra a de meu próximo, aceitando as mortificações e os dissabores por verdadeiras purificações, que hão de desbastar as arestas de minha alma, transformando-a de modo a ser digna de figurar nas celestes mansões.

E o jovem inspirado retirou as mãos da fronte de Cláudio, e vibrou veemente prece ao Altíssimo.

Depois, mudando de entonação, prosseguiu o jovem heleno:

– Prometeis, *domine*, não atentar contra a existência, enquanto eu vou à Dalmácia, em cumprimento das vossas determinações?

– Prometo, Joel, porque (graças sejam rendidas ao Criador!) já não estou rodeado de trevas intensas! Estou enxergando uma suave claridade... um crepúsculo, enchendo o dormitório, e, pela vez primeira, distingo o teu vulto perto de meu leito, como se estivesses irradiando uma luminosidade.

– Sim, graças sejam rendidas ao Altíssimo, *domine*, por haver permitido que o primeiro esplendor de alvorada raiasse no espírito de quem se encontrava mergulhado em duas trevas: uma, a dos olhos; outra, a da alma, fundidas em uma somente. Façamos veemente prece de toda a alma para ascender ao Céu, ao Infinito, agradecendo a dádiva, a esmola bendita que vos foi proporcionada, *domine*!

– Tudo, tudo farei, meu bom amigo, pois tens o dom de convencer os infortunados incrédulos da Terra! Joel, estou distinguindo o que nos circunda! Estou enxergando um bocadinho, meu... Deus!

E, assim dizendo, Cláudio Solano soluçava, soluçava...

Livro IV

Os impulsos do destino

Voltemos ao Solar do Cisne, imerso em tristeza e luto. Após muitos dias de febre intensa, de delírio que se assemelhava à demência, Dioneia foi recobrando o senso; depois da eclosão violenta da dor – a divina chancela que assinala todas as almas em caminho vitorioso para o Céu – houve um período de calma, de inação, em que os sentimentos ficam reprimidos, em letargia, constringidos como que por efeito de invencível pressão.

O vasto castelo parecia que se tornara a sede do silêncio e do sofrimento. De vez em quando, como se valesse por doloroso gemido humano, ouviam-se os uivos de Plutão que, dir-se-ia, estava revendo a tragédia que presenciara e na qual perdera o grande amigo.

Túlio Isócrates, mais alquebrado que até então, sem uma palavra de revolta, convergira toda a sua atenção para a filha enferma, e, qual atalaia vigilante, raramente abandonava a câmara onde jazia, semi-inconsciente, a idolatrada Dioneia.

O netinho, louro e gracioso quanto a própria mãe, não lhe causava o mesmo enlevo que teria se o genro ali estivesse também, para compartilhar da alegria de todos os corações. Pesado ambiente de plenas apreensões existia no outrora feliz solar.

Apeles Isócrates administrava, velando pelos interesses da lavoura e por todos; bruscamente, porém, depois do decesso do cunhado, começou a notar o constrangimento no trato pessoal por parte dos proprietários do solar, que se limitavam a transmitir o indispensável aos afazeres cotidianos e respondiam por monossílabos às perguntas que lhes dirigisse. Certo dia, o jovem deliberou falar ao genitor:

– Meu pai, observo notável transformação no trato que me dispensavam Márcio Taciano e a esposa; dir-se-ia que fomos os culpados do drama que a todos encheu de consternação...

– Também eu já o havia notado, meu filho, esse arrefecimento de cordialidade.

– E como pretendeis agir, meu pai, se nos convencermos de que, com a morte do generoso Marcelo, nossa família se tornou indesejável no solar em que fomos abrigados?

– Pretendo agir como for possível, logo que o estado de saúde de nossa querida Dioneia permitir que possamos tomar a deliberação condigna: abandonaremos este castelo, pois suponho que nos julgam coniventes no hediondo crime que nos enlutou os corações! De onde terá surgido tão odiosa suspeita contra o nosso proceder sempre inatacável?

– Não posso atinar com a causa, meu pai; mas calculo que ambos cobiçavam para nora alguma abastada filha de castelão, e Marcelo, generoso e bom, deu preferência a Dioneia. Refrearam a repulsa pela nora, enquanto o filho estava a nosso lado; agora, porém, manifestam claramente o seu desagrado pela família helênica, de raça diferente, pois são romanos...

– Talvez seja essa a verdade, meu filho; mas o inocente Lúcio, que substituiu Marcelo, não merece acaso o carinho dos avós? Tenho observado que é olhado com indiferença, quando, ao contrário, devia merecer extremos de ternura.

– Terão alguma odiosa suspeita sobre o proceder de Dioneia? No caso afirmativo, meu pai, com o pequeno pecúlio, fruto de nossas economias, trataremos de partir para o Epiro, onde ainda contamos parentes e amigos dedicados. Continuarei a trabalhar aqui ou algures, e não nos faltará o pão de cada dia, sem o amargo paladar da humilhação!

– Assim o espero, meu filho, e só almejo o restabelecimento de nossa querida Dioneia para que possamos agir conforme a situação o requer!

Esse diálogo foi entabulado a meia voz na câmara da enferma; ela, porém, o compreendeu, e soltou profundo gemido. Túlio Isócrates abeirou-se do leito, interrogando-a sobre o seu estado. Depois de responder, Dioneia murmurou:

– Compreendi... tudo quanto falastes... com Apeles... Sofro muito, duplamente... desde que *ele* morreu, meu pai!

– Partilho da tua amargura, filha; mas não te deves afligir tanto. É urgente que recuperes a saúde, para voltarmos, eu e Apeles, à nossa pátria!

– Entrego-me às mãos de Jesus, pai...

– Ele há de permitir que permaneças a meu lado, para me fechares os olhos, que tanto têm chorado!

– Permanecer viva é prolongar o meu martírio, pai!

– E não poderás esperar um pouco mais, até que finalize o meu suplício moral, filha?

– Sim; tenho muito para vos dizer... Pedia a Jesus que não me levasse antes de vos abrir o coração, pai!

– Vamos, então, filha, suplicar as graças de que necessitamos para conduzir nossa cruz ao calvário das provações.

Por alguns instantes, aqueles três seres humanos, com o coração estuante de sofrimento moral, pressagiando novas dores, elevaram o pensamento ao Redentor, implorando-lhe proteção.

Túlio notara que a filha empalidecera intensamente e, por alguns momentos, estivera mergulhada em silêncio profundo, movendo os lábios em prece. De súbito, mudando a entonação da voz, murmurou:

– Está finda a vossa permanência neste solar, onde fostes acolhidos fraternalmente; surgiram suspeitas deprimentes contra a irmã Dioneia! Impõe a dignidade a retirada deste lar, logo que a enferma (que ora vos transmite estas palavras de um amigo invisível) recobre a saúde, o que sucederá no decorrer de um mês, mais ou menos... Suportai, até então, tudo quanto aconteça, pois, discípulos de Jesus, deveis dar mostras de resignação e caridade para com os vossos detratores... Não tardareis a descobrir a urdidura das suspeitas que infelicitam este lar, que passará por notáveis metamorfoses. Não está consumada a prova dos que se acham sob o mesmo teto... nem a do que se encontra em longínquas paragens, e que ocasionou dores a tantos seres afetuosos. Em breve virá a este solar um fiel emissário do Alto, um radioso Espírito em excelsa missão terrena. Esperai, pois, os sucessos que se avizinham.

– Permiti que vos dirija uma pergunta, amigo que nos transmitis a palavra de um protetor desconhecido, relativamente a Dioneia?

– Ela possui faculdade semelhante à que celebrizou a pitonisa de Endor[26] e à de todos os que, nos templos de Delfos,[27] recebiam inspirações dos divinos Mensageiros. Quanto à suspeita que pesa sobre a nossa cara irmã Dioneia, tereis dela conhecimento pelos sucessos que se avizinham.

– Por que, amigo, não nos avisastes a tempo do que estava iminente sobre este lar, evitando assim a morte do bondoso Marcelo?

– Desditosamente, ele fez jus a essa prova acerba, porque, outrora, perpetrou igual crime, e necessitava, nesta existência, remir esse derradeiro delito para poder ascender às regiões luminosas do Universo.

– Confirmais, então, que não temos apenas uma e sim inúmeras existências, tantas quantas necessárias para expunção de nossas almas?

– Sim, mas essa verdade custará séculos para ser acreditada na Terra, verdade-fundamento da Justiça celeste, irmão! Como conseguiríamos afeiçoar nossas almas – esculturas divinas! – sem a aquisição de faculdades excelsas e virtudes eternas... conhecimentos científicos, que desvendam os arcanos do Universo... em uma única romagem terrena?

---

[26] Cidade da Palestina, em que célebre pitonisa evocou, a pedido de Saul, o Espírito Samuel, e este previu a derrota e a morte daquele na batalha de Gelboé (1055 a.C.).

[27] Cidade grega que era local dos jogos Píticos e do famoso oráculo de Delfos, o qual ficava em um templo dedicado ao deus Apolo.

Impossível! O que praticamos em uma existência se reflete em outra imediata, ou porvindoura, cuja revelação é demonstrada pela dor, de igual modo que o eco é a resultante da vibração de um camartelo ou de outro instrumento contundente... Não nos é permitido elucidar – senão em condições especiais – o que constitui a aplicação da Têmis suprema, para que não sejam derrogadas as suas penalidades, antes da execução de seus infalíveis decretos!

– Estamos, então, padecendo consequências de delitos cometidos em anteriores vidas?

– Sim, irmãos! Já fostes injustos, perdulários, despóticos. Residindo nessas épocas em faustosas habitações, não vos compadecestes dos desvalidos da fortuna, que haviam feito jus a essa pungente penalidade. No termo final, porém, de vossa mais próxima peregrinação planetária, acolhestes romeiros cristãos, perseguidos pelos hereges, e, por isso, fostes abrigados neste castelo, em horas amargas. Vede, pois, quanto Deus é justo e compassivo, não condenando, sem remissão, os pecadores que já norteiam seus passos para o calvário da redenção espiritual! Estais, todos vós, em provas acerbas, porém profícuas. Sofrei, pois, com resignação, escudados pela fé, a remissão de delitos morais e psíquicos! Padecei e calai. Aceitai o cálice de amarguras, tal qual o Mestre ensinou e o fez, sem revoltas, serenamente, na atitude de quem cumpre um dever sacrossanto... Sabei, irmãos, aquele que ceifou a vida a Marcelo encontra-se em grande sofrimento, enquanto que o Espírito da vítima imolada está sereno, triste apenas por haver deixado, bruscamente, sobre a Terra, os verdadeiros satélites de seu abnegado coração, agora que o Céu havia concedido um arcanjo ao seu lar, um encantador filhinho, Espírito amigo de outrora, companheiro em diversos avatares, e que agora veio ao mundo sublunar em missão de grande alcance. Também o entristecem os lamentos de Plutão, por ele percebidos inúmeras vezes.

"Ainda prosseguirei, amigos, as elucidações que ora vos transmito, terminando as de hoje para não fatigar em demasia a nossa irmã Dioneia".

– Um instante apenas: como poderemos saber a hora exata da vossa aproximação ou quando desejareis transmitir-nos as preciosas orientações? – interrogou Túlio Isócrates.

– À hora do ângelus,[28] logo após uma prece cristã.

– Ainda se prolongará muito a enfermidade de Dioneia, a intérprete de vossa palavra? – interpelou Apeles que, até então, estivera calado.

Emudeceu a enferma, como se não houvesse sido percebida a arguição de Apeles. A pergunta foi repetida.

– Ouvi a vossa pergunta, irmão Apeles; mas necessitava beneficiar a enferma, antes de desprender-me, pois ela anseia por libertar-se e ir ao encalço de seu adorado companheiro de existência terrena, reanimando-a a fim de que regresse à matéria.

– Será crível que tenha ela desejo de partir, deixando-nos imersos em dupla angústia?

– A criatura humana, vencida pela dor, não raciocina com lucidez, amigos! Tem uma única aspiração: libertar-se dos sofrimentos, das amarguras, das desilusões que

---

[28] Corresponde às 6h, 12h e/ou 18h.

lhe supliciam os sensíveis corações. É o que sucede à irmã Dioneia.

– Já teve ela ensejo de avistar o esposo?

– Ele aqui tem estado, incessantemente, como sucede neste momento; mas ainda não lhe foi permitido tornar visível o seu corpo etéreo, porque isso causaria tão profundo abalo moral, ou físico, que romperia bruscamente os elos imateriais que retêm a alma ao corpo carnal de nossa irmã. Vai despertar! Até breve!

Um profundo suspiro, e Dioneia abriu os olhos e os fixou no rosto entristecido do genitor.

– Meu pai – disse ela debilmente –, dir-se-ia que morri... e tornei a viver.

– Graças sejam rendidas a Jesus, por teres despertado. Já te sentes melhor?

– Sim, mas não estou tranquila: percebo que há nesta casa alguma coisa, muito grave, pesando sobre nós. Parece-me que sabeis a verdade, e não me quereis revelar!

Antes que o pai lhe respondesse, bateram com impaciência à porta do aposento. Aberto que foi um dos batentes, entrou Gelcira, arrebatadamente, e, sem se informar do estado da nora, depôs bruscamente o netinho, que chorava, sobre o leito materno, dizendo:

– Creio ser tempo de tomares a teu cargo esta criança, que não quer acomodar-se comigo. Já estou fatigada e sem paciência para criar filhos alheios!

– Alheios, *domina*? Não será esta criança descendente daquele por quem choramos? – replicou Apeles, enrubescendo de cólera.

– Nada há que me console, depois que perdi o meu adorado Marcelo, e ninguém poderá substituí-lo neste mundo!

– Bem sabemos, senhora, que um coração de verdadeira mãe nunca se conforma com a morte de um filho estremecido; mas quem crê, realmente, em Jesus, não se revolta contra o destino, compadece-se dos que sofrem, e ama as criancinhas – murmurou Túlio, agastado.

– Eu não interpreto os acontecimentos com tanta calma como a tendes, *domine*! Sei apenas que os hipócritas ocultam habilmente a verdade, e alcançam os seus objetivos criminosos, conseguindo burlar a Humanidade e a própria Divindade.

– Não blasfemeis, senhora, para que a justiça de Deus não recaia sobre vós...

– Que maior desgraça poderá suceder, depois da que nos abateu os corações, deixando-os enlutados para sempre?

– Não sei a que hipócritas vos referistes, senhora; mas, falando que estais com os mais fiéis amigos de Marcelo, podeis exprimir os pensamentos com clareza, sem expressões que possam encobrir suspeitas desabonadoras.

– Assim vos parece – falou Gelcira, lentamente. – No entanto, éramos mais ditosos quando vivíamos sozinhos neste castelo...

– Compreendo-vos, senhora. Aguardo apenas que Dioneia se erga do leito, para sair deste solar. Ficareis em paz, com as vossas injustas recriminações, que serão ouvidas pelo Redentor. Ele saberá fazer justiça.

Um gemido irrompeu do seio opresso de Dioneia, que, embora sem proferir palavra, escutara de olhos fechados todo o diálogo do genitor com a impiedosa sogra.

O pequenino Lúcio Taciano havia adormecido ao calor maternal.

– Senhora, escolhestes para testemunhas de vossas descaridosas palavras um inocente e uma enferma. Por isso, para que não se agrave a nossa situação, deixo de aumentar as minhas respostas. Repito, Deus não deixará de fazer-nos justiça, enquanto que vós, senhora, ainda muito tereis de chorar.

A impetuosa Gelcira, sem manifestar a mínima compaixão pela nora, dominada apenas pelo rancor que estuava do seu coração entenebrecido pelos ímpetos de vingança, saiu arrebatadamente do aposento. Dioneia, depois de fervorosa prece, abriu as pálpebras, como que aturdida pelas palavras da sogra.

– Compreendeste a situação a que estamos votados neste solar, Apeles? – falou Túlio ao filho.

– Meu pai – murmurou a enferma, debilmente –, que feliz seria eu, se Jesus arrebatasse a minha vida, concedendo-vos assim liberdade de sair desta casa...

– Filha querida, o anjo que o Céu te concedeu reclama o teu amor materno, a tua dedicação, a precisa coragem para venceres mais esta árdua purificação de tua alma! A vida humana é uma série incessante de dores e decepções. A infeliz que se acha dominada por sentimentos malsãos, contra nós, ainda poderá recorrer a nossos préstimos em horas aflitivas, e não lhe fecharemos as portas. Aquele que era a luz deste solar desapareceu para nossos olhos imperfeitos; mas tens direito à partilha de tudo quanto pertenceu a Marcelo, embora não o reclames. Apenas, vamos implorar da Misericórdia Divina a tua volta à saúde. Depois sairemos daqui, e com as economias de Apeles enfrentaremos as primeiras dificuldades financeiras, até que encontre ocupação condigna. Reage, tenazmente, Dioneia, filha bem-amada, contra a incursão do desalento, do pessimismo; concentra o pensamento em Jesus, e Ele não te desamparará. Beija o teu encantador filhinho, e terás um átomo que seja de felicidade a reanimar-te, atraindo-te à vida! Já se escoaram quase três meses que te conservas neste leito. É tempo de dominares a matéria e esforçar-te para viver, e cumprir tua sagrada missão terrena! Desperta, ergue o teu espírito!

Dioneia soluçava, e, com os olhos marejados de lágrimas, fitou, pela primeira vez, prolongadamente, o filhinho, louro e gentil, pleno de candura, que é essência divina. Dir-se-ia que só então teve a oportunidade de inundar o coração com o santo amor materno, indefinível e eterno. Sentiu que um hausto vivificante lhe reanimou o organismo, qual ressequida roseira borrifada pelo orvalho celeste. Pela primeira vez apertou ao seio opresso o débil entezinho, beijou-o com carinho, deixando que gotas de pranto ardente lhe caíssem nas faces cândidas e róseas.

"Está salva minha filha!", pensou Túlio emocionado, reconhecendo que, naquele instante, fora atraída pelo amor maternal, voltara a amar a vida na Terra!

Subitamente, ela envolveu o pai com um olhar cheio de gratidão, falando-lhe:

— Meu pai, se não fora a vossa dedicação sublime, eu talvez houvesse partido, ansiosa de encontrar o meu bem--amado Marcelo e a minha pobre mãe...

— Filha querida, devemos restringir estes impulsos da alma, para podermos concluir a contento a nossa missão terrena, e a tua está apenas em início! Tens nos braços um pedaço de tua alma e da de Marcelo. Isso te dará a precisa coragem de vencer todos os obstáculos e alcançar a vitória definitiva – a redenção espiritual!

— Meu querido pai – respondeu ela, com tristeza –, tenho realmente estado semimorta, desde o fracasso de minha ventura, e o tempo tem escoado com apavorante lentidão! Hoje, porém, senti o renascimento de desconhecida energia. Compreendo que, decorridos alguns dias, estarei em condições de erguer-me do leito. Precisamos tomar uma séria deliberação relativamente à nossa atual situação, que sofreu sensível mudança.

— Qual a solução que adotaremos, tão logo seja possível pô-la em execução?

— A de partirmos, definitivamente, deste solar.

— Por que assim deliberaste, filha, aliás, de pleno acordo com a que eu e Apeles já resolvêramos?

— Percebo, meu pai, por uma faculdade que não sei definir, que nesta casa, desde o passamento de Marcelo, algo se projeta contra nós, como se fôssemos os culpados de nossa própria desdita, da tragédia que havemos de lamentar sempre.

– Já que percebeste a dolorosa verdade, exige a minha lealdade de pai confirmar a tua intuição. Já compreendemos, eu e teu irmão, o que acabas de dizer: alguma odiosa suspeita há contra nós! Entrou-me na mente uma desconfiança: suponho que atribuem a Cláudio o homicídio de Marcelo, e por tua causa! Já te fatigaste em demasia. Agora vou providenciar sobre tua alimentação.

Apeles ficou ao lado da irmã. Resolvida a questão alimentar de Dioneia, o velho Túlio havia solicitado permissão para falar ao castelão, que se encontrava em um dos alpendres laterais do prédio, mergulhado em profundo pensar.

– *Domine* – disse ao aproximar-se –, desculpai-me vir perturbar a vossa reflexão. Necessito falar-vos sobre assunto bem desagradável para mim!

O castelão fitou-o com tristeza e fez gesto de assentimento, sem pronunciar qualquer palavra.

– *Domine* – prosseguiu o venerável Túlio –, preciso expandir-vos os meus sentimentos, antes de consumar a resolução que tenho em mente. Eu e minha família somos destituídos de fortuna monetária, porém não desprovidos de nobreza de alma, de pundonor e de probidade.

– E quem, nesta habitação, pôs em dúvida a vossa honorabilidade, *domine*? Vossas palavras surpreendem-me! – respondeu-lhe Márcio Taciano.

– Percebemos, *domine*, que, desde o assassínio do nobre Marcelo, este solar se tornou hostil para mim e meus filhos, como se eu e os meus fôssemos os responsáveis pelo brutal homicídio, crime que nos abalou e destruiu para sempre a felicidade de minha filha.

– Muito vos agradeço as expressões referentes a meu desditoso filho, *domine*! Eu e Gelcira perdemos o nosso único e mais precioso tesouro, e esse abalo moral nos tornou pouco expansivos...

– Justa é a vossa dor, *domine*; mas precisamente nas horas de refregas morais é que temos carência do conforto das expressões amigas e carinhosas. Observo, no entanto, que vós vos isolais, dia a dia, fugindo à nossa presença, e vossa esposa não trata com o devido desvelo a angustiada nora, nem o pequenino neto, que, a meu ver, devia ser agora e futuramente o seu maior consolo sobre a Terra. Além disso, (e é o que mais nos magoa a alma) faz ela referências dúbias, que não compreendemos e nos ofendem, porque encobrem velada suspeita deprimente contra o nosso proceder, que jamais deixou de ser irrepreensível! Houve, desde a morte de Marcelo, algo que nos desprestigiou no conceito dos senhores do Solar do Cisne. E esta situação é sumamente humilhante e insustentável!

Houve um silêncio embaraçoso depois desta expressão, como se cada um dos interlocutores estivesse medindo as palavras seguintes, temendo um desfecho demasiado brusco, dada a situação em que se encontravam ambos. Foi Márcio Taciano quem o interrompeu, dizendo, com sinceridade:

– Deveis ter percebido, *domine*, que, sem que eu e minha esposa tenhamos concorrido para a perturbação de nosso lar, o ambiente é de mútua desconfiança. Foi uma fatalidade o cruel homicídio de nosso inesquecível e idolatrado filho, nossa única esperança, nossa alegria, nosso maior tesouro! Estamos sem roteiro na vida, *domine*!

– Compreendemos a vossa dor, *domine*, mas também nós partilhamos de vossos pesares, e, apesar disso, as palavras e atitudes de vossa esposa são totalmente ofensivas!

– A dor, que ora oprime a desditosa Gelcira, que é mãe extremosíssima, fá-la duvidar até de sua própria sombra!

– Oh! senhor, quer isso dizer que as nossas queixas não são infundadas!

– Perdão, *domine*! Que é que vos fez desconfiar das atitudes e palavras de Gelcira?

– O modo reservado com que nos trata, mormente à infeliz Dioneia, cujo sofrimento esteve prestes a levá-la ao túmulo! Foi ela completamente abandonada, e ainda hoje, não levando em conta o seu estado, atirou-lhe o filhinho ao leito, mostrando-se enfadada por haver cuidado um tanto do neto. Chega sua animosidade ao extremo de descuidar da alimentação da infortunada nora...

– Eu ignorava o que me estais relatando, *domine* – exclamou Márcio, revelando sincera surpresa.

– Queria ocultar-vos a verdade; porém, elementar dever de lealdade manda que vos revele a realidade, sem detença, desde que a honra me obriga a tomar uma atitude que depende apenas da melhoria de saúde de minha filha. Deixaremos esta casa, levando em nossos corações dupla mágoa, pois, além do pesar que nos acarretou a morte de um amigo, somos vítimas de injustíssimo aleive...

– Aqui fostes acolhidos fraternalmente, cristãmente, *domine*!

– Bem o sei, *domine*, e, por isso, eterna será a nossa gratidão; diante, porém, da antipatia de vossa esposa para conosco, temos de agir segundo a dignidade nos impõe, mormente em face do descaso com que trata o próprio neto, denotando duvidar da sua ascendência...

– Que dissestes, *domine*? – falou Márcio, empalidecendo e erguendo-se da poltrona, sob impulso violento de indignação incontida.

– Foi o que conjeturei, hoje, quando foi ela entregar o orfãozinho, sem um beijo carinhoso, após tê-lo cuidado por algumas semanas, confessando-se contrariada com o trabalho que lhe está causando um "filho alheio", conforme expressões textuais que usou.

– Ela enlouqueceu, por certo, *domine*, à vibração da grande dor que nos feriu os corações! Perdoai-lhe, *domine*, e não leveis a mal o seu ato desarrazoado, que se funda no fato de Cláudio Solano frequentar a nossa habitação ultimamente dominado de violenta paixão por vossa filha.

– Notastes, porém, acaso, algum deslize no proceder de minha filha? Não foi ela sempre modelar esposa?

– Sempre a achei tão bela no físico quanto no moral. Gelcira, porém, entende que ela devia ter percebido o violento amor do tresloucado Cláudio, que não devia ter guardado segredo disso ao marido, o que talvez evitasse o sofrimento que nos atingiu...

– Pois se vossa esposa, que era mãe, percebeu o que ora me revelais (e muito me surpreende!), por que não comunicou ao filho o que descobrira, mesmo que fosse em dúvida? Se fosse real a sua suposição, não devia ter agido a mãe primeiro do que a esposa, que talvez temesse um provável crime contra um quase irmão?

– Não seria preferível que o esposo cometesse um crime a ser a vítima?

– Mas, *domine*, não estamos no terreno das hipóteses? Quem pode afirmar que Cláudio foi o assassino de Marcelo, se havia partido, antes do homicídio, para local ignorado?

Novo e prolongado silêncio reinou, a contrastar com os sentimentos dolorosos que agitavam os corações dos dois anciãos.

– Quem desvendará o mistério da morte do meu estremecido Marcelo? Talvez nunca saberemos a verdade, e é este o maior pesar que me levará ao sepulcro!

– Meu amigo, reflitamos um pouco. Achei estranha a brusca partida de Cláudio. Será crível, porém, que haja ele sacrificado uma vida preciosíssima, e ousado depois expedir um emissário ao enlutado lar, para saber notícias da sua vítima? A minha alma se revolta ao imaginar tão grande e audaz perversidade!

– É também o que me causa verdadeira perplexidade, Túlio; mas, infelizmente, Gelcira não duvida, um instante sequer, de que foi Cláudio o assassino, ou o mandante.

– Ela poderia ter posto em dúvida a lealdade de um amigo de infância de vosso filho, jamais, porém, suspeitado da lealdade de Dioneia, que daria a própria vida pelo seu adorado Marcelo.

– Oh! Túlio, amigo, que culpa me cabe pela atitude de Gelcira?

– Certamente não desejaríamos ter chegado à necessidade de sair desta casa, levando conosco o vosso netinho, único, do qual vos haveis de lembrar, como se o tivésseis visto apenas em sonhos, pois não tarda a separação, talvez para sempre.

– Como pensais assim, se vossa filha e Lúcio são os únicos herdeiros dos haveres que ora nos pertencem?

– Ela assinará desistência de tudo quanto houvesse de herdar.

– Ela não deve prejudicar o futuro do filho, *domine*! Esperemos o desenrolar dos sucessos vindouros, a fim de nos certificarmos da verdade, ora oculta em denso véu. Não queirais todos, inflados de dignidade excessiva (que eu denomino – orgulho), prejudicar o porvir do pequenino Márcio Lúcio! Compreendo que tendes motivos de mágoas contra Gelcira; mas entendo que bastará uma ausência temporária para amortecer esses mútuos ressentimentos.

Houve nova pausa no diálogo, com a aparição de Gelcira, que, vendo-os ao lado um do outro amistosamente, teve brusco movimento de recuo ou de incontida repulsa.

– Gelcira – disse-lhe Márcio Taciano –, quero que me ouças por alguns instantes.

– Que desejas? – disse ela, com evidente azedume.

– Quero que, doravante, designes uma serva para os cuidados pessoais de que necessitam Dioneia e seu filhinho...

– Já houve alguma denúncia nesse sentido? – disse ela, fixando o olhar flamejante em Túlio Isócrates.

– Denúncia não, senhora, e sim uma justa reclamação! Sei que, desde há dias, nenhuma assistência tem sido dispensada à enferma. Esse proceder não é cristão, nem digno de nós.

– Queres, acaso, que me transforme em escrava de pessoas que não são do meu sangue?

– A caridade não distingue os seres pelo sangue. Somos filhos de um só e generoso Pai – Deus, e, segundo nos aconselhou Jesus, devemos estender os nossos braços a todos os que sofrem...

– ...para nos cravarem um punhal no coração! – terminou ela, com incontida exaltação.

– Quem, senhora, residente neste solar, lhe cravou um punhal no coração? – interpelou Túlio, empalidecendo e erguendo-se, bruscamente.

– Quem? Acaso posso duvidar de que foi o infame Cláudio quem sacrificou a vida de meu adorado filho, fascinado pela formosura... de quem muito conhecemos?

– E já obtivestes essa certeza... que todos desejam conseguir? Quem vos fez essa odiosa revelação? Tendes disso alguma prova inconfundível ou estais ainda em conjetura tal qual todos nós?

– Um coração de mãe não se ilude! – exclamou Gelcira, com arrogância.

Após instantes de aflitivo silêncio, Túlio retomou a palavra, dizendo, intencionalmente:

– Senhora, não podemos afirmar, categoricamente, quem tenha sido o assassino de Marcelo.

– É provável que *ele* tenha agido sob o domínio de *outrem*...

– Se ainda estais no terreno das hipóteses, sem nenhuma certeza palpável, não podeis afirmar, dogmaticamente, o que não passa de mera e, talvez, infundada suposição. Se, porém, tendes a convicção absoluta de quem é o assassino de Marcelo, vamos agir dentro da lei criminal, entregando à justiça o criminoso e os coniventes do mesmo.

– Desgraçadamente, não posso provar o que penso, porque o celerado se ocultou nas trevas da falsidade.

– Senhora – falou Túlio com incontida mágoa –, compreendo a extensão de vossa dor de mãe. Deveis voltar o pensamento ao Criador, ao Juiz Supremo, implorando-lhe justiça e consolações, e não arquitetar pensamentos e planos de vingança, formulando a suspeita contra pessoas amigas que, conosco, deploram a pungente tragédia.

"Bem vedes, *domine* – disse então o genitor de Dioneia, dirigindo-se a Márcio –, que não me iludia no que vos relatei, com a máxima franqueza."

– Tendes razão, *domine* – respondeu Márcio –, mas não deveis precipitar os acontecimentos. Não vos deixarei partir em condições humilhantes; isso seria um golpe desferido em meu coração. Demais, não tenho outro herdeiro, além do unigênito do meu inesquecível Marcelo! A metade dos meus haveres será do querido Lúcio. Sede indulgente, *domine*!

Gelcira não assistira a esta última parte do diálogo, pois já se havia retirado, arrebatadamente.

Decorridos mais alguns dias, houve no Solar do Cisne sensível transformação, e alguma serenidade de ânimo tiveram os seus habitantes. Dioneia melhorava lentamente. Nas suas faces esmaecidas desabrocharam as primeiras tonalidades róseas da saúde. Havia, porém, um silêncio mútuo e um ambiente de recíprocas desconfianças nas almas.

Certa manhã, após a primeira refeição, Dioneia, depois dos cuidados ao pequenino Lúcio, e de havê-lo adormecido, desmaiou subitamente e, com a voz alterada, presentes seu pai e Apeles, assim falou:

– Irmãos, aproxima-se a fase final das provas por que tendes passado neste solar. É necessário que partais, em breves dias, para o sul do Epiro, onde fixareis residência. Antes, porém, aqui virá um emissário de Cláudio Solano que se encontra em grandes sofrimentos, na Eubeia. Esperai o desfecho dos acontecimentos com serenidade de ânimo. Nunca vos faltará a proteção de Jesus e a de seus desvelados Mensageiros, que vos hão de auxiliar a levar a cruz das mais ásperas provas ao Gólgota luminoso da Redenção! Não queirais precipitar os sucessos. Paz em vossas almas!

Esta a breve mensagem que, três dias antes da presença de Joel Sarajevo, foi transmitida por intermédio de Dioneia, considerada, desde então, por seu pai e irmão, portadora de faculdade similar à das pitonisas de Delfos. Na data preanunciada, chegou ao Solar do Cisne o jovem heleno, cujo aspecto, nobre e inconfundível, foi notado por todos. Solicitou audiência ao senhor do castelo, no que foi atendido, estando presentes, além de Márcio Taciano, Gelcira, Túlio Isócrates e Apeles. Depois de os saudar cortesmente, o jovem emissário assim se externou:

– Senhor, sou humilde enviado de Cláudio Solano, que se encontra enfermo, sem esperança de restabelecimento, em Eubeia, na hospedaria de meu genitor. Vim informar-me sobre todos os que habitam este solar. Ele queria vir, pessoalmente, fazer-vos amistosa visita, mas o precário estado de sua saúde não lhe permitiu satisfazer tão sagrado dever de cordialidade...

– Dizei-me – perguntou Márcio –, que mal prende Cláudio Solano ao leito de sofrimentos?

– Após um temporal que o fustigou por muitas horas, em deserta região, ao norte do Epiro, foi atirado ao solo pela alimária em que viajava, e, semimorto, o encontrou um campônio, que o tratou como foi possível. Esteve inconsciente por muito tempo, e, quando adquiriu algumas melhoras reanimadoras, a visão se lhe foi extinguindo dia a dia. Na ausência de sólida crença definida, cogita em desertar da vida por meio de um crime: o suicídio! Desejava ele regressar ao castelo que lhe pertence, mas não se julgou com ânimo de o fazer, quando soube da morte trágica de seu melhor amigo, Marcelo Taciano...

– Muito lamento o ocorrido, mancebo, e fazemos votos a Jesus para que o infortunado Cláudio Solano tenha o devido conforto espiritual para levar de vencida a sua dolorosa prova.

– Está ele ansioso por notícias de todos deste solar, e dos que residem no que lhe pertence, aos quais talvez não possa mais rever, pois sua cegueira já é quase completa.

Gelcira, que ouvira atentamente as palavras do recém-chegado, segredou nos ouvidos de seu consorte, que, após alguns instantes de reflexão, inquiriu:

– Já conhecíeis Cláudio Solano antes de sua enfermidade, mancebo?

– Chamo-me Joel Sarajevo, *domine*! Não conhecia o senhor do Solar das Sereias.

– Qual o conceito que fazeis do caráter do hóspede do vosso genitor? – interrogou Márcio, intencionalmente.

– Difícil é o penetrar no íntimo alheio, *domine*! – murmurou Joel. – Sei, apenas, que é bastante culto, grandemente generoso, pois queria que eu trouxesse avultada quantia que se acha em meu poder, para, no caso de morte súbita, ficar pertencendo ao pessoal do Solar das Sereias.

Após silêncio prolongado, revelador das graves apreensões de todos, Gelcira falou bruscamente:

– Estive a escutar-vos, senhor, e porque Deus nos concede um oráculo dentro do peito, e o coração de mãe jamais se ilude, o meu percebeu a causa da dor que pesa sobre o do que foi amigo de Marcelo: é o remorso pelo crime que cometeu, tirando a vida ao meu adorado e inesquecível filho!

Todos ficaram estarrecidos de surpresa com as palavras de Gelcira, cujo olhar estava cintilante.

– Dizei a Cláudio Solano, senhor – continuou a castelã –, que agradecemos a sua visita e que, mais do que ele, sofremos as consequências da mais dura prova que poderia ferir-nos o coração, e que contamos com o auxílio divino para descobrir a verdade, para que se faça justiça. É escusado querer reviver um afeto que jaz morto! Aqui, todos vivem na esperança de assistir à punição do ainda incógnito assassino do meu inesquecível Marcelo!

Assim falando, a desesperada mãe prorrompeu em soluços...

Márcio, tentando dissuadir a dolorosa impressão causada pelas palavras de sua magoada consorte, disse ao emissário de Cláudio Solano:

– Dizei ao conde de Morato, Cláudio Solano, que muito lhe agradecemos a demonstração de amizade, e que, se o destino permitir, irei retribuir a visita, a fim de dissipar pungentes suspeitas. Todos neste solar estão com saúde, exceto Dioneia, a inditosa viúva de meu filho, a qual, há muito, se acha no leito de sofrimentos que, somente agora, começam a ser atenuados...

Novo silêncio constrangedor reinou entre os que ali se achavam. O mensageiro, como se não houvesse percebido as palavras da impulsiva matrona, levantou-se, e, fixando o olhar lucificado por inspirações dos Mensageiros celestes, falou, dirigindo-se à genitora de Marcelo:

– Senhora, grande é a vossa amargura, mas não irreparável, porque a alma é indestrutível, e ainda vos encontrareis com o vosso bem-amado filho! Sofrestes tão pungente prova, porque (por mais doloroso que isso vos pareça – crede-me!) existia em vosso milenário passado um crime igual ao que ora vos apunhala o coração materno... Se, porém, nunca fostes causadora de um delito tão abominável... só vos resta um conforto: aguardar o porvir, entregando às mãos luminosas do Redentor a vossa dolorosa causa, e Ele vos fará justiça!

– Quem sois vós, jovem? De onde viestes? – perguntou-lhe Márcio, impressionado pelo que dizia o heleno.

– Já vos disse: um habitante de Eubeia, filho segundo de um modesto proprietário de hospedaria – respondeu Joel, inclinando levemente a ampla fronte.

– Pelo que acabais de dizer, pelo vosso aspecto, deveis ter elevada estirpe e cultivo intelectual contrastando com a condição dos humildes.

– Iludi-vos, *domine*. O que nasce em um tugúrio é muitas vezes um iluminado e pode encontrar-se em situação espiritual incomparavelmente superior ao que abriu os olhos à luz da vida em um palácio real! Não é o local do nascimento que valoriza alguém, e sim o arquivo moral e espiritual (verdadeiro tesouro divino) acumulado nos escrínios da alma. Não sabeis que o Mestre de Nazaré, Jesus, o mais fúlgido de todos os emissários celestes, teve por berço uma humilde manjedoura, e baixou à Terra sob a proteção de um carpinteiro e de sua modesta esposa, que já possuíam muita radiosidade nos espíritos, triunfantes do mal, e miliardários de todas as virtudes? Cada ente humano guarda, no íntimo de seu ego, as recordações das existências transcorridas, penosas, honestas, laboriosas, perversas ou nocivas, manifestando, assim, desde a infância, os impulsos dignificadores ou prejudiciais aos companheiros de peregrinação planetária, de acordo com os atos, meritórios ou perniciosos das eras consumadas. O passado parece morrer todos os dias, porém ressuscita, qual lúcida alvorada, no extremo de cada noite ou de cada etapa terrena. Alguém pode ter sido príncipe, culto, abastado, em uma fase terrena, e, em outra, vir obscuro trabalhador, revelando, às vezes, o que foi outrora, mostrando-se orgulhoso e intolerante. Sei que já desempenhei cargos culminantes na sociedade, mas fracassei em alguns, e, por isso, vim em condições obscuras, para, no entanto, arrancar das trevas do erro, dos delitos, das arbitrariedades as almas envoltas no crepe dos delitos, elevando-as para Deus.

– Como podes saber, com tanta convicção o que nos disseste, verdadeiras revelações? – indagou Túlio, pensando em levá-lo à presença de Dioneia.

– Por sonhos retrospectivos, lúcidas intuições, revelações psíquicas, recebidas quando nossa alma se desprende e unifica no Espaço com a de nossos Protetores, os eternos invisíveis para a humanidade terrena.

E porque o jovem emissário fizesse movimento para se retirar, Túlio lhe embargou os passos, dizendo-lhe, emocionado:

– Joel Sarajevo, vinde ver minha filha, que se acha em um leito de sofrimentos, faz mais de três meses, uma vez que, apesar da vossa pouca idade, já sabeis interpretar arcanos divinos dos quais Jesus apenas levantou uma ponta do véu de Ísis.

– A idade de meu corpo físico não equivale à de meu espírito milenário!

– Julgais, então, ser um apóstolo? – perguntou Márcio, com evidente e admirada surpresa.

– Julgo poder afirmar isso, *domine*! Já tive o batismo do martírio, nas arenas romanas, e, quando o Mestre se alçou às amplidões siderais, eu, que o havia acompanhado em sua peregrinação sublime, fui companheiro de Pétros, naquela dolorosa era de cristandade, quando o prêmio de todos que colaboravam na Seara bendita era o suplício, que santifica a alma.

Todos o escutavam com interesse incontido, embora com pensamentos diferentes, e cada um deles desejava dirigir-lhe uma pergunta.
– Vinde ver a enferma! – pediu Túlio.
Os circunstantes, movidos por natural curiosidade, acompanharam o peregrino até ao aposento de Dioneia, a qual, semirreclinada em amplo almofadão, tinha a palidez do jaspe, aureolada pela catadupa dos cabelos castanhos com reflexos áureos, que lhe engrinaldavam a fronte. Adormecido junto dela estava o pequeno Márcio. Ali chegados, ouviu-se um soluço, prolongado e triste, de Gelcira, que, genuflexa, convulsionada, parecia possuída de estranha e irresistível influência.
– Que tens, Gelcira? – indagou o marido, emocionado e aflito.
– Deixai-a, *domine*! – aconselhou Joel. – A dor que fere este coração materno só terá alívio com o escoar do pranto.
Ditas estas palavras, abeirou-se Joel de Gelcira, e, colocando-lhe a mão direita sobre a fronte, começou a falar em voz baixa, como que o fazendo a um amigo invisível:
– Alma imortal, partícula divina, que não vos lembrais do passado longínquo, dos crimes ideados e postos em execução, nem das amarguras levadas aos corações que

também sofreram o suplício de trágica separação; vós que também já pungistes um coração de mãe extremosa, que, alucinada, se arrojou de um rochedo às vagas do oceano em procela, e ordenastes o extermínio de um filho, o único tesouro concedido a essa desvelada mãe; sofrei agora, com resignação cristã, os pesares que ora vos excruciam o coração amoroso. Não vos revolteis, não maldigais, não odieis a quem quer que seja. Elevai o vosso pensamento ao Criador do Universo, entregando-lhe a vossa causa, e Ele fará justiça, e todas as dores decrescerão... até se desvanecerem!

※

Calou-se Joel. Gelcira ergueu-se, sentindo menos intenso o peso no coração, parecendo-lhe que uma destra sutilíssima, de névoas balsâmicas, havia pousado em sua fronte, amortecendo-lhe os pensamentos repletos de intraduzível ódio.

Dirigiu-se Joel, então, ao leito de Dioneia, que parecia alheia à realidade, imersa em profunda letargia.

Nesse momento, com violência que abalou a porta do aposento onde irrompeu, sem que houvesse tempo de lhe sustar a entrada, Plutão, com o olhar aceso qual se contivesse uma lâmpada interior, fitou o recém-chegado, contra quem fez um movimento de agressão; mas, dominando o ímpeto, aproximou-se do leito da enferma, fitando-a carinhosamente e bem assim ao pequenino adormecido.

– Minha filha – murmurou Túlio, emocionado –, aqui se encontra um enviado de Cláudio Solano, que nos transmitiu, por seu intermédio, fraternal visita, e deseja ser portador também de notícias nossas. Desejo que lhe dirijas a palavra.

A jovem senhora fitou o mensageiro, e, por momentos, a luz de seus olhares se cruzou. Dioneia, porém, não pronunciou palavra, enquanto que Joel, estendendo os braços, falou:

– Diante de meus olhos estão dois seres, mãe e filho, unidos estreitamente na Terra, para desempenho de grandes encargos espirituais. Espíritos milenários, julgo reconhecê-los por meus condiscípulos. Receberam do grande mestre de Crotone, Pitágoras, a tríplice educação: psíquica, intelectual e física, trio que aformoseava as almas e os corpos, elevando os que a recebiam acima da vulgaridade terrena. O crime, cujas consequências todos deploram, teve origem em transcorridas eras, e o epílogo, na atual peregrinação planetária, ainda será plenamente elucidado.

– Jovem – exclamou Gelcira, dirigindo-se a Joel –, dizei-nos (se não desconheceis nenhum dos mistérios das vidas): aquele que vos enviou a este solar, foi quem tirou a vida do meu idolatrado filho?

– Senhora, suspendei o vosso julgamento, até que seja patenteada a verdade, em toda a sua plenitude.

– Se conheceis a realidade, por que não a quereis revelar de modo positivo?

– Assim procedo, senhora, porque me faltam as provas materiais para apresentá-las aos tribunais humanos! Vosso filho, imolado por desconhecido homicida, agora Espírito evoluído, em uma finda existência, dominado por fascinação avassaladora, traiu um dedicado amigo, e foi conivente no massacre de indefeso ancião e em que diversos indivíduos se apoderassem da esposa e dos haveres da vítima, e vós própria (perdoai-me a cruel repetição!) fostes a mandante de todo o abominável crime, cujas amargas resultantes hoje todos sofrem e choram. Tinha o sacrificado uma desvelada genitora que, enlouquecida de dor, arrojou-se a um pélago proceloso. Por isso, ficastes responsável por duas preciosas vidas...

"Vós, que aqui vos encontrais, fostes causadores dessa alucinante desventura, e apenas dois dos que me ouvem estão inculpados desse delito. E eu que vos revelo o passado, eu também fui um dos cúmplices, incendiando um lar honesto, até então feliz, incêndio que destruiu a felicidade de alguns seres humanos, dignos e nobres, um dos quais já regressou à Terra, e é aquele que vedes adormecido nos braços maternos. Eis a origem da quase aversão, senhora, que tendes pelo pequenino neto, do qual ides separar-vos em breve tempo, e só o tornareis a ver no término da vossa existência terrena... Eis a origem das vossas dores – presentes e futuras. Enfrentai as batalhas da vida, até que sejais triunfantes do mal e conversos para sempre ao bem! Finalmente, percebi que não me acolhestes por amigo... É que nossas existências já foram intensamente vinculadas..."

– Seja feita a vontade do Pai celestial, tanto na Terra quanto no Céu! – exclamou Márcio Taciano.

Joel, dirigindo-se ao pai de Dioneia, disse:

– O Espírito de vossa filha precisava habituar-se à dor que lhe feriu fundo o coração. Se estivesse em vigília plena, não teria suportado o golpe tremendo. Durante este tempo de aparente inércia, está ela em contato com alguns desvelados mentores siderais, que lhe atenuam o sofrimento moral e físico. Ela está sob o influxo dessas entidades, e não ignora os episódios ocorridos neste solar.

– E por que sendo eu a mãe do assassinado, cuja dor é infinita, tudo tenho suportado em vigília incessante e consciente? Por que mais proteção celeste para Dioneia do que para mim, que tenho o coração de mãe? – interrogou Gelcira.

– Por quê, senhora? Porque não tendes ainda a mesma evolução espiritual desta nossa irmã, cujo tirocínio de alma, intelectual e moral, é bem mais longo do que o vosso; tem o passado mais atormentado, quase milenário; já possui faculdades espirituais que se manifestarão plenamente por intermédio da enferma e que atingem os limites neste orbe. Todos nós temos de cumprir a sentença que nos redime de todas as máculas e encaminha nossos espíritos à luz da redenção eterna! Esta jovem senhora, de todos os presentes, é o ser mais evoluído e, nela, a beleza física está de acordo com a psíquica. Delicadíssimos liames prendem-na à vida material, e o menor abalo poderá ser-lhe funesto, e não convém, em seu benefício espiritual, que se intercepte o elo vital antes de finalizar as derradeiras expiações... sempre dolorosíssimas e férteis em apuro da própria alma... Faltam-lhe as últimas e pungentes provas remissoras, a fim de que seu espírito parta para as benditas regiões do Universo.

"Vós, senhora, sois um cedro do Líbano; resistis às violências dos temporais; ela é qual frágil violeta que se desprende do solo ao impulso até de tênue viração, pode ser arrojada ao Espaço, não mais voltando aos pântanos deste mundo de árduos sofrimentos. Possuís, enfim, mais

elementos de resistência orgânica do que a vossa infortunada nora. Compreendestes bem o que vos revelei, senhora?"
Um profundo suspiro agitou o seio de Dioneia.

Reinava no recinto completo silêncio, quando Márcio murmurou, emocionado:
— Não desejo que Dioneia e seus entes queridos saiam deste solar!
Assim falando, ele fitava a esposa, receoso ainda de alguma explosão de hostilidade. Mas, notando-a em mutismo, prosseguiu:
— Eu sentiria deserta esta habitação, sem a presença destes amigos.
Gelcira baixou a fronte. Plutão, agitando a cauda, fitou a enferma e começou a uivar.
Joel Sarajevo retomou a palavra:
— É tarde, irmãos, para que seja detida a avalancha do destino! A tarefa dos que foram acolhidos neste castelo está finda: chama-os, como atração potente e invencível, da qual ninguém poderá desvencilhar-se, a trama do carma dos que aqui se abrigaram, acossados pelas ríspidas procelas da existência planetária... Vós, irmãos, em findos avatares, fostes adversários irreconciliáveis, e foi preciso o perpassar dos séculos para que se atenuassem as odiosidades recíprocas; tomastes parte em sangrentas tragédias. Reparando erros do passado remoto, vós (e apontou para Gelcira e Márcio) resgatastes um débito sagrado, acolhendo os peregrinos que aqui se encontram, pois estes assim o fizeram

convosco, quando éreis desprovidos de fortuna, e eles, abastados e generosos. Se não tivésseis deixado de asilar outros desventurados viandantes, não seríeis atingidos por uma rude prova que se aproxima, e será a mais árdua, porque destruirá dois lares. Tende, pois, verdadeiro denodo moral para levar aos lábios a taça de amargores, esgotando-a até à derradeira gota de angústias que se aproximam!

– Jovem – interrompeu-o Márcio, com voz trêmula, por incontida emoção –, como é que, sendo vós uma alma lúcida, aconselhais o afastamento destes seres familiares para outra paragem, não compreendendo que o mais intenso isolamento vai predominar neste solar, e constituirá um dos maiores suplícios deste fim de minha atribulada existência?

– Senhor, não há mal sem lenitivo. Eles partirão para longínquas regiões, mas continuará a ligação psíquica que há entre todos os que aqui se encontram, forjada pelo destino, que é a Vontade divina. Não queirais suster a pedra que se desprende do píncaro do Himalaia e já se aproxima do solo nem deter o curso invencível do carma de cada um. Não ficareis a sós, sem ter com quem repartir auxílio e afeto. Não encontrareis órfãos, acaso, dentre os descendentes dos campônios que são vossos servidores?

– Sim, e muitos deles até grandemente necessitados: há alguns que vivem, precariamente, dos sacrifícios de pobre avozinha.

– Pois não vacileis em os acolher neste belo solar, onde sobra opulência e de onde não sai o socorro aos nossos semelhantes. Tal opulência deslumbra os olhos e resseca o coração! Perdoai-me se assim me expresso.

De onde partira aquele soluço que, súbito, vibrou no ambiente, dolorosamente?

Todos fitaram a enferma que, convulsivamente, presa de intensa crise, se desfazia em lágrimas.

– Irmã – murmurou Joel, abeirando-se do leito e alçando a mão direita sobre sua fronte –, não estais abandonada nesta luta redentora da vida! Tendes de sufocar os gritos do próprio coração para escutar os do alheio. Já vivestes em palácio real, onde inspirastes afeições e crimes execrandos. Já desfrutastes vidas principescas, eivadas de sedução e de crimes tenebrosos. Após, tivestes existências apagadas, em que curtistes penúrias e vexames deprimentes, não vos esquecendo, contudo, de vossos deveres morais e, muitas vezes, padecendo faltas de alimento e conforto, estendestes a mão à caridade pública para saciar a fome a pequeninos órfãos. Esses e outros atos meritórios muito influíram no atual avatar, e, por isso, embora desprovida de opulência, jamais vos faltou o alimento predileto de Jesus, que o abençoou eternamente – o pão! Ainda tereis bruscas mudanças de situação, e, finalmente, após o cumprimento de valiosa missão – material e espiritual – ficareis novamente com a posse de considerável fortuna, com a qual fareis a ventura de muitas famílias desditosas e humildes. Elevai, pois, o vosso espírito às regiões siderais, implorando bênçãos, luzes e proteção para vós e todos os vossos entes estremecidos, bem como para os que vos fizeram padecer, pois Jesus perdoou a todos os seus algozes, murmurando: "Perdoai-lhes, Pai, eles não sabem o que fazem!". Tenho a transmitir-vos algumas palavras do que todos vós julgais morto, e neste momento se acha neste recinto...

— Podeis transmitir-me, que as ouvirei com grande reconhecimento — tornou Gelcira.

— Mãe querida, como deixastes de beijar o pequenino ser que, inocente, sorri nos braços maternos? Como pudestes duvidar da honestidade de uma criatura que, acima da própria vida, coloca a honra e o cumprimento de todos os deveres morais? Intensa é a vossa dor, bem a compreendo; mas suspendei as injustas suspeitas que atingem criaturas honestas. Sabei perdoar, tal qual Jesus o fez a seus algozes, pois eu próprio escolhi a rude prova que nos feriu tão profundamente... porque era preciso ressarcir uma dívida de honra, contraída outrora, quando ainda desconhecíamos as sacrossantas Leis Divinas... Perdoai, mãe querida, os que vos fazem padecer, a fim de que, em outra e futura peregrinação terrena, possais desfrutar tranquila existência, abençoada por Deus! Desejo retornar à Terra para seguir vossos passos e os dos outros entes queridos. Todos vós que aqui estais recebei um afetuoso abraço de quem muito vos quer ver felizes e que, na eternidade porvindoura, jamais se apartará de vossos corações amigos!

— Obrigada, meu filho! — exclamou, soluçando, a castelã. — Mas tirai-me desta dúvida atroz: quem foi que te arrastou para o túmulo de onde me falaste, com o timbre de voz que reconheci?

Por instantes, reinou silêncio no recinto.

Após, ouviu-se um triste uivo de Plutão, que, dir-se-ia, por intermédio de Joel, reconhecera a voz do extinto senhor.

– De que abismo nos falastes, há pouco? – interrogou Márcio, enquanto Gelcira soluçava e Dioneia deixava fluir dos tristes olhos uma torrente de lágrimas ardentes.

– Do abismo das paixões enlouquecedoras! – murmurou Joel, lançando um lúcido olhar pelos circunstantes.

– Mas, dominados pelas paixões nefastas e empolgantes, quem poderá agir com reflexão, meu jovem? E não é provável que Deus, sendo a perfeição absoluta, perdoe a quem cometer desvarios, sob o impulso invencível dos sentimentos desnorteantes? – tornou Márcio.

– *Domine* – respondeu Joel com voz firme –, a alucinação e os sentimentos impetuosos, de fato, tornariam quase irresponsáveis os delinquentes, se não resultassem consequências dos erros, dos desvios morais conscientes, das transgressões às Leis supremas! O delito é constituído pelo agasalho, no íntimo, dos inimigos da própria alma, não repelidos por nocivos e danosos a nossos semelhantes. O predomínio do mal é, pois, anterior à alucinação e ao delito, porque estes são as resultantes das paixões avassaladoras, porém não invencíveis. Exemplifiquemos: Um indivíduo possui dedicado companheiro de infância, quase irmão, que, um dia, alia o seu destino ao de bela e honesta jovem, que lhe inspira indômita paixão. Que deverá fazer esse transviado e falso amigo? Continuar a frequentar o lar onde é acolhido fraternalmente? Manifestar os seus sentimentos à consorte fiel, esforçando-se por arrastar à hipocrisia ou ao adultério aquela a quem deveria consagrar uma afeição pura e leal? Cravar em um coração desvelado o punhal da perfídia? Não! O monstro do desvario há de lhe inspirar os mais hediondos projetos, toldando-lhe a razão, cegando-lhe a consciência, que se torna em trevas.

"O homem, consciente de seus deveres morais e verdadeiramente honrado, não deve incubar em seu íntimo a víbora do ciúme e dos desejos impuros, pois quem não a repele a tempo de evitar o crime, está pactuando com os adversários da sua própria alma. Deve, pois, concentrar todos os seus esforços no extermínio da víbora, que, sem alimento apropriado, se aniquila e morre... Como conseguirá, porém, esse desventurado irmão triunfar, se está dominado por sentimentos vorazes? Fugir ao local do delito premeditado, procurando, por preces fervorosas e de proveitosas meditações, minorar o próprio sofrimento, pela imolação dos sentimentos malsãos... Nesses momentos, de suma responsabilidade para a criatura humana, esta é beneficiada pelos Mensageiros celestes, e consegue jugular em seu íntimo a Hidra de Lerna das paixões, a que tem sete cabeças que se reproduzem quando alguma é decepada.

"A incubação dos maus pendores e pensamentos criminosos torna o crime premeditado mais grave do que o impensado, o que surge inesperadamente. Eis por que, *domine*, o louco, na maioria dos casos, não é completamente irresponsável, porque já houve um período de calma, de reflexão, de lucidez, durante o qual podia ser evitado o delito premeditado e fomentado no cérebro..."

– Jovem, penetrando assim nos recônditos das almas, temo que sejais metamorfoseado em névoa, e desapareça a nossos olhos o vosso corpo físico! – falou Túlio, com emoção.

— Sou um ser humano igual a todos vós, e apenas um Espírito experimentado em séculos de lutas e de labores profícuos.

— Tudo quanto dissestes — observou Márcio — tem um valor inestimável; tirai-nos, porém, do suplício da dúvida: dizei-nos quem foi o verdugo de nosso querido Marcelo?

— Senhor, ainda descobrireis integralmente a verdade que, por enquanto, carece ficar oculta, para não prejudicar o que está traçado pelos insondáveis desígnios do destino, sempre úteis à Humanidade. A verdade vai ser patenteada e o delinquente justiçado. Termino, pois, meus irmãos e meus amigos, esta tarefa em vosso lar, e pela derradeira vez vos rogo: quando chegar o momento da separação, não guardeis, uns dos outros, ressentimentos malsãos, rancores e odiosas suspeitas!

"Todos nós somos beduínos que estamos atravessando o Saara da vida ao lado uns dos outros, e devemos preparar os nossos espíritos, incessantemente, para a partida suprema, levando nos alforjes de nossas almas as preciosidades adquiridas na Terra, com esforço e sacrifícios penosos, que darão mérito. Vós, senhores deste principesco solar, não fecheis as portas aos que vos pedirem asilo, se quiserdes evitar uma prova catastrófica em vosso porvir: acolhei cristãmente os que tiverem carência de paz ou de alimento! Sede bons e generosos. Não busqueis a glória e as regalias mundanas, e sim os humildes e os desprotegidos. Nada nos pertence, exceto as virtudes e a evolução de nossas almas. Tendes a vosso lado testemunhas invisíveis de todos os vossos atos, por mais recônditos que sejam, a fim de que se cumpram fielmente os desígnios divinos, as quais, sendo amigas dos sofredores, sempre vos hão de amparar nos momentos angustiosos.

"Não vos entregueis à dor, porque esta deprime e dissolve os elementos reagentes e benéficos, sem os quais os corpos caem em invencível desalento ou falta de energia para as lutas da existência! Depende do esforço próprio, secundado pela ajuda dos amigos invisíveis, o vosso triunfo na Terra! Cada ser tem um destino a cumprir, em conjunto com os companheiros de jornada, para vencer todas as batalhas terrenas. As famílias são constituídas de falanges espirituais, mais ou menos da mesma categoria, relacionadas umas com as outras, para que sejam efetivados os desígnios do destino.

"Agora, amigos, repito o meu derradeiro conselho fraterno: repeli de vossas almas o crepe da tristeza, do desalento, da falta de esperança, pois os que se amam, dignamente, espiritualmente, formam falanges que se integram nas regiões felizes do Universo. A tristeza e o desalento são qual jaças que não deixam a alma fulgir igual ao diamante lapidado. Não deveis, tampouco, expor-vos às refregas sem necessidade, e sim esperar que elas venham ao nosso encontro, com a coragem que caracteriza os verdadeiros discípulos de Jesus."

Depois de alguns instantes de meditação em que todos os que se achavam naquele recinto ficaram mergulhados, Márcio murmurou, fitando o emissário de Eubeia:

– É lamentável que só agora, no remate de dolorosa existência, vos tivéssemos conhecido.

– Não lamenteis o destino, que é onde se manifesta a Justiça divina. Deus já vos enviou um farol que iluminará muitas consciências e almas torvas: este que nos ouve, sem poder ainda expressar os lúcidos pensamentos! – falou Joel, curvando-se para o pequenino Lúcio, que, então, plenamente desperto, sorria para ele, como se o estivesse reconhecendo. – Agora, tenho de ir ao Solar das Sereias, por determinação do conde de Morato. Ainda nos encontraremos, pela derradeira vez, nesta masmorra de trevas, e mais tarde, em regiões felizes, onde se congregam os libertos dos erros.

"Já tivemos ligação em eras transcorridas, no fluir dos séculos, e havemos de nos aliar um dia, em plano melhor, em um dos remansos siderais, para jamais nos apartarmos! Que Jesus vos esclareça sempre, concedendo-vos os clarões da fé e da esperança imorredouras..."

Todos ouviam o mensageiro de Cláudio Solano, em silêncio. Plutão, que se achava deitado e com os olhos fixos no invulgar peregrino, parecendo haver uma luminosidade intermitente nas suas pupilas, como se aprovasse as palavras com um movimento rítmico da cauda, ergueu-se, como que desejoso de lhe seguir os passos ou fazer uma indicação misteriosa. Joel acariciou-o.

Silêncio completo reinou no aposento, e até Plutão, como se tudo houvesse percebido, aquietou-se de novo, deitando-se sobre o pavimento, com a cabeça apoiada nas patas dianteiras.

Joel abraçou seus interlocutores, osculou suas frontes, e já se ia retirar, quando Márcio o deteve, para que fizesse ligeiro repasto, e quis dar-lhe generosa remuneração, que foi recusada, terminantemente, assim se expressando o jovem heleno:

– Se houve mérito no que fiz, beneficiai os que vos cercam, e transformai o Solar do Cisne em Solar de Luz, em remanso de paz e de conforto aos que padecem...

Depois, tendo aceitado pão e algumas frutas, agradeceu a todos o fraterno acolhimento e disse, emocionado:

– Alguns dos amigos presentes não verei mais nesta atual peregrinação; porém, antigos aliados que somos, pertencendo a uma só falange espiritual, mais tarde havemos de nos reunir em regiões benditas, sem as preocupações atuais, libertos da dor, em condições ditosas.

Antes que o visitante se ausentasse, Márcio Taciano lhe disse:

– Oferto-vos um cavalo, para que possais viajar menos penosamente, Joel!

– Muito vos agradeço a dádiva generosa, *domine*; mas devo seguir qual humilde peregrino, sob os rigores das intempéries, ou os do destino!

Todos abraçaram o jovem inspirado, e tiveram sincera emoção quando o viram desaparecer numa curva do caminho que bifurcava pouco distante do Solar das Sereias, tal a impressão que os dominava.

Plutão, que também o seguira com inteligente olhar, começou a uivar, dolorosamente.

— Que maravilhoso mancebo — murmurou Márcio — em cuja alma ressoavam as vibrações da voz insinuante do heleno.

— Como pôde Cláudio Solano descobrir tão estranho mensageiro para assim nos maravilhar? — comentou Túlio Isócrates.

— Foi o acaso que aqui o trouxe! — obtemperou Gelcira, como que já deslembrada do que escutara.

— Sob a aparência do acaso, *domina* — observou Túlio, magoado —, muitas vezes se manifesta a vontade do próprio Criador.

— Tenho a impressão — murmurou Márcio, levando a destra ao lado esquerdo do peito — de que, há três meses, houve um terremoto em meu coração, com a morte de Marcelo, e de que, após o fragor da demolição, as ruínas foram, hoje, quase reconstituídas. Sinto que ainda tenho coragem para viver mais algum tempo, para ser doravante útil a todos! Eu estava trilhando o caminho da ociosidade, do egoísmo, dos projetos de vingança; mas, agora, depois do que ouvi do iluminado jovem que aqui esteve, compreendi que, em todas as grandes dores, em qualquer catástrofe moral, paira uma sentença divina, há um crime a resgatar! Devemos, pois, estar conformados com as desventuras da vida, porque representam punições do passado milenário de cada ser humano!

— Acreditaste, realmente, Márcio, que tenhamos mais de uma vida terrena? — interpelou Gelcira.

— Por que duvidar, ante a dor que nos golpeou o coração, de que tenhamos sido os responsáveis pelo homicídio de um opulento castelão, consorciado com Dioneia, que foi nossa comparsa no abominável extermínio de preciosa vida, no intuito de se consorciar com o que era nosso filho, tal qual o foi de novo nesta atual existência, e de nos apoderarmos, indevidamente, de seus haveres, tendo sido os causadores da loucura de desventurada mãe?! Ocasionamos, pois, ao mesmo tempo, três deploráveis crimes: traição a um amigo, posse indébita de uma fortuna a que não tínhamos direito, o infortúnio de uma desvelada mãe. Não foi reconstituída a felicidade que conquistamos para o nosso querido Marcelo, para, às súbitas, tudo ser destruído como que por efeito de um cataclismo? Não parece logicamente justo estarmos resgatando, com lágrimas e dores morais inomináveis, os crimes perpetrados outrora e que até então estavam impunes?

– Não haverá nisso colaboração do emissário de Cláudio, para, por esse modo, desvanecer as suspeitas que decerto supõe termos a tal respeito?

– Aceitemos a Justiça divina!

– Queres acobertar com o silêncio e a indiferença o celerado que assassinou o nosso idolatrado filho, Márcio?

– Não; curvo-me perante a Justiça e as Leis celestiais, Gelcira!

– E perdoarás ao algoz de nosso filho, se o encontrares?

– Jesus dar-me-á, no momento oportuno, a inspiração necessária. Certamente, também esse algoz há de remir, dolorosamente, tal qual nós, os delitos cometidos em instante de desvario!

– Assim a Humanidade jamais resgatará os seus crimes, pois os malfeitores ou delinquentes de uma existência serão sempre as vítimas em outra, e desse modo os crimes e as punições se multiplicam e serão inesgotáveis!

– É o que te parece, Gelcira. Por que uma criança, que nunca praticou uma só falta, nasce cega, deformada, com moléstias dolorosas, e termina a breve existência entre torturas e misérias, sendo algumas, ao nascer, até arrojadas nas estradas desertas ou ao fundo de um abismo? Quem sabe se o verdugo de nosso filho não ficará em penúria, desprovido da luz divina nos olhos, por exemplo, inerte sobre um catre, prisioneiro de dores inomináveis, abandonado pelos amigos, torturado por moléstias dolorosas, padecendo na alma e no corpo? Que são as deformidades congênitas e as moléstias prolongadas, senão divinas punições, sentenças irrevogáveis e justas? Todos nós somos delinquentes, e estamos remindo crimes tenebrosos!

Gelcira, de fronte abatida, não respondeu ao marido. Naquele momento um vagido do pequenino Lúcio lhes chamou a atenção.

– Vamos, Gelcira – disse Márcio –, informar-nos do estado de nossa filha (pois assim considero Dioneia), porque, pesa-me dizê-lo, ultimamente tens faltado com os deveres cristãos para com a esposa e o descendente de nosso inesquecível filho.

– Acreditaste em tudo quanto Joel falou, Márcio? Basta ser um emissário do infame Cláudio Solano, suspeito pela atitude nos últimos dias em que o vimos.

– Aguardemos o porvir que elucida todos os enigmas da existência humana!

Ambos ficaram em silêncio, e, após alguns segundos de reflexão torturante, entraram no aposento ocupado por Dioneia. Esta estava reclinada em uma almofada carmesim, que fazia sobressair o jaspe da face escultural. Apertava ela ao seio, com indizível ternura, o lindo filhinho, fitando-o enlevada e com doçura, qual se o fizesse pela vez primeira. Túlio, meditativo, a seu lado, olhos fechados, parecia absorvido em fervorosa prece, agradecendo a Jesus a ressurreição da idolatrada filha.

– Meu amigo – disse Márcio, dirigindo-se ao ancião –, muito folgo com as melhoras da prezada Dioneia.

– Nós vos agradecemos o amistoso interesse, *domine*, pois também estávamos ansiosos pelo restabelecimento de Dioneia, para cumprir o nosso triste destino.

# Livro V

Trama do destino

Alvorecera um lindo dia. A primavera estava em seu início. As serranias da Dalmácia banhavam-se na luz prodigiosa do Oriente, como que envoltas em diáfano manto de ouro eterizado. No Solar do Cisne havia rumor invulgar. Márcio Taciano transformara um dos salões soturnos do primeiro pavimento em confortável escola elementar para os filhos dos camponeses, que acorreram céleres e contentes ao convite tentador do castelão, que contratara um velho educador, experiente e culto, que iniciava as aulas por uma prece a Jesus, o Mestre de todos os mestres.

No entanto, contrastando com o alarido festivo das crianças, bem diverso ambiente reinava nos corações dos habitantes internos do solar; iam-se retirar, por todo o sempre, naquela radiosa manhã, Túlio Isócrates e os de sua família. Sorria apenas o infante Lúcio, que, então, contava um ano de idade e já sabia balbuciar palavras deturpadas pela incerteza, às vezes, de um novo idioma, de uma outra jornada terrena, como sucede a todos os que a encetam novamente, tornando os vocábulos em monossílabos, rindo para mostrar as minúsculas pérolas dos dentinhos, com a candura dos entes angélicos de mundos siderais.

– Meu amigo – disse Túlio, entristecido, no instante da partida, dirigindo-se a Márcio Taciano, inconsolável e lacrimoso –, ainda tenho a precisa serenidade de alma para vos agradecer o fidalgo acolhimento que sempre me dispensastes e aos seres que são partículas de meu próprio coração. Tenho, porém, que voltar ao Epiro, onde possuo parentes, e mormente por haver falecido um irmão solteiro, que, segundo derradeira vontade testamentária, me legou alguns haveres.

– Mas – ponderou o castelão – poderíeis ir só, regressando após a conclusão das formalidades testamentárias.

– *Domine*, perdoai-me a sinceridade; mas meus filhos e o netinho são fragmentos de meu próprio espírito. É-me impossível partir, deixando-os, pois, com a alma mutilada, eu não chegaria ao termo da projetada viagem...

– Tendes razão, *domine*. Ides feliz... e eu... jamais o serei!

– Muito me compunge o coração; prometo regressar um dia, para visitar-vos. Perdoai-me, *domine*, alguma desatenção cometida por mim e meus filhos durante o tempo de nossa convivência, cuja recordação será indelével.

– Nada vos tenho a perdoar, nem aos que vos são caros: fostes os meus melhores amigos e jamais olvidarei o tempo em que aqui estivestes, suavizando as agruras de minha existência, tão fértil de inesquecíveis dissabores! Sei quão dolorosa vai ser a separação do angélico netinho. Não desejo, porém, que vos ausenteis deste castelo sem recursos pecuniários. Já ordenei ao mordomo para vos entregar a quantia necessária aos dispêndios com a viagem que ides empreender.

– Obrigado, *domine*! Apeles economizou o seu ordenado, quase integralmente, durante nossa permanência em vosso lar, e, por isso, muito vos agradecemos a valiosa oferta, que se torna desnecessária, para a jornada.

– Talvez não nos vejamos jamais: não manifesteis demasiada altivez no momento doloroso de nossa separação. Sei que sois tão nobre no coração quanto na estirpe; louvo muito a vossa dignidade, que é o melhor patrimônio humano, de origem divina! Mas vossa filha e nosso netinho têm direito ao que pertencia ao desditoso Marcelo, e, portanto, quero doar a ambos um pecúlio que lhes pertence e desejo entregar antecipadamente.

– Perdoai-me, *domine*, mas já vos cientifiquei de que temos a quantia precisa para os gastos da projetada viagem.

– Haveis de levar, porém, o cofre que pertenceu a Marcelo, e vos será entregue pelo mordomo. Esse cofre pertencerá a Lúcio Taciano. Bondoso quanto sois, não haveis de querer prejudicá-lo...

Túlio conservou-se em penoso mutismo, com os olhos orvalhados de lágrimas. Pouco distante do Solar do Cisne estava uma antiquada sege aguardando os que iam partir sem esperanças de regresso àquele local. Empolgante tristeza lhes dominava os corações, ensombrados por sentimentos profundos. Gelcira, abraçada ao netinho, sem ânimo de desprendê-lo dos trêmulos braços para o entregar à lacrimosa Dioneia. Ele apenas sorria, fitando-as como que para lhes alegrar os corações conturbados, então, sob a dor da separação.

– Sei que fui injusta, Márcio – disse Gelcira quando ficou a sós com o marido –, com a nossa nora, ofendendo-a no seu pundonor de esposa, e muito lamento o acontecido; mas, em meu íntimo, existe arraigada a suspeita de que o assassino de nosso filho foi o maldito Cláudio Solano, o enamorado de Dioneia, e esta deve tê-lo compreendido!

– Confiemos na Justiça suprema, Gelcira, que há de desvendar a realidade, e talvez possamos ainda ser reunidos sob o mesmo teto.

– Jamais conseguiremos melhorar a nossa situação, outrora tão afortunada, Márcio, pois, do antigo lar, restam apenas os escombros dentro de nossos compungidos corações.

....

Longo e penoso foi o trajeto para Túlio Isócrates e os entes amados que o acompanharam para o Epiro, deixando a Dalmácia onde haviam permanecido por vários anos.

Somente o pequenino Lúcio manifestava alegria, com a candura própria de sua idade isenta de pesares.

A dor, enquanto assedia os corações, afugenta qualquer esperança de nova felicidade; quando nossas almas estão envoltas no crepe de intensa tristeza e nenhum pensamento dulcificante as embala, ainda que por fugitivos instantes, nossos espíritos ficam aturdidos, obrigando seus corpos carnais a se arrastarem, vacilantes, pelo mundo, como os cegos através de infindos e desconhecidos caminhos. É quando, então, surge em nós o desejo de alarmo-nos para as regiões do Além, no afã de lá encontrarmos a ventura que perdêramos aqui na Terra, que agora se nos afigura deserta, intolerável!

Tal o estado psíquico de Dioneia quando, qual verdadeira ressuscitada, pôde erguer-se do leito, que já lhe parecia um túmulo. A todos os instantes, o pensamento retrocedia ao passado extinto e rememorava os mais recentes sucessos de sua vida: chegara, em penosa emergência, ao Solar do Cisne, onde fora acolhida, com os seus entes queridos, por Márcio Taciano e seu adorado filho, pelo qual logo se afeiçoara profundamente, sendo o seu amor correspondido com veemência. E quando culminara a ventura ambicionada, conseguindo o seu paraíso terreal, avizinhando-se a chegada do primeiro arcanjo de seu lar, tudo fora esfacelado, aniquilado, pulverizado. No entanto, no longo período de demência febril, e, após, de quase inanição, percebera ela que algo de muito surpreendente, de ordem psíquica, ocorria em seu âmago: ficara em contato com entidades tutelares, com emissários siderais, que lhe despertaram faculdades adormecidas, compreendendo a excelsitude da dor como libertadora das máculas do passado transcorrido em bordéis ou em ociosidades palacianas, tendo que enfrentar, desde então, a própria vida, sob outro aspecto – moral e espiritual. Tinha que triunfar do mal, adquirindo virtudes, as que transpõem a atmosfera terrestre e atingem as paragens divinas!

A ida de Joel ao Solar do Cisne produzira magnífico resultado moral, pois perceberam todos os seus habitantes que fora encaminhado para aquele local um verdadeiro emissário sideral, dando a compreender a aplicação da Justiça divina sempre íntegra e infalível, mostrando a necessidade da dor, sequência inevitável de uma ação condenável, de um delito clamoroso, embora já esquecido. Dir-se-ia que Dioneia se metamorfoseara em sonâmbula, que se erguera do leito e caminhava para a sombra, que a envolveria eternamente. O porvir não existia propriamente para ela, pois nele não existia o vislumbre de uma esperança alentadora: o passado eclipsara-se no torvelinho do destino, e só lhe restava o presente, monótono e sem ilusões fagueiras. Ao fitar, talvez pela derradeira vez, as aleias do Solar do Cisne, foi abalada por um tremor convulsivo e choro incoercível.

– Dioneia, filha querida – murmurou Túlio, estendendo-lhe os braços trêmulos e ansiosos –, não te esqueças de que és, para mim, o derradeiro sol para o inverno da vida, que se extingue um pouco cada dia que passa. Sê forte, e não te tortures mais, pois não se deve lamentar o irremediável!

– Dir-se-ia, pai querido – respondeu ela quando adquiriu um pouco de serenidade –, que abandonei a derradeira esperança da vida no local onde desfrutei a intensa felicidade, que eu julgava eterna! Aqui, ainda existe ao menos a recordação dos ditosos tempos idos. Agora, vou para o desconhecido, onde jamais lograrei fruir qualquer partícula de ventura.

– Quem te recorda tão ditosos tempos, minha filha, é esse anjo vivo, que sorri em teus braços, que te confortará o coração com os seus puros ósculos, cheio de encanto e candura!

Prolongado silêncio reinou no interior da sege que, por muitas horas, se foi distanciando do local onde haviam residido Túlio Isócrates e sua família.

– Quem sabe preferias permanecer no Solar do Cisne, filha querida? Por que não mo disseste? – perguntou o ancião a Dioneia, ao vê-la com os olhos inundados de pranto.

– Não, meu pai. Os agravos ultimamente recebidos impediam-me de permanecer no castelo, que, para o meu coração, acaba de ruir para todo o sempre! Era indispensável a nossa partida; mas percebo que, ali, foi sepultada a derradeira parcela de minha felicidade terrena...

– Quem desvenda o futuro é Deus.

Depois desse curto diálogo, ambos recaíram em silêncio. A jornada prosseguiu monótona e sem incidentes dignos de reparo. Apenas estacionavam os itinerantes em algum albergue, para repouso do fatigante percurso e para tomar algum alimento, seguidos sempre pelo fiel Plutão, que parecia lançar olhares perscrutadores aos novos cenários da natureza, mostrando-se contente por não se haver apartado do pequenino Lúcio, que o acarinhava com as mãozinhas nédias e róseas. Já haviam transposto as montanhas da Dalmácia, e aproximavam-se da Tessália, dirigindo-se para o sul da Grécia.

– Onde pretendeis fixar nossa residência, meu pai? – interrogou Apeles ao genitor.

– Não longe do local onde tivemos outrora uma propriedade.

– Nosso pecúlio é reduzido, meu pai; havemos, porém, de adquirir uma condigna habitação, embora modesta – disse Apeles.

– Fica a teu cargo a escolha do prédio, Apeles, o qual será registrado em teu nome e no de Lúcio, que recebeu um pequeno tesouro, ainda intacto, oferta do nobre Márcio, e que pode ser aplicado nesse fim.

– Os dissabores nos fustigaram intensamente, meu pai; mas, por mercê do Alto, com o que economizamos, poderemos viver tranquilos e sem necessidade de voltar ao Solar do Cisne. Nosso querido Lúcio será criado com humildade, mas na escola do dever e da honra! O que lhe pertence será despendido apenas com a sua instrução, em tempo próprio, salvo algum imprevisto caso de enfermidade.

– Assim o espero, meu filho! – respondeu Túlio, fitando, com enternecimento, o jovem Apeles.

Decorridos poucos dias, sem sucessos dignos de menção, os viajantes transpuseram a Tessália, e, na extremidade sul, dispensaram a carruagem, que retornou ao Solar do Cisne.

Atravessaram, por fim, o Estreito de Lepanto,[29] e durante alguns dias prosseguiram o desejado trajeto, até a parte oriental dos atuais Balcãs, chegando ao local almejado, pouco distante dos Delfos, em busca de velhos parentes, que os acolheram friamente.

Apeles, com anuência do pai, tratou imediatamente de adquirir uma habitação modesta, construída num cimo de colina, não distante do mar Egeu, de onde se

---

[29] Lepanto – Atualmente porto de Corinto, no Peloponeso.

descortinavam as águas marítimas como se fossem as de uma tela viva, com uma infinidade de pontos sombrios, as ilhas que formam o Arquipélago das Cíclades.[30]

Apeles, instalados todos na nova habitação, cultivava o solo, desde o alvorecer, e adquiriu algumas ovelhas e aves, para aumento dos rendimentos domésticos. Com economia e trabalho, decorridos alguns meses, estabilizou a situação do lar, passando todos a viver tranquilamente, isentos de grandes preocupações financeiras, que tanto perturbam a paz e a alegria das famílias menos abastadas. Assim viveram, serenamente, por algum tempo. O pequeno Lúcio, que, desde o primeiro balbuciar, revelara sempre lúcida percepção, invulgar inteligência, tornou-se o verdadeiro encanto do lar.

Aqueles quatro entes, tão fortemente ligados pelo destino e por vínculos de indestrutível afeição, intensificaram a crença de que já havia desabrochado em suas almas – o Cristianismo, reunindo-se, todas as noites, em preces fervorosas. Assim se escoaram vinte e quatro meses em absoluta paz, em um ambiente sereno, onde não faltava o pão material e o espiritual. Lúcio, mal se equilibrando nas frágeis pernas, vivia em plena harmonia com seu velho amigo Plutão, atalaia fiel daquele remanso de paz, e cujo olhar se iluminava com a presença do arcanjo terrestre que o acarinhava com as mãozinhas de tépido veludo.

Nesse decurso destes vinte e quatro meses, haviam sido enviadas ao Solar do Cisne notícias resumidas da situação

---

[30] Ilhas do sul do mar Egeu.

em que se encontravam, não tendo, porém, havido retribuição de um vocábulo sequer, escrito pelo velho Márcio.

As venturas terrenas são quase todas efêmeras, fugazes, quais as névoas matinais. Ai! dos que se iludem, supondo-as perenes! Um relâmpago, fulgurando no céu, qual serpente de fogo precipitada sobre a Terra cheia de trevas, tem duração instantânea. Assim a felicidade naquele honesto lar, onde imperavam o labor e a mais excelsa harmonia, os mais dignificadores sentimentos humanos, teve a fugaz duração de uma alvorada!

Túlio, cheio de recordações amargas, sentia que pouco a pouco o coração lhe pesava mais no peito opresso.

Certa tarde, chegou à sua residência um velho amigo, que, havia muito, andara por longínquas regiões e possuía a mesma idade de peregrinação planetária do bondoso Túlio. Não foi só visitá-lo, e sim também convidá-lo para uma reunião de psiquismo, onde os continuadores da doutrina reencarnacionista rememoravam as palavras de Pitágoras, Jesus e Platão, dando a todos oportunidade de ouvir um oráculo e uma pitonisa, que maravilhavam com as suas revelações extraterrenas. Em localidades longínquas chegava a fama dos inspirados transmissores das verdades espirituais, e constantemente iam procurá-los os peregrinos, os enfermos, os desditosos. Túlio Isócrates agradeceu ao amigo o fraterno convite, dizendo-lhe:

– Irei contigo, meu amigo, pois me sinto enfermo, e quem sabe se conseguirei algum remédio que possa minorar os meus sofrimentos e prolongar minha vida? Desejo viver mais algum tempo, até que se normalize a situação de meus filhos e de meu netinho.

– Virei, à noite, buscá-los.

A habitação de Túlio distava pouco do monte Hélicon,[31] célebre, outrora, pelos templos gregos e pelas homenagens prestadas às entidades mitológicas que representavam fases da vida humana. Celebrizara-se, havia muito, o conjunto de oráculos e de inspiradas pitonisas, dentre as quais uma sobressaía, porque a todos maravilhava pelas verdades confirmadas e pelos benéficos conselhos que seus lábios emitiam.

Ao anoitecer, Túlio e todos os seus, seguidos pelo dedicado Plutão, partiram do lar, deixando uma lâmpada, alimentada com óleo de oliva, sobre um móvel, na câmara de Dioneia, pouco distante de uma janela, velada de cortina de tecido leve, semiaberta, porque a temperatura estava elevada.

Depois de trajeto que durou mais de duas horas, avizinharam-se do local da reunião. A mole compacta do monte sagrado, sombrio e pétreo, tinha no seu interior um famoso delubro onde se reuniam os adeptos do culto que professavam (um conjunto de preceitos pitagóricos, mitológicos e cristãos). Tinham as reuniões caráter privativo dos associados, místico, e que infundia profunda impressão aos neófitos. O templo era antes ampla gruta pétrea, uma

---

[31] Monte da Grécia (Beócia), consagrado às Musas; sinônimo de Pindo, Parnaso.

escavação na base do Hélicon, escassamente iluminada por lâmpadas de nafta, ou do óleo já mencionado, pendentes do teto de pedra maciça; vasto e soturno recinto primitivo, com assentos para os assistentes das reuniões, embora estes costumassem ficar de pé ou ajoelhados.

Ao transporem o templo de Héstia (a vestal que vela pelo fogo celeste de que se formam as almas), Túlio e sua família sentiram-se intensamente emocionados. Ao fundo, em trípodes modestas, estavam três pitonisas, de alvas e longas túnicas, que se destacavam nas sombras do ambiente como se fossem estátuas vivas, quase imóveis, com os braços elevados verticalmente, evocando as entidades siderais (ou hiperbóreas, segundo a expressão pitagórica, predominante ainda por aquela era e por muitos séculos).

Enfermos e assistentes, amparados uns aos outros, permaneciam afastados das trípodes, e, perto das pitonisas, que eram verdadeiramente as médiuns da Antiguidade, um dirigente dos trabalhos que se iam efetuar e era também um célebre oráculo, realmente inspirado pelos Mensageiros divinos.

Silêncio absoluto reinava no recinto, perfumado por essências inebriantes, tidas por sagradas.

Dioneia, ao penetrar naquele recinto, onde ocorreriam cenas inolvidáveis, foi invadida por invencível torpor, que a tornou semi-inconsciente. O pequenino Lúcio, já adormecido, resvalou dos seus braços amortecidos, sendo amparado pelo avô. Súbita agitação a fez trêmula, e temia cair ao solo, sentindo a fronte inundada por abundante transpiração.

Repentinamente, fez-se ouvir a voz de uma das pitonisas:

– Filhos de Eloim[32] – ouvi-me: nossa fraterna reunião desta noite é consagrada a Melpômene[33] – a deusa da ciência da Vida e da Morte, que se compõe de incessantes metamorfoses, ora em um plano, ora em outro, material e espiritual; a que preside às renascenças das almas, isto é, à volta dos espíritos a novos corpos físicos que, durante o escoar dos séculos, necessitam de renovações. Vede aquele infante (assim falando, ela, como que adormecida, apontava o pequeno Lúcio).

Todos os olhares convergiram para o ancião que segurava a criancinha adormecida.

– Vede – repetiu ela –, filhos de Eloim, ele é um dos Espíritos iluminados dos que baixam da região hiperbórea para o desempenho de nobilíssima e excelsa missão terrena, que se tornará inolvidável: encaminhar almas humanas para os mundos purificados.

Subitamente, lúgubre som cortou o ambiente: um uivo soturno de Plutão. Que havia sucedido? Ninguém pôde sabê-lo, naquele instante, porque a atenção geral foi despertada pela entrada de esbelto jovem, amparando um enfermo, cego, que, mal penetrara no recinto, caiu prostrado, parecendo prestes a desmaiar.

Ao longe, qual o vibrar de metralhadoras celestes, os trovões repercutiam pelo espaço infinito, ecoando também naquele âmbito em penumbra.

---

[32] Termo que designa divindades celestiais, em especial Deus.
[33] Musa da tragédia.

A pitonisa emudeceu por momentos, após os quais, com a voz alterada pela emoção, velada e grave, falou novamente aos circunstantes:

– Irmãos, algo funesto se aproxima; mas os que forem atingidos pelos coriscos da dor não esqueçam que há o carma de cada ser humano, constituído pelas Leis Divinas, que têm de ser cumpridas, sem transgressões, porque estas aumentam as responsabilidades dos delinquentes por séculos. Só se modifica o carma, ou destino, com as ações meritórias, os feitos heroicos, os atos altruísticos, as imolações em sacrifícios superlativos! Há, na assistência, uma jovem senhora, que revela ser da mesma categoria dos Espíritos missionários, que vieram à Terra em cumprimento de penosas e excelsas tarefas, as quais, escrupulosamente executadas, dar-lhes-ão grande fulgor espiritual. Vinde tomar parte em nossa falange, ora congregada neste Templo! Vinde incorporar-vos às ovelhas do aprisco de Jesus de Nazaré, o Escolhido, por suas virtudes excepcionais, miliardário das conquistas espirituais adquiridas em milênios, para Embaixador divino.

Dioneia, ereta, sonambulizada, com o andar firme, encaminhou-se para o local designado, onde se encontrava a jovem pitonisa que havia solicitado, fraternalmente, a sua incorporação à falange do bem e da virtude. A formosa filha de Túlio, semivelada por diáfana mantilha negra, apresentava uma lividez de alabastro e sua fronte parecia desprender claridade astral.

Estridente grito repercutiu pela abóbada pétrea, e o enfermo, que chegara amparado ao jovem heleno, perdera os sentidos. Outra pitonisa, com voz sonora e grave, murmurou, dirigindo-se ao mancebo recém-chegado:

— Deixai-o ser invadido pelo sono que empolga os que necessitam dos socorros dos siderais — verdadeiros benfeitores celestes — que vêm à Terra em missões de sacrifício e de abnegação...

Dioneia aproximou-se da pitonisa que falara em primeiro lugar, e esta, quando estendeu os braços sob os quais ficara a fronte da filha de Túlio, dir-se-ia que se tornara transparente. Com voz débil e pausada, falou docemente:

— Filhos de Eloim, aqui vieram, por interferência do Céu, vários irmãos em rudes provas para, mais uma vez, patentear-se a verdade divina da palingenesia, lei das ressurreições da alma em novos casulos carnais. Aqui se encontra esta irmã, cuja existência tem sido fustigada pelos vendavais de ríspidos sofrimentos, para que, doravante, manifeste a faculdade psíquica que possui desde findos avatares, e que, sendo uma dádiva celeste, não pode ficar encerrada na rocha da indiferença. É portadora de uma faculdade transcendente, para melhor suavizar as dores de nossos companheiros de estágio terreno, servindo de lâmpada no lar onde estiver. O momento é grave para muitos de vós, irmãos assistentes, que viestes de longínquas paragens, ávidos pela voz dos Mensageiros siderais. Buscai na prece fervorosa e na resignação cristã o conforto para os corações batidos pelo látego da dor e da desdita, sem curvar as frontes para o solo onde serão cavados os vossos sepulcros, e sim alçando-as para o firmamento constelado, onde ingressareis no transcorrer dos séculos e dos milênios. Felizes os que seguirem o Mestre de Nazaré, os que, sendo bons, compassivos e generosos, encontram os pedregulhos das injustiças e das perseguições, os penedos dos obstáculos insuperáveis às suas aspirações, crivando o coração sensível com os acúleos da dor e dos infortúnios que, muitas vezes, não sabem suportar resignados. Desventurado o transgressor de seus sagrados deveres para com o Criador do Universo e para com os nossos semelhantes, pois, por tempo indefinido, faltar-lhe-á a paz interior, sendo sua consciência – que é o pelourinho divino localizado no íntimo de nosso ser – flagelada tenazmente, sendo o corpo invadido pelo câncer do remorso e de enfermidades incuráveis, seu lar assaltado por desventuras irremediáveis, incessantes; e, assim, depois das experiências adquiridas, poderá erguer-se para o sumo Juiz universal – DEUS – e alcançar o almejado perdão que arrefece as chamas vorazes do sofrimento, da revolta, do vulcão que lança chama e cinzas dentro da própria alma delinquente!

"Muitos desditosos, após a perpetração de um crime, são acometidos de alguma enfermidade dolorosa ou que afete principalmente a vista, porque aquele que extinguiu uma lâmpada divina – uma preciosa vida humana – necessita ser assinalado dentre todos os seus irmãos, ou ter cortada a sua liberdade para não exterminar outras vidas utilíssimas!

Quando não ocorre a cegueira no remate de penosa existência, o mal acomete o delinquente na que lhe for subsequente e, por isso, há criancinhas com os olhos cheios de trevas..."

Um gemido profundo foi ouvido; mas todos os olhares se conservaram fixos na formosa pitonisa que, novamente dirigindo-se aos circunstantes, parecia envolta em névoa luminosa, dizendo-lhes:

– Filhos de Eloim, acham-se neste humilde reduto muitos enfermos, da alma e do físico; porém, a bondade celestial é infinita, e sempre se manifesta com plenitude. Hoje, aguardamos a concessão de muitos benefícios para quantos imploraram, contritos e fervorosos, o auxílio inestimável dos emissários siderais. Filhos do crime e das paixões malsãs, todos devemos compadecer-nos dos que sofrem as consequências dos delitos indefensáveis.

"Estendamos as mãos aos que caem no sorvedouro da desventura, pois os que têm piedade de seus irmãos em Jesus, este também se compadece de seus crimes, e a cada sacrifício ou ato meritório praticado, extingue-se uma denegrida mácula da alma do criminoso e, conforme o esforço despendido, transforma-se nosso espírito em bruma dourada... Muitas vezes aquele que nos feriu o coração, cravando nele o punhal de excruciante dor, é um desditoso que necessita de nossa comiseração, de nosso amparo espiritual, de nossa piedade, a fim de que deixe o carreiro nocivo do mal e entre, em definitivo, no caminho áspero, porém bendito do bem e da virtude. Outras vezes, a desdita que nos tortura a alma, parecendo-nos superior às nossas forças morais, representa o reflexo, a repercussão de uma igual com que flagelamos um irmão, que o é todo aquele que convive conosco no planeta da sombra e dos sofrimentos – a Terra!".

༄

Houve um interregno na manifestação oral da inspirada Artemis. Depois se fez ouvir a voz grave do oráculo, que estivera ausente por algum tempo no Egito e no Himalaia, ansiosamente esperado, e era o dirigente dos trabalhos daquela memorável noite:

– Aproximai os enfermos.

Houve momentâneo rumor no recinto onde se encontravam algumas dezenas de seres humanos, todos ansiosos para que fossem minorados os seus padecimentos morais ou físicos. Os enfermos mais graves, em número de dez, aproximaram-se das pitonisas, que, então, pareciam mergulhadas em êxtase. Uma dessas intérpretes dos Mensageiros do Bem, assim falou, com entonação suave e persuasiva:

– Sabei, irmãos atingidos na alma ou no corpo pela seta ferina da dor, que toda enfermidade é sempre originada pelos eflúvios impuros da alma contaminada por uma ação nociva, ou criminosa, desta ou de transcorrida existência, dos que já perpetraram erros lamentáveis, quer o tenham sido há poucos dias, quer há muitos séculos! Quem nasce enfermo está, insofismavelmente, remindo uma falta tenebrosa, cometida no extremo de anterior existência. É que não soube velar pelo inapreciável tesouro que lhe foi confiado – um organismo pleno de saúde e energia – defendendo a alma contra a incursão de seus adversários, purificando-a por meio do sofrimento.

"É mister, pois, que quantos se acharem nessas penosas conjunturas, se humilhem, com resignação, curvando a fronte nos momentos de procelas morais, não se revoltando jamais, para que não se avolumem as suas responsabilidades. Eis, caros irmãos que me ouvis, a situação de todos nós, aqui neste planeta de sombras e de lágrimas".

Muitos dos assistentes começaram a soluçar.

– Humilhai-vos e resignai-vos, irmãos! – exortou Artemis, comovida.

– Já sou dentre todos os presentes o mais infortunado! – exclamou um dos enfermos, o que estava com os olhos apagados e sustido por um jovem que se achava à sua direita.

– Achais injusta a penalidade que vos foi imposta pelo sumo Árbitro do Universo, irmão? – interpelou a pitonisa, a meia-voz, impondo-lhe a destra sobre a fronte.

– Calai-vos, por Jesus, filha de Héstia.[34]

– Bem, meu irmão, procurai diminuir a vossa responsabilidade, substituindo o mal perpetrado pelo bem que está ao vosso alcance realizar! Fazei por minorar a situação daquela a quem prejudicastes. Voltai o pensamento para o Céu, para a Luz – que há de, enfim, penetrar vossa alma e inundar vossos olhos! Curvai a fronte perante as provas que vos forem impostas, em vosso próprio benefício. Orai, agora, com a alma desprendida, com o pensamento alçado para o Sol do Universo – DEUS.

Calou-se, por momentos, a pitonisa Artemis. Com os braços eretos, atraía eflúvios saneadores, para beneficiar

---

[34] Divindade grega do lar; a Vesta dos latinos.

os enfermos ali congregados. Sempre concentrada, colocou as mãos, tomadas de incoercível tremor, sobre a fronte do desditoso que se achava à sua frente, aconselhando-lhe ao mesmo tempo o uso da infusão de vários vegetais com virtudes curativas. Subitamente, ressoou pelo amplo ambiente da gruta uma voz alterada por intensa emoção. Todas as atenções convergiram para o local de onde partira o grito, emitido pelo enfermo que parecia ser cego.

– Estou enxergando... um pouco! – exclamava ele, agitado por evidente comoção. – As trevas já haviam invadido os meus olhos... e, agora, já distingo os que se acham neste recinto! Agradecei a Melpômene a graça que me foi concedida! Obrigado, Jesus!

Houve forte rumor entre os circunstantes ante a ocorrência de que eram testemunhas. Bruscamente, a jovem que fora chamada pelo oráculo diretor dos trabalhos psíquicos, e que era Dioneia, prestes a desfalecer, deixou-se cair sobre uma trípode, e, com entonação dolorosa, pronunciou estas palavras incompreensíveis para os assistentes:

– Parece... que vou enlouquecer! Reconheço... nesse cego... um...

E não pôde concluir a frase, abalada por súbita coreia que a todos causou compaixão. O oráculo, então, se fez ouvir:

– Não perturbeis os trabalhos que aqui se realizam em benefício de tantos sofredores – visíveis e invisíveis! Concentrai as vossas energias psíquicas nas entidades siderais, implorando-lhes a inestimável proteção!

Serenados os ânimos, ouviu-se novamente a voz do que fora beneficiado:

— Parece que sou presa... de um sonho mágico... pois essa que acaba de desfalecer, certamente eu a reconheci pela voz... que julgo ser a de Dioneia Taciano!

— Sim — respondeu-lhe Joel Sarajevo (que realmente era o mancebo que o levara àquele local bendito pelos sofredores) —, o destino... ou antes, a vontade potente do Juiz Supremo acaba de manifestar-se neste recinto de modo insofismável!

Artemis impôs-lhe a destra sobre a fronte e aconselhou-o em voz baixa. Depois, chamou para seu lado o jovem Sarajevo. Apeles fitava-a com os olhos orvalhados de pranto emocional, tomado de estranha comoção. Abeirou-se Joel da jovem pitonisa e, imperturbável, ereto, com os olhos semicerrados, murmurou:

— Meus irmãos de jornada planetária, tenho a dizer-vos algumas palavras, as derradeiras que vão ressoar neste ambiente cristão. Este vosso irmão, que ora vos fala para dar a conhecer os pensamentos de um de seus mentores espirituais, reminiscências indeléveis de vários avatares, recordando-se dos delitos, dos atos heroicos e dos triunfos espirituais que já conquistou; lembra-se de haver estudado no Egito os arcanos do ser humano, os mistérios dos Faraós; já renasceu na Grécia várias vezes, tendo sido discípulo do luminoso Pitágoras, com o qual aprofundou a ciência da nobreza dos sentimentos, das aquisições científicas ou dignificadoras; renasceu na Galileia, na era fúlgida e imortal em que baixou voo sobre a Terra um dos maiores arautos celestes — Jesus!

Houve vozes sussurradas e soluços no recinto. Joel Sarajevo estremeceu e murmurou ainda:

– Tenho terminado o que vos tinha a dizer. Peço-vos, irmãos, encarecidamente, as vibrações de vossas almas em benefício dos que hoje aqui vieram pela primeira vez, sendo para alguns a derradeira, em corpo material.
– Pretende ele atentar contra sua própria existência, irmão? – perguntou o oráculo à entidade que, então, se manifestava por intermédio de Joel, recebendo a seguinte elucidação:
– Não, meu amigo, ele não mais pretende cometer um crime de revolta contra as Leis supremas, porque se aproxima a meta desta existência terrena de modo trágico.
– Por que não prosseguirá este irmão sua meritória missão espiritual ou terrena? – inquiriu de novo o oráculo ao inspirador de Joel.
– Já adquiriu nosso caro irmão, penosamente, experiências preciosas e imprescindíveis à purificação e saneamento de seu espírito, em séculos de dores e de trabalhos acerbos! Já recebeu as luminosas lições dos dois mais exímios mestres dos que têm vindo à Terra – Pitágoras e Jesus – e, portanto, para remir o derradeiro débito, sofrerá uma provação dolorosa e rápida. Desde então, entrará, definitivamente, para a falange bendita dos redimidos ou dos Mensageiros siderais, e, desse modo, consumará cabalmente o seu tirocínio terrestre.
"Ele se acha ligado a alguns amigos, que foram comparsas em uma de suas penosas existências transcorridas, férteis em atos condenáveis, e, juntos, praticaram uma falta tremenda, que tem de ser resgatada agora, para finalizar a série de falências dolorosas a que têm sido submetidos. Joel, porém, dos que vão partir brevemente, é o que se encontra mais próximo das Fronteiras do Infinito. Acham-se outros

irmãos, atualmente neste recinto, em idêntica situação; porém ainda não remiram os derradeiros débitos. Podeis abraçá-lo pela última vez, no plano terrestre..."

Todos se aproximaram, e Cláudio, quando lhe apertou o busto com os trêmulos braços, disse:

– Desejais abandonar-me, meu único amigo?

Joel, despertado subitamente, indagou por que assim ele lhe falara.

– Será possível que não saiba o alcance das palavras que, há momentos apenas, nos transmitiu?

– Eu as ignoro; mas, no meu íntimo, há uma dolorosa impressão. Que ocorreu comigo?

O oráculo lhe narrou quanto se passara, e recomendou que não viajasse durante aquela noite, estando iminente violenta procela. Ouvindo-o, Túlio Isócrates, sempre cortês e generoso, convidou-o para pernoitar em sua habitação, que não distava muito do templo de Héstia.

– Tenho um companheiro, Cláudio Solano, senhor, e não devo abandoná-lo.

– Ele também virá conosco, Joel.

– Antes, porém, amigos e irmãos – murmurou o oráculo –, vamos fazer uma prece fervorosa em benefício de todos os presentes.

Todos baixaram as frontes, e o oráculo, encerrando a fraterna reunião espiritual, proferiu uma expressiva e inspirada prece que trouxe lágrimas a todos os crentes.

Terminada essa sincera prece dos assistentes, apenas se ouviu a voz suave e merencória de Artemis, que causou apreensão aos circunstantes:

— Nem a Jesus foi dado o afastar-se do cálice de amarguras, e todos temos de sorvê-lo até as derradeiras gotas! Parti, todos vós, tendo Jesus em vossos corações! Muitos foram os beneficiados hoje...

Já se haviam retirado quase todos os assistentes, quando Joel avistou Apeles, ao lado de Dioneia, tendo ao colo o filhinho adormecido, perto de Cláudio Solano.

Amistosa palestra se entabulou e se generalizou, e, após inspirados ensinamentos transmitidos pelo oráculo Xerxas, relativos às enfermidades corporais e espirituais, todos se mostraram surpresos por ali se haverem congregado, tendo muitas vezes pensado que jamais se reuniriam naquela vida terrena. Cláudio, silencioso e triste, permaneceu pouco expansivo.

Joel se mostrou maravilhado com a presença dos que conhecera no Solar do Cisne.

Caminhavam todos por um vale verdejante, em palestra afetuosa, quando, às súbitas, tiveram a atenção despertada por intenso clarão no alto de uma colina, justamente onde estava edificada a habitação de Túlio Isócrates. O temporal, que desde o entardecer ameaçava a região, começou a fustigar as árvores e as moradias, parecendo querer reduzi-las a escombros. Precisamente naquele instante, Túlio havia dirigido pela primeira vez uma interrogação a Cláudio, que caminhava amparado pelo piedoso Joel:

— Onde tendes vivido, desde a vossa retirada do Solar das Sereias?

— Em Eubeia, conforme a comunicação que mandei aos amigos do Solar do Cisne.

– Por que deixastes a vossa propriedade, bruscamente, como se fôsseis forçado a fazê-lo por motivos imperiosos?
– Eu enlouqueceria se permanecesse naquele local. Sentia-me enfermo e propenso ao suicídio...
– Muito lamento o que tendes padecido. Apressemos, porém, os passos, porque vejo aumentar o violento temporal, e estou atemorizado ao avistar um clarão, semelhando-se ao de incêndio, no local onde está edificado o nosso humilde lar!
– Olha! Vê o incêndio que devora nosso abrigo, pai! – exclamou Apeles, com o olhar desvairado. – Estava predita a nossa desventura...

Todos os olhares convergiram para a colina, onde se achava edificada a habitação de Túlio Isócrates. Um grito uníssono partiu então de todos os lábios: a claridade sinistra iluminava totalmente o outeiro onde se erguia a modesta habitação de Túlio, ativada a violência do incêndio pelos ventos desenfreados que no momento varriam o local, quase despovoado. Espessa onda de fumaça se evolava do prédio, dificultando a aproximação dos que procuravam prestar auxílio na extinção do voraz incêndio.

– Jesus! – murmurou Dioneia, desfalecendo de angústia – estamos desgraçados, meu pai!
– Não pronuncieis essa palavra, *domina*! – falou Joel, com energia. – Ela atrai elementos nocivos a quem a pronuncia.
– Perdoai-me, Jesus! – pôde ela ainda balbuciar. – Ficaremos reduzidos à miséria. Vai-se perder o cofrezinho de Lúcio, dádiva do avô e sua única herança paterna!

Apeles e Túlio, tomados de súbito desespero, apenas bradaram para a infortunada Dioneia, que apertava ao seio o filhinho:

– Vamos lutar com as labaredas, para salvar o patrimônio de Lúcio!

Vendo-os, sempre compadecido dos desventurados, na iminência de uma inevitável catástrofe, Joel os seguiu, acompanhado por Plutão, que parecia partilhar também da aflição de todos, e uivava desabaladamente.

Chegados ao local, quando os três amigos haviam conseguido abrir a porta central, para se dirigir ao dormitório de Dioneia (onde ficara acesa uma lâmpada, a qual, por mão criminosa, ou pelo furor do vento, talvez houvesse ateado fogo à cortina, pouco distante), ouviu-se o fragor associado dos trovões e do desmoronar da vivenda de Túlio, parecendo aluída pela própria natureza. Todos os vizinhos dos arredores, alarmados com a catástrofe que pela primeira vez ocorria naquela pacífica região, tentaram salvar algo de precioso pertencente à desolada família ali instalada havia vinte e quatro meses; mas todos os esforços foram infrutíferos! Túlio Isócrates, o filho e Joel, que haviam conseguido penetrar no interior da casa incendiada, em busca do cofre de Lúcio, foram envolvidos pelos rolos de fumaça, pela ardência das chamas, e bruscamente sepultados em labaredas e cinzas ao ruir fragorosamente a cobertura do prédio. E assim, naquele vulcão de chamas devoradoras, desapareceram os três abnegados heróis, seguidos pelo dedicado Plutão que corajosamente investira contra as labaredas, enfurecido, parecendo compreender que naqueles instantes eram elas adversárias invencíveis, que ele desejava estrangular para impedir o infortúnio de seus melhores amigos, e que seria devorado por elas também.

Ainda ressoavam aos ouvidos de Dioneia a aflitiva afirmativa do genitor:

– Quero salvar o cofrezinho de Lúcio...

Dioneia, que por momentos desfalecera e fora recolhida a modesto lar vizinho próximo, nunca se sentira tão realmente atingida pelo infortúnio, quanto naquela situação de dor superlativa que lhe atirava a alma a um báratro profundo.

Depois de vinte e quatro meses de relativa tranquilidade, de harmonia, de paz espiritual, a desdita tudo destruíra com o incêndio que, em poucas horas, transformara em cinzas a sólida construção que seu infortunado genitor afirmava poder desafiar alguns decênios. Percebera ela, por intuição (que lhe era familiar desde os primeiros tempos de existência), que um sucesso de suma gravidade se avizinhava para o seu lar. Tudo a fizera pensar em outra desventura, mormente quando se certificara da presença de Cláudio Solano naquele recinto. Fora esmagado seu coração pela mó intangível do destino! Ficara só, irremediavelmente só, para as supremas batalhas da vida, com um filho – que reclamava proteção e carinho.

Dominara-a a impressão de se encontrar em pleno oceano proceloso, arrojada de uma caravela naufragada, tendo vislumbrado um calvário de pedras, ao qual se alçara penosamente, iluminado pela fé cristã que *existia* em sua alma, divisando também, através dos olhos enublados de lágrimas, uma fronte angélica de criança em tudo semelhante à do adorado filhinho. Se não fora esse sagrado calvário – eterno emblema do sofrimento neste orbe de expiações redentoras – ao ver os seus entes bem-amados em titânica peleja com as labaredas, ter-se-ia reunido a eles, preferindo a morte trágica à penúria, à situação desesperadora que então previra. Para culminar suas amarguras, estava salvo o provável adversário de seu inesquecível Marcelo, e que lhe golpeara o coração para sempre, e destruíra toda a felicidade terrena que culminara por instantes apenas!

Estava exausta de lutar contra a sorte adversa, vencida por um poder que a esmagava de encontro a um rochedo de dores inextinguíveis. Avizinhava-se da loucura, quando ressoou no seu íntimo a palavra miraculosa:

– Jesus! Jesus! Jesus!

Este nome, qual relâmpago em pleno céu tempestuoso, teve indescritível repercussão no recesso de sua alma em rude prova.

Sim, era ela cristã e tinha de pensar na lição do Mestre. Não podia, pois, insurgir-se contra os decretos supremos: tinha de curvar-se perante o inevitável, lembrar-se de que era mister sofrer para resgate de suas transatas e graves transgressões.

Como, pois, merecer o perdão, antes do resgate das faltas? Mas, pensava ela, será justo alguém reparar crimes dos quais não tem sequer superficial lembrança?

Sim. A criatura humana que, em uma etapa terrena, sentir-se espoliada de seus haveres, separada dos entes queridos, sempre humilhada, sem regalias sociais, sem poder satisfazer os seus ideais de tranquilidade ou ventura, pode ficar certa de que mereceu todas essas mortificações, e murmurar em seu próprio íntimo:

"– Bendito sejais, Senhor e Pai, pelas merecidas punições que estais aplicando em meu próprio benefício: as desditas são as provas reais dos crimes praticados outrora – contra Vós e meu semelhante – e eu, para remir o meu espírito, tenho que resgatar o passado tenebroso com lágrimas ardentes. Bendito sejais por me haverdes proporcionado os meios de remissão, por não vos terdes esquecido de uma ovelha tantas vezes transviada do rebanho de Jesus, vosso mais fiel servidor no planeta das sombras e das lágrimas, geradas por nossas imperfeições e nossos próprios delitos! Bendita a dor que me fere presentemente para sanear a minha alma e, com a lixívia dos prantos, embranquecê-la eternamente! Aceito o cálice de amargores com ânimo sereno, embora não me recorde dos crimes praticados. Perdoai-me, pois, Senhor e Pai, concedendo-me Vós a coragem de ressarcir, serenamente, os meus desvios do Código divino, e permitindo desse modo minha perpétua reabilitação, a liberdade infinda dos redimidos pela dor".

Eis a norma para os que verdadeiramente almejam progredir espiritualmente, sem desalentos, sem revoltas, que não suavizam, antes agravam, as penalidades supremas nos instantes de dor infinita!

Tudo estava predito. Aqueles instantes de angústia superlativa, vaticinados pela lucidez de Joel, foram resgates de delitos seculares. Aqueles três seres (apenas reunidos por duas vezes na vida que findara no incêndio), Túlio, Apeles e Joel, eram velhos companheiros e comparsas do mesmo hediondo crime: a destruição do lar de um adversário que, com os seus entes bem-amados, ficara sepulto nos bulcões de chamas e cinzas de efêmero vulcão irrompido bruscamente no interior de uma residência.

– Estou só, inteiramente só para lutar na grande batalha da vida, e, certamente, serei vencida, esmagada – murmurou Dioneia. – Devo ter sido mais criminosa do que os mais temerosos facínoras! – continuava ela a monologar no próprio imo. – Bem haviam predito essa catástrofe esmagadora as pitonisas e Joel. Por que os três entes, cremados nos escombros fumegantes, haviam sido assim punidos, precisamente quando haviam atingido altos predicados morais, e seriam incapazes de cometer o mais insignificante deslize? Para lhes abreviar a redenção, decerto.

Como olvidar, jamais, a mísera Dioneia, os momentos transcorridos em pânico inaudito? Rugia a procela com desconhecido furor, violência de siroco do Sudão. Faíscas incandescentes serpeavam no firmamento – um oceano de trevas – e vendavais impetuosos galopavam no espaço, com o furor dos furacões africanos, ateando, cada vez mais, as chamas na habitação de Túlio. Poucas pessoas observaram o incêndio, já completamente adormecidas ou distanciadas do local do sinistro. Raros os camponeses que tentaram buscar areia para atirar sobre as chamas, único recurso de que dispunham para a extinção do incêndio.

Cláudio Solano, estarrecido, desde que não percebera mais o contato da mão protetora de Joel, segurando-lhe o braço esquerdo, sentira um aturdimento indescritível, e, com insistência, as derradeiras palavras do incomparável amigo que lhe ressoavam aos ouvidos:

"– Pior do que o incêndio é o remorso, pois este requeima a alma, devorando-lhe todas as alegrias, mais do que aquele à madeira ressequida!".

Na penumbra em que se encontrava, mal distinguindo os vultos indecisos ao redor de si próprio e de Dioneia, que, após um grito desvairado, implorando que salvassem as vítimas daquela noite trágica, ficara silenciosa e, certamente, havia perdido os sentidos. Ele meditava na impotência da vontade humana, para debelar os sucessos marcantes de uma existência acidentada por lances pungentes.

Dir-se-ia que Cláudio e Dioneia estavam avassalados por um efialta enlouquecedor, do qual jamais acordariam. Cláudio mal percebera o ocorrido com os companheiros de jornada: a visão que, pelas preces de Joel no Templo de Héstia, lhe fora restituída momentaneamente constituíra fenômeno fluídico, fenômeno esse que ele não definia, por ser pouco versado nos sucessos supranormais, nos fatos transcendentais, e não percebia que, no instante de recobrar a visão, lá, apenas ocorrera a exteriorização de seu Espírito, que deixara o cárcere carnal por alguns segundos, ao influxo das vibrações de intermediários do plano material para o psíquico, retornando depois ao estado anterior.

Ele ouvira o lancinante apelo de Dioneia pedindo que socorressem seus entes queridos e Joel que, poucos momentos antes do sinistro, logo ao sair do Templo de Héstia, havia combinado para o dia seguinte mandar alguém a Eubeia levar notícias ao seu velho e extremoso genitor.

As vozes, alteradas pela angústia que lhe chegaram aos ouvidos, permitiram compreender tudo: perdera o derradeiro amigo que conseguira levar-lhe um pouco de lenitivo à alma confrangida, ao coração opresso e amargurado por dolorosas reminiscências.

Dioneia, depois do grito de desespero que traduzira a dor que lhe esfacelava o coração: – Salvem meu pobre pai e meu querido irmão! Salvem Joel! – desfaleceu.

Enquanto, porém, seu corpo estava inerte, o Espírito ouvia nitidamente as palavras dos amigos invisíveis, percebendo tudo quanto ocorria pouco distante de seu amortecido envoltório físico.

No instante em que haviam tentado socorrer os que tinham sido abatidos sob os escombros da habitação em chamas e ruínas, um lamento se fez ouvir, prolongado e triste: era o fiel Plutão, nas vascas da agonia, parecendo uma vibração humana. Um camponês, impressionado, escutando o doloroso uivo, exclamou:

– Pobre cão! quis em vão salvar os amigos, e foi vítima de sua dedicação!

– Quantos entes humanos não sabem imitá-lo! – falou outro, compungido.

Dioneia não sustinha mais o pequenino Lúcio, que chorava sem cessar, abraçando-a e tentando inutilmente despertá-la.

Outro campônio, que assistira à emocionante cena, interrogou Cláudio Solano:

– Sois, acaso, parente da infortunada senhora que parece prestes a entregar a alma ao Criador?
– Não, mas fui amigo de sua família. Tudo quanto por ela fizerem eu saberei recompensar! – respondeu o castelão comovido. – Chamem um herbanário para socorrê-la; eu me responsabilizo por todos os dispêndios. Vede um abrigo para acolhê-la e ao filhinho, e também outro para mim, até que possa mandar alguém a Eubeia, minha residência.
– Viestes da Eubeia, senhor?
– Sim, em busca de alívio para a minha saúde, e, sem o desejar, presenciei uma das mais trágicas cenas desta existência. Preferia ter sido um dos carbonizados pelo fogo a ter sobrevivido. Além de haver perdido o melhor amigo, compadeço-me infinitamente da desditosa dama que dizeis se acha semimorta!
– Ela é jovem e bela, e, talvez, possa ainda ser ditosa – disse, imponderadamente, o interlocutor de Cláudio.
– Os abalos morais que tem sofrido talvez a levem à loucura, ou ao túmulo! – exclamou ele, trêmulo de emoção, julgando-se o responsável por todos os infortúnios da malograda Dioneia.
– Vamos transportá-la para minha residência – falou um dos rústicos presentes. – Se quiserdes, ireis comigo, pois baldados foram os esforços para salvar as desditosas vítimas.
– Ela voltará ao solar de seus sogros! – exclamou Cláudio, um tanto bruscamente, suspeitando que o incêndio talvez tivesse intuito criminoso: a cobiçada posse de Dioneia, bela, virtuosa e inacessível aos habitantes daquela região oriental do Epiro.

Cessou o diálogo. Alguns camponeses improvisaram uma padiola e nela transportaram o corpo inanimado de Dioneia, que só pôde ser socorrida por um herbanário quase ao alvorecer, o qual também frequentava o Templo de Héstia e prescreveu a infusão de algumas plantas que agiram beneficamente sobre o estado mórbido da enferma.

～

E a noite parecia prolongar-se, como se eterna fora! Recolhida em um dormitório de aparência humilde, sem nenhum conforto, encontrava-se Dioneia, inerte, como se a vida estivesse prestes a abandonar-lhe o corpo. Em aposento contíguo ao dela estava Cláudio Solano, com o coração compungido, compreendendo que indiretamente fora o causador de toda a desdita de Dioneia, que, sem a perda do consorte, estaria no Solar do Cisne, ao abrigo da penúria – consequência imediata da desventura que lhe atingira o lar, agora totalmente destruído.

Nunca sentira, quanto naquela noite inesquecível, a culpa a esmagar-lhe o coração. Todos aqueles infortúnios, derivados de seu hediondo delito, feriam-no impiedosamente, inexoravelmente! Julgava-se ele o único responsável por tudo quanto acontecera. Se não houvesse ferido o desventurado Marcelo, aqueles denodados seres humanos não teriam sido devorados pelas labaredas. Por que não fora ele, o maldito, o único sacrificado, e sim os que eram dignos da proteção dos deuses? Como teria ânimo de comunicar a Soriano Sarajevo, o pai do inspirado Joel, o desolador decesso do filho tão querido e tão digno?

– Fatalidade! Fatalidade! – murmurou ele, na calada da noite. – Por que os deuses, que são bons, não me fulminam?

A ideia de pôr termo à própria vida mais uma vez lhe fulgiu na mente afogueada, gerando esse único pensamento: a morte. Por mais cruel que esta fosse, seria preferível à vida tormentosa que teria de arrastar. Recordava com frequência o passado tenebroso; parecia-lhe, então, estar sendo escalpelado por quem transformava os cadáveres em múmias eternas, transmudando-lhe os tecidos vivos em músculos rígidos, não se julgando mais digno de permanecer sobre a Terra, em movimento, e sim forçado a seguir um destino ignorado e maldito; sentindo-se aviltado perante sua própria consciência, indigno de dirigir a palavra à vítima de seu nefando crime.

Inenarrável agonia agora o empolgava. Ululavam os vendavais lá fora, qual alcateias de lobos famulentos, rondando o refúgio onde se haviam acolhido as presas apetecidas, sedentos de sangue, ávidos da carne tépida dos míseros seres vivos rondados pelos algozes!

Relâmpagos de fogo intenso aclaravam, por vezes, o estreito dormitório onde se ocultara ele, que mais os percebia por intuição do que pelos órgãos visuais. Estremecia ao som das bombardas celestes, almejando que alguma o esfacelasse. Logo após o estrondo dos canhões siderais, maior era a violência das bátegas de chuva, fustigando a modesta habitação em que se abrigara.

Ouvia tudo com inaudita emoção, porque aquele temporal lhe recordava o outro durante o qual perdera a vista, após o bárbaro assassínio do seu mais desvelado amigo.

Cláudio soergueu-se no leito. No dormitório contíguo ao dele andavam passos incertos, certamente os de alguém que velava por Dioneia, que, por vezes, emitia lamentos e soluços. Uma criança chorava, decerto o filhinho de suas vítimas, o qual, não se acomodando com pessoas estranhas, compreendia, talvez por intuição antecipada, que sua extremosa mãezinha estava em situação aflitiva e desejasse, ele, compartilhar do seu angustioso estado da alma.

....

Para ambos, Dioneia e Cláudio, aquela noite trágica teve repercussão ilimitada, que lhes pareceu eterna.

Quase ao alvorecer (o que para ele pouca diferença fazia da escuridão dos olhos ou da alma) tentou abrir a porta para sair, sem destino, em busca de um local onde pudesse encontrar alívio a seus pesares, que excediam a expectativa, ultrapassando suas forças morais – a morte, que considerava o único termo à dor que lhe dilacerava o acovardado coração! Tentou fazê-lo; mas o ruído da porta despertou a atenção dos que se achavam velando pela enferma, e um temor invencível o empolgou totalmente. E, como que sob o império de despótico senhor a quem tivesse de obedecer cegamente, voltou ao mesmo local, para não suscitar suspeitas desabonadoras, e novamente buscou o leito. Ajoelhou-se então no soalho desguarnecido das tapeçarias existentes no seu Solar das Sereias, apoiou a fronte à borda do catre humilde, e, assim abatido, sentindo esvair-se-lhe toda a energia para resistir ao novo embate do destino, soluçou convulsivamente, parecendo-lhe que a vida aos poucos se evolava do seu organismo debilitado pelo ininterrupto sofrimento moral, agravado pelas vigílias prolongadas, que não o deixavam repousar nem abrandar os sentimentos que o dominavam.

Houve, súbito, o desprendimento de sua alma que se localizou em uma pirâmide de escombros, onde se verificara o incêndio, podendo enxergar, por visão supranormal, a desditosa Dioneia e ele próprio, ambos ligados por um elo de fogo, parecendo envoltos por delgadíssimas serpentes de chamas inextinguíveis. Quem lhe falara então, com um timbre de voz ao mesmo tempo suave e doloroso?

Livro VI

A execução das Leis supremas

— Infiel irmão, vede! – alguém falara a Cláudio Solano, com infinita amargura – vede as consequências dos delitos funestos nos quais compartilhastes, juntamente com os que desapareceram nas chamas crepitantes. Vou desvendar, tanto quanto for permitido, o mistério do passado.

"Houve época em que Marcelo Taciano não possuía riqueza. Num castelo isolado, vivia um digno fidalgo romano, consorciado com formosa dama, tendo a seu lado, em invejável paz, adorada genitora, constituindo os três um lar bendito, onde havia o mais raro tesouro da Terra: lealdade recíproca, ventura espiritual e material, intensificadas pela prática do bem.

"Naquele tempo de preconceitos sociais, fora o matrimônio, contra os conselhos da austera mãe, contraído com formosa jovem, de condições modestas, por quem o castelão se enamorara profundamente. Esta é justamente a que se acha com o destino entrelaçado ao vosso, Dioneia, o que vem sucedendo desde há muitos séculos.

"Tem tido ela, em diversas existências, os mesmos genitores e o mesmo irmão, Apeles, e, em vida anterior, também foi irmã do inspirado Joel, coniventes todos em diversas transgressões às Leis Divinas e sociais, impulsionados, então, pela cruel Gelcira, pactuante com eles para a consumação de execrando delito: incendiar o solar do digno romano, consorciado, então, com a irmã Dioneia, sendo destruída pelo fogo uma heráldica residência, o que levou à loucura a desvelada genitora, que se arrojou ao arquipélago, nesse tempo denominado mar Egeu, não sobrevivendo à perda integral de toda a sua felicidade terrena. Fostes um dos encarregados de atear o fogo no castelo, crente de que a formosa sobrevivente – hoje Dioneia – preferisse o vosso amor ao do outro comparsa de crueldade; mas não sucedeu o que desejáveis: ela já amava o mesmo homem que, nesta atual existência, foi o seu malogrado esposo. Vós, porém, prepotente e impulsivo, a compeliste pelo temor a abandonar o lar, apavorada pela inevitável desdita em perspectiva.

"Surtiu o desejado efeito o incêndio do solar, não muito distante do local em que vos encontrais, e realizastes a vossa mais ardente e ilícita aspiração: ter por esposa a adorada castelã, sempre bela e sedutora.

"Fruístes, pois, o fruto do crime, porém por limitado tempo, porque também a vossa vida foi sacrificada por vossos assalariados, sendo Gelcira Taciano a mandante de vosso assassínio.

"Os isentos das culpas do crime são apenas dois – o digno Márcio Taciano e seu atual netinho, Lúcio, que é o renascimento do sacrificado castelão, que continuou idolatrando a infiel consorte, hoje sua mãe muito amada. Vede, irmão, quantas tragédias originadas no passado tenebroso, que muitos viventes julgam findas, porém, ressurgem no porvir, até que sejam remidos todos os delitos, e os Espíritos entrem definitivamente no carreiro bendito da redenção, que é o das lágrimas, trabalhos e virtudes!

"Toda a ilusão humana provém de pretender uma ventura ininterrupta, durante sua estada na Terra, quando o alvo a culminar na existência planetária é o da conquista da perfeição ou da purificação espiritual, da liberdade eterna.

"Séculos transcorreram após os dramas das vossas peregrinações terrenas. Somente nos últimos tempos compreendestes o valor da virtude, e, doravante, sereis mais intensamente punidos à menor transgressão às leis terrestres e celestes, porque as vossas faculdades mentais e psíquicas já foram exercitadas no sofrimento, e adquiridas maiores experiências que vos despertam as percepções espirituais: já percebestes o valor das ações meritórias, para resgate dos delitos desse passado culposo, quando éreis impulsionados pelos desejos, imoderados e violentos, de conseguir a ventura a despeito de todos os obstáculos, de todas as dificuldades, esmagando direitos alheios, desprezando a Justiça divina – que é a síntese de todos os mais valiosos triunfos espirituais e morais – conseguidos pelos seres humanos que aspiram a não mais ser entidades planetárias, e, sim, cidadãos do Universo, Mensageiros siderais ou divinos – o supremo troféu do ser humano – tal qual a impura linfa de um pântano pode aspirar a elevar-se à amplidão atmosférica e transformar-se em orvalho cintilante.

"Aquele que Dioneia cria com extremos de ternura, e foi o esposo imolado, perdoou à querida irmã, a qual, contudo, tem um débito de honra para com ele e uma restituição a fazer. Fostes vós, irmão, um dos delinquentes que lhe causaram dores profundas e uma desdita que, por muito tempo, o fez desventurado e a sua nobre mãe, que renasceu em uma das ancestrais de nossa irmã Dioneia, de destino tão entrelaçado ao vosso pelos crimes em comum. Durou apenas meses a vossa criminosa ventura.

"Dioneia que, em contraste com o presente, era frívola e vaidosa, enamorou-se de um jovem esbelto e inteligente, que havia muito lhe correspondia o afeto com impetuosidade, sendo, porém, desprovido de fortuna. Aliado à própria mãe, concebeu o plano sinistro de eliminar-vos a vida (o que sucedeu em breve tempo), assenhoreando-se do castelo maldito que, pela aparência principesca, seduzia os olhares e deu margem a diversos dramas pungentes.

"Os três infortunados irmãos que, há poucas horas, partiram para o Mundo Espiritual, foram coniventes no hediondo delito, agora dolorosamente remido.

"Estremeceis à recordação que faço de tais crimes do passado milenário? O vosso, irmão, foi agravado com a perfídia que praticastes, traindo a confiança que inspiráveis ao desditoso Marcelo, a quem, no pretérito sombrio, já havíeis sacrificado e a quem, vindo em caráter de íntimo companheiro de infância e de armas, devíeis ter respeitado o lar e os direitos sagrados. O destino, que executa as Leis Divinas, fez que nascêsseis e fôsseis criados quase irmãos, para que se extinguissem rancores e odiosidades.

"Em igualdade de condições pecuniárias, estáveis no mesmo nível, para que aliásseis as almas eternamente, vivendo como sendo irmãos, e não rivais que se execrassem. Tendes para com ele (o pequenino Lúcio) uma dívida de honra a resgatar na atual existência. Nossa irmã Dioneia já ressarciu esse débito penoso, quando, ela e os que constituíam satélites de sua alma, componentes de sua família, vieram, peregrinos, ao local de sua primitiva residência, em penúria extrema, e foram acolhidos, exaustos e em desalento, no Solar do Cisne, onde se efetuou o seu casamento.

"Estais, agora, premeditando um novo delito: o suicídio! Se o efetuardes, sereis mais infortunado, pois agravareis a vossa situação e a da desditosa Dioneia, que se acha imersa na mais pungente penúria, sem suspeitar que o lamentável sucesso de ontem, o incêndio do seu lar, foi praticado por um pretendente (ela os tem, desde que passou a residir nesta região). O seu menosprezo ou a incompreensão dos sentimentos que inspirou a diversos campônios originou odiosidades secretas, cujas consequências quase a levaram à loucura! Vós a prejudicastes, assassinando o seu mais dedicado protetor, e o incêndio lhe tirou o derradeiro e natural amparo, tudo para que tenhais margem de lhe restituir o que lhe usurpastes outrora, isso porque a mãe de Marcelo já dispôs do solar, vendido a um credor hipotético, ou fantástico, para a prejudicar e ao netinho (que ela não considera tal). Tendes de sustê-la à beira do despenhadeiro em que se encontram ela e o filho (que é, já vos disse, uma de vossas vítimas dos tempos idos), a quem tendes de restituir o solar que, conforme afirmei, mandastes destruir, fazendo presa do fogo o seu corpo então alquebrado e enfermo...

"O suicídio que projetais agravará a vossa desdita. Jamais um crime poderá remir um outro anterior. Ninguém deve entregar-se ao desalento, que contraria as Leis Divinas: o verdadeiro crente na Justiça divina nunca se deixa vencer nas batalhas da vida. A fé reanima o combatente, que triunfa de todas as decepções e alcança afinal a vitória eterna: a remissão de seus crimes. Lembrai-vos de vossa atual e premente situação e da de vossa companheira de infortúnio, Dioneia, caluniada pela genitora de Marcelo, a mesma que, em transcorrida existência, mandou ferir um castelão enfermo (filho unigênito de extremosa mãe), sofre presentemente a mesma tortura infligida outrora a um coração materno, e que se revoltou contra a imolação do filho bem-amado e indispôs o consorte contra esta infortunada irmã. Embora tal resolução muito contrariasse ao nobre Márcio Taciano, ambos venderam, simuladamente, o Solar do Cisne, e acabam por perdê-lo, porque o adquirente, sem nenhuma probidade, se apoderou dele, sem que possa ser provada a simulação criminosa! Vosso suicídio, pois, acarretará a falência de vossa consócia de sofrimento, ora reduzida à extrema penúria. Seus sogros, arrojados à miséria, não resistindo à humilhação tremenda, acabam de transferir residência para o sul de Zara. O látego do destino os feriu rudemente. Compete ao irmão (que tanto concorreu para a desdita de quase todos a quem me refiro) modificar tal situação, amparando-os, restituindo a Lúcio Taciano o que outrora lhe foi usurpado...

"Desde o crime cometido, sentistes o arrefecimento da cega paixão que, então, vos dominava. O verdadeiro amor é uma irradiação da alma, um luar interior, que se propaga de quem o emite à criatura amada; tudo fará para a sua felicidade, e não para sua desdita; não deseja ser correspondido materialmente, e sim no recesso do espírito, contentando-se com uma afeição pura, e não carnal; é todo excelsitude, sacrifica-se pelo ente bem-amado; prefere a morte, o desprezo, todos os suplícios a causar a menor dor ao ente a quem adora. Este o verdadeiro amor, capaz de todas as imolações! Ontem, na cripta onde se realizou a inesquecível reunião, foram reveladas realidades iminentes sobre dois lares, o de Túlio Isócrates e o de Soriano Sarajevo. Já pudestes rever, mais com a alma do que com os sentidos corporais, esta a quem cobiçastes criminosamente, com outra espécie de afeto, transformando o amor ardente em compunção e devotamento. O incêndio da alma excruciada transformou-se em luar de santuário. Vistes, vagamente como se fosse em sonho, o fruto de uma ditosa e abençoada aliança, o pequenino Lúcio, um dos imolados de outras eras à vossa ambição incontida, e, por vezes, à tênue luz da nafta, suspensa ao teto da gruta sagrada, percebestes a radiosidade de uma alma que se encerra no corpo infantil de tenro entezinho. Compreendestes, enfim, que a maior parte da tragédia de hoje teve sua origem no delito que cometestes outrora, nos arredores do Solar do Cisne. Estais saciado, irmão, após tantas desventuras provocadas por vossos impuros desejos?"

– Não... não... – murmurou Cláudio, arquejando – eu fiz a minha e a desventura de meus semelhantes! Não estou saciado, e sim sedento de perdão e de justiça!

– Tendes agora de agir em benefício de vossas vítimas e de vosso próprio espírito, e só assim podereis mitigar a sede intensa de vossa alma, há muito devorada pelas labaredas do remorso!

– Como deverei proceder, desconhecido Mestre?

– Praticando o bem e a virtude! Dioneia Isócrates, que ora também me escuta (pois sua alma está exteriorizada da matéria qual neblina ao cimo de um monte), é um ser evoluído, saneado pelas refregas da dor, pelas crucificações terrenas, já possui elementos psíquicos conquistados em séculos de lutas profícuas, pouco lhe faltando para terminar sua etapa planetária. Ela já se aproxima das luzes siderais. Resgatou, na presente peregrinação, quase todas as máculas do tenebroso passado, só lhe faltando a derradeira penalidade, que omito neste instante. Houve contra ela e os que lhe são caros a urdidura de cruel calúnia, que Márcio Taciano repeliu com grande elevação de alma; porém, tais foram as insistências contra a indefesa nora, que acabou acedendo às pretensões de Gelcira. Ambos, Gelcira e Márcio, estão agindo sob a falsidade e cobiça de um parente que, residindo há muito nos arredores do Solar do Cisne, se insinuou na confiança dos castelões, afirmou ter observado intenções criminosas nas relações de Dioneia convosco, e já cederam o referido solar ao audaz caluniador, que dele se apoderou, graças a um documento que simulava débito inexistente. Se Dioneia aproximar-se deles, será acintosamente expulsa!

Quem, pois, lhe estenderá mão fraterna, tendo ela agora um caviloso enamorado, causador da penúria e desamparo, a fim de que aceite o afeto violento que inspirou o crime do incêndio, amparando-a em tão dolorosa conjuntura? Quem a acolherá, sem interesses inconfessáveis, e o pequenino Lúcio? Quereis rolar no abismo do suicídio, à hora precisa em que mais necessária se vos torna a vida terrena?

– Não depende exclusivamente de mim a execução do que me aconselhais...

– Tereis o patrocínio do Céu para que se cumpra a reparação, embora a vossa aliança com a irmã Dioneia pareça justificar a perfídia forjada contra ela; mas a verdade surgirá qual astro radioso em pleno azul celeste, à hora precisa, principalmente nos derradeiros instantes de vida planetária de ambos!

"As mulheres aspiram à beleza física, tal qual as abelhas ao néctar das flores; mas a formosura constitui uma das mais arriscadas provas terrenas, e raras são as que saem vitoriosas das verdadeiras ciladas em que são envolvidas, na trama cerrada do orgulho, da vaidade e do desejo de sedução. Os olhares de todos os homens as contemplam enlevados, com lampejos de cobiça, que, muitas vezes, lhes causam inquietações, olhares envenenadores, de eflúvios tão sutis quanto dominadores, de irradiações às vezes abrasadoras que levam ao desvario as suas vítimas, impondo desejos impuros às que eram, até então, castas e fiéis. Dioneia, porém, com o tirocínio espiritual que já adquiriu, tendo falido por diversas vezes e já severamente punida, tornou-se invulnerável à sedução, apesar de vítima da calúnia."

Silêncio reinou depois na rústica residência em que se encontravam Dioneia e Cláudio, corpos inertes sobre desconfortáveis leitos, e almas crucificadas no Espaço, elevadas das trevas planetárias, semimortos momentaneamente.

A voz suavíssima da entidade protetora retomou o fio da exposição que, então, consagrava aos desditosos aliados por vínculos solenes:

– Agora, apresenta-se o ensejo do definitivo resgate de penoso débito, aliando-vos e transformando o Solar das Sereias (ao qual deveis dar uma denominação cristã) em remanso de paz, acolhimento fraterno, preces, instrução e virtudes evangélicas. Pensastes já, irmã Dioneia, em retornar ao Solar do Cisne, onde vos aguardaria a mais cruel das decepções: estar ele em poder ilegal de um indivíduo sem escrúpulo e capaz de todos os crimes para não o perder; mas não deveis fazê-lo, porque já pertence ao caluniador parente de Gelcira, ilicitamente constituído verdadeiro proprietário do que, mais tarde, seria vosso ou de vosso filho. Durante vossa ausência houve a trama odiosa urdida: ficastes sendo a responsável pelo assassínio de Marcelo, tendo ele afirmado que, inúmeras vezes, vos viu em colóquios amorosos com Cláudio Solano, no extremo do extenso parque que limita a ala direita do castelo que pertencia aos pais do vosso esposo, sempre que este se ausentava com o genitor para compra de mantimentos, em Zara, o que sucedia com frequência. Portanto, não deveis repelir a proposta de consórcio de Cláudio Solano, na intenção de vos tirar da difícil contingência em que vos encontrais. Essa aliança será quase fraterna, a fim de que possa ser restituído a Lúcio Taciano o que lhe foi usurpado outrora, e ainda ultimamente com a morte de seu pai. Cláudio dentro em pouco tempo perderá a vista totalmente, e Deus permitiu que se efetue um enlace que a muitos parecerá originado pela cobiça de opulência, mas, em verdade, uma prova máxima, um sacrifício indizível, a fim de salvar uma alma do suicídio. Já foi metamorfoseado o criminoso amor de Cláudio Solano em afeição pura; doravante, ele substituirá vosso extremoso pai e o desvelado Apeles.

– Como hei de olvidar ter sido ele quem ceifou a minha inigualável ventura? – murmurou Dioneia, numa linguagem somente perceptível aos ouvidos quintessenciados.

– Como pôde Jesus perdoar seus algozes, filha minha? Não sois cristã? Não tendes no espírito, consagrado ao bem e à virtude, toda a lúcida percepção de vossos deveres terrenos e siderais? Não recebestes a partícula fúlgida de uma faculdade extraplanetária, que demonstra aliança da criatura humana com a Divindade, igual à das pitonisas do Templo de Héstia e de muitos outros seres humanos?

"O sacrifício redime todos os crimes, saneia a alma, iluminando-a com a bênção divina que recai sobre quem o pratica. Compreendemos a pureza de vossos sentimentos de repulsa contra o falso amigo, que causou a vossa ruína e a destruição de vossa ventura. E se eu vos disser que essa tremenda expiação produziu refulgências inextinguíveis em vossa alma? Irmã, a predominante aspiração de todos os seres planetários é a da conquista da felicidade sobre a Terra; no entanto, nesses períodos áureos da existência terrena, o Espírito fica estacionado, qual corcel que, tendo de empreender longuíssima trajetória, imobilizasse o galope e fosse indiferente aos acidentes do cavaleiro."

– Então, Mestre – balbuciou Dioneia –, a ventura terrena prejudica a alma humana?

– Sim, minha irmã, quando, na fase afortunada da vida, a criatura não se lembra dos que se encontram em condições opostas, não se compadece dos que sofrem, tornando-se egoísta, olvida seus deveres cristãos, ou morais; aquela, porém, que, apesar de desditosa, não é indiferente ao sofrimento alheio, buscando atenuar a dor do próximo, auxilia a aligeirar o peso do madeiro das provas que curva o desditoso para o solo, tal criatura marcha definitivamente para o Infinito. Aquele, porém, que tudo entesoura, acumulando haveres (muitas vezes mal adquiridos) e se torna arrogante, no desejo de esmagar os direitos dos que não se acham em idênticas condições, tornando-se despótico e injusto, tudo confiando nos cabedais que possui, esse enegrece o espírito e faz jus a dolorosas punições.

"Os bens materiais podem ser causadores de felicidades ou desditas, tal o destino que lhes deem os seus possuidores. As moedas não são sempre fontes do mal, pois com elas podem os seus detentores socorrer infelizes, suavizar padecimentos. Infelizmente, cara irmã, a opulência quase sempre forja egoístas e prepotentes, que se consideram acima da Humanidade e dos desígnios do próprio Criador do Universo! Raros os seres que dão fim útil ao empréstimo que o destino lhes outorga (beleza e bens de fortuna) e se lembram dos que não os têm, e que, sendo seres humanos, vivos, sujeitos às misérias orgânicas, devem merecer o amparo e a proteção dos que podem dispensá-los sem as apreensões do dia imediato, que tanto supliciam os pobres e desditosos. Os que na opulência se mantêm dignos no proceder, simples, piedosos e compassivos, galgam muitos graus na hierarquia espiritual; enquanto que os que têm inversa conduta, julgando-se acima dos que não têm nenhum cabedal monetário, fazem jus às mais angustiosas penalidades. Abençoai, pois, os períodos aflitivos da existência em que, no lar desprovido de recursos monetários, vistes vossa mãe em prantos e vosso pai humilhado, carecendo da quantia necessária à mantença do modesto domicílio. A repulsa que sentis por aquele que, a despeito de todos os desvarios cometidos, é vosso comparsa de outrora, e atualmente companheiro de infortúnios, levá-lo-á ao suicídio se o abandonardes; com o vosso apoio e o vosso prestígio moral, alçar-se-á às luzes divinas da virtude. Estais em pleno oceano proceloso da existência planetária, e tendes apenas, para salvação, uma cruz pétrea – imersa nas vagas revoltas das paixões e dos infortúnios – a da imorredoura fé, e, segura em seus braços inquebrantáveis, podeis alçar-vos ao triunfo perene: o da redenção! Apegai-vos, pois, ao calvário da dor, dos sacrifícios e das imolações redentoras, que eleva o ser humano acima das borrascas da vida, às venturas eternas do Infinito!"

– Mas, se a alma é imortal – murmurou Dioneia –, aliando-me ao homicida de Marcelo, este terá motivos de mágoas e até de odiar-me, o que para mim seria o supremo suplício moral!

— E quem vos afirma, irmã querida, que haveis de perder a afeição de Marcelo? Já não sabeis que este e os três imolados no recente incêndio foram coniventes em igual crime? Buscai, na trama do destino ou do próprio carma, a razão das aparentes injustiças que vos têm afligido: a vítima de agora foi o algoz do passado sombrio.

"Não choreis, cara irmã. Enfrentai, com ânimo sereno, os sucessos presentes e porvindouros, o nobre Marcelo já foi elucidado de todas as verdades referentes às suas peregrinações terrenas, e, Espírito grandemente evoluído e prestes a alçar-se definitivamente às mansões siderais, não se revoltou com o que lhe foi revelado, relativamente às urdiduras do destino de ambos. Ele, dileta irmã, já se encontra em preparo para retornar à arena material, desejando seguir-vos as pegadas, aliando-se à vossa missão excelsa de amparar os aflitos e infortunados, disseminando o bem em profusão pelos que vão ser companheiros de existência planetária, e perpétua será a coesão de vossas almas amigas. Ele não ignora que, no passado, cometeu um homicídio e que remiu um débito execrando; está quite para com o Tribunal perfeito.

"Aceitai, pois, o cálice de amargura presente, e, assim procedendo, fareis jus a sorver, também, a felicidade infinita nos séculos porvindouros! Enviareis um emissário ao Solar do Cisne, para vos cientificardes de toda a desilusão que vos aguarda. A trama urdida nas trevas, contra a irmã, por um desditoso e perverso embusteiro, vai ter consequências gravíssimas para os genitores do piedoso Marcelo. Não julgueis o infortunado Cláudio um temível adversário, e sim um enfermo espiritual que necessita ser amparado. Assim, transformareis aquele solar, agora fechado, em guarida de desditosos, em asilo dos desamparados, em refúgio dos perseguidos pela crueldade humana, em educandário para os filhos dos humildes agricultores, em recolhimento para os desventurados cristãos e todos os que o buscarem em aflitivos instantes! Será a vossa penúltima prova grave, e ao mesmo tempo uma restituição que nosso irmão Cláudio tem a efetuar para com o pequenino Lúcio, o antigo possuidor de um solar deslumbrante! – sito no extremo da Grécia meridional. Fareis, antes de aceder às propostas de Cláudio Solano, um apelo aos que deixastes, há trinta e seis meses precisamente, no Solar do Cisne, e somente então, após a resposta, poreis em vigor os conselhos que ora vos transmito. Lembro que, enquanto aqui estiverdes, todas as precauções serão poucas, porque neste local, sem que houvésseis suspeitado, há adversários ocultos. Compreendo o que ocorre em vosso íntimo: a dor de vos encontrardes só para a batalha da vida, sem vossos protetores naturais que o Céu concede às criaturas humanas, e, além disso, desprovida de recursos pecuniários, sem o amparo de um braço amigo para vos defender e a vosso filhinho, derradeiro e maior tesouro sobre a Terra!

"Se bem cumprirdes os desígnios do destino, ser-vos-á comutada dolorosa pena, e concedida inesperada alegria. Aquele por quem chorais, tão sentidamente, aguarda o vosso retorno ao mesmo local onde ambos sofreram e também foram ditosos."

– Será crível que o amado Marcelo queira buscar outro lar no castelo maldito de quem lhe exterminou a vida e a felicidade? Parece-me que não percebo a realidade... e vou enlouquecer!

— Deveis, antes, irmã querida, bendizer as leis sacrossantas do destino! Tudo, já vos disse, estava previsto: o incêndio de vosso lar como outrora foi destruído o de outrem, crime no qual fostes conivente.

— Amigo desconhecido, assegurais que, obedecendo a quanto dizeis, continuarei aliada aos meus seres queridos... mormente a meus pais, a Marcelo e a Apeles?

— Sim, eternamente! Quanto a Marcelo, tê-lo-eis ao alcance de vossos braços.

Soluço profundo ressoou no recinto, pela atuação do Espírito Dioneia no corpo inerte sobre o leito, e, debilmente, pôde ela murmurar de modo audível apenas para a entidade que lhe falara:

— Obedecerei. Todos os sacrifícios serão aceitos e consumados!

— Espero que sejais fiel à promessa que acabais de proferir, irmã Dioneia! Jesus que vos abençoe e aos que continuam ao vosso lado. Já vos revelei o que necessitáveis saber, pois merecestes estas orientações, por terdes sabido cumprir escrupulosamente os deveres morais e espirituais. Estais apta para os surtos pelo Infinito. Eia, pois, à luta, irmã Dioneia!

"Mais alguns segundos e terei concluído o que careceis gravar em vossos corações: as derradeiras e remissoras conquistas dependem de vossos esforços e do cabal desempenho de vossas lutas terrenas! Agora, caros irmãos, é mister o devotamento e a imolação de vossos desejos para que seja culminado o exclusivo objetivo da vida humana: a redenção espiritual! Saberemos, irmã querida, atenuar a vossa repulsa pelo desditoso que assassinou vosso fiel consorte, cometendo o mesmo ato condenável que aquele, em idêntica emergência, assim também fez, igualmente por vossa causa!

"Ninguém se alça do plano terreno, odiando a quem quer que seja, a nenhum ente humano, por mais abjeto que lhe pareça, por mais perverso que seja! Se, pelos sentimentos que já possuís, não tiverdes a precisa coragem de amar o que vos fez infortunada, esforçai-vos por lhe conceder o mais sublime de todos os afetos, o que mais nobilita o ser pensante: a compaixão. A imolação de vossos nobres sentimentos, que ides fazer, irmã, será dignamente recompensada."

– E haverá maior mérito em unir-me ao assassino do meu adorado Marcelo, do que ficar em penúria, padecendo e trabalhando honestamente para a manutenção de meu filhinho? – indagou Dioneia, tristemente, soluçando.

– Irmã, é louvável a vossa abnegação, desejando assumir a responsabilidade da manutenção do pequenino Lúcio; mas não avaliais ainda as vilanias dos que pretendem desviar-vos do carreiro bendito da virtude, todo eriçado com os acúleos da perversidade, das seduções falazes, das hipocrisias. Saireis triunfante ou vencida? Sois formosa em demasia, e os homens de sentimentos corruptos não estendem mãos protetoras à desventura com piedosas intenções, e sim com o desejo de desviar da vereda honesta, do caminho reto do dever e da virtude, atirando as vítimas ao lodaçal do meretrício. Ides experimentar a realidade, infortunada irmã, ao despertardes na procelosa manhã que vai despontar no levante. Já relatei a dolorosa verdade: o incêndio, no qual pereceram entes bem-amados, foi provocado por um desses vossos apaixonados, que, já tendo responsabilidades de família, planejou reduzir-vos à extrema penúria para vos render a seus impuros desejos, estirando para vós as garras de abutre da honra de muitas desventuradas vítimas de seus desvarios e de seus lúbricos instintos.

"Aqui, nesta região, só tendes um valioso amigo, embora humilde: é o dono deste lar, a quem podeis confiar a mensagem que pretendeis enviar ao Solar do Cisne, já abandonado pelos pais de Marcelo! Ides experimentar a realidade. Enviá-lo-eis ao castelo de Márcio Taciano, e, após o seu regresso, haveis de capacitar-vos da lealdade das palavras que ora vos dirijo. Nosso irmão Cláudio, por seu turno, também expedirá outro emissário ao Solar das Sereias, de onde virão dois fâmulos trazendo uma sege e recursos pecuniários para seu retorno ao domicílio."

– Meu maior desejo é deixar o mundo vil, e partir ao encalço de meus entes bem-amados!

– Não almejeis a morte, antes do momento determina--do pelo destino, irmã querida! Essa aspiração, contrária às Leis do Céu, implica em revolta contra as Leis Divinas, e a mais acerba de todas as punições seria a separação prolongada de todos os seres que adorais com veemência!

– Que delito comete aquele que deseja o termo de um rude sofrimento?

Reinou silêncio, durante o qual a radiosa entidade espargiu sobre o corpo imóvel de Dioneia fluidos vitalizantes e saneadores. Após, prosseguiu, respondendo à inconsolável adormecida:

– A vida é outorgada aos seres humanos para resgate integral de suas transgressões às Leis sociais e siderais. Como, pois, antes de ressarcir suas culpas, poderá alguém ingressar no Mundo Espiritual, deixando incompleta sua missão terrena? Que mérito há para um general que, em pleno campo de batalha, em vez de lutar com heroicidade, para a defesa da pátria e da família, debandasse com os seus combatentes, sob pretexto de poupar vidas e sofrimentos aos possíveis feridos? Que mérito alcançaria ante a pátria, que o havia incumbido da arriscada, porém valiosa missão, confiando em seus esforços e atos de bravura? Não consideraria pusilânime tal guerreiro? Não seria ele punido severamente pelo governo que o enviara à luta?

– Mas não há mérito em fugir às batalhas, em vez de arriscar incontáveis vidas, de parte a parte?

– Podeis conceber a ideia de que haja maior heroicidade em poupar a vida aos invasores vitoriosos nos campos dos vencidos, do que em defender alguém o pátrio solo, o lar em que nasceu?

– Não há mérito na abnegação? Eu não desejo entregar-me aos vencedores, e sim partir ao encalço dos que muito amo, no Plano Espiritual, até que possamos aliar-nos, perpetuamente, nas Mansões Superiores.

– Há valor inestimável na abnegação, na imolação da vida corporal, culminando um nobre objetivo – salvar náufragos ou retirados de um incêndio, sendo útil ao próximo, e não para evitar os próprios sofrimentos. Neste caso, a morte voluntária representa covardia moral, deserção das fileiras, egoísmo pessoal. Se partirdes, irmã, antes do desfecho determinado pelo destino, sofrereis quando vos lembrardes do pequenino Lúcio, saudoso de vossos afagos, chorando em mãos hostis; verificando que havíeis feito a entrega do mais precioso dos tesouros que Deus concede às esposas – um filhinho, frágil criaturinha, aos azares da vida incerta, ao léu da sorte, em habitação estranha, talvez curtindo fome e maus-tratos. Então, passaríeis por verdadeira tortura, inqualificável martírio moral!

– Não! Ele voltaria ao Solar do Cisne, onde seria tratado com carinho pelo avô paterno, que é boníssimo e compassivo...

– Já vos afirmei que ele e a esposa dispuseram do solar, e estão em lugar distante.

– O Solar do Cisne não pertence, legalmente, aos herdeiros?

– Tudo está consumado. Além disso, querida irmã, sem o vosso amparo maternal, insubstituível no plano material, o pequenino Lúcio seria vítima, como o foi seu nobilíssimo genitor, de algum desumano delinquente, empenhado na posse do que lhe restaria e à desditosa Dioneia: uma jeira de terra...

– Quanto são severas as Leis Divinas!

– Se assim não fora, cara irmã, os atentados à vida e à propriedade alheia seriam mais numerosos. No planeta em que vos encontrais, não há propriamente seres perversos, e sim pouco experientes, que, no início dos ciclos planetários, cometem desatinos e arbitrariedades.

– Deus, Pai clementíssimo, não se comove com os sofrimentos de seus inditosos filhos?

Houve, por instantes, novo e gélido silêncio, que penetrou as almas aprisionadas naquele modesto recinto, que parecia repleto de luar, provindo da entidade orientadora de Dioneia nesse difícil e crucial instante. Poucos momentos decorridos, com extrema suavidade, o emissário celeste respondeu à mal-afortunada ouvinte:
– Deus sofre com os desvios criminosos de seus filhos, e não os abandona às próprias forças; ampara-os, por intermédio de seus emissários, como sabeis que os há, em falanges numerosas, pelo Universo todo, para incitarem os desditosos à prática do dever, da honra e da virtude! A punição é necessária a todos os seres humanos, sem a qual os crimes seriam incentivados pela ausência de Justiça; a punição merecida é qual acicate que impele o corcel à marcha vencedora, que o fará atingir o extremo da viagem, a fim de que possa repousar após as fadigas de longa trajetória a que fora submetido, aquilatando-se assim a sua resistência e a sua agilidade! Desventuradamente, os habitantes da Terra ainda não prescindem dos rigores da Justiça. Este planeta é um centro de expiação, um sanatório espiritual onde convergem os Espíritos inexperientes, com predisposições a todos os crimes, sujeitos a todas as paixões condenáveis. Portanto, só lentamente vai cada um despojando-se dos defeitos predominantes e realizando, através dos milênios, sua própria redenção.

"Imaginai, cara irmã, se não houvesse repressão ao mal; se todos os delinquentes fossem perdoados sem uma justa punição; aqueles que se apoderassem indevidamente do alheio, dos sacrifícios de nossos semelhantes, e exterminassem entes laboriosos e dignos, serviriam de exemplo e incentivo funesto para os que vissem prosperar com o fruto do labor alheio, e almejariam imitá-los. É, pois, a Justiça, a Têmis divina, quem há de triunfar sobre a Terra, no galopar vertiginoso dos séculos, quando todos seguirem a doutrina do Nazareno, tornando-se incapazes de transgredir os códigos celestes ou terrestres! O perdão, sem a justa reparação do crime perpetrado, representa uma injustiça clamorosa para os prejudicados. Todos querem justiça, a começar pela criança que, ao primeiro motivo, corre aos braços maternos, queixando-se do que alguém lhe causou de maléfico, a fim de que a genitora aja em seu benefício, ávida de proteção, baseada nesse direito absoluto, almejado por todas as criaturas de reta consciência!

"É mister, pois, que a justiça comece no lar, estendendo-se à sociedade em geral e finalize nos planos etéreos, nas regiões siderais, até que os Espíritos, despojados de todas as máculas e de todos os delitos, possam agir com a missão de Enviados deíficos. O perdão, sem que haja o resgate do delito cometido, predispõe logicamente o indivíduo à reincidência, pois sabe que nada lhe sucederá de desagradável, e, desde então, solta as rédeas do livre-arbítrio, transgredindo todas as Leis Divinas e humanas, acobertado por essa imunidade. Toda a misericórdia celeste, porém, consiste em não castigar eternamente o delinquente, não sendo insensível à dor dos criminosos, ao azorrague do remorso, que os leva ao arrependimento, ao direito e à virtude. Para a Justiça suprema, não há precito, crime irremissível; ela não abandona os delinquentes ao impulso desordenado das paixões; a todos proporciona um desvelado amigo (do berço ao túmulo), um guardião que lhes sugere conselhos paternais".

– Como, pois, poderei olvidar o agravo que meu coração recebeu, e perdoar a quem aniquilou uma vida que, para mim, representava um dos maiores tesouros que Deus me concedeu? Não revelaria esse esquecimento uma injustiça a tantos corações feridos, agravada com a odiosa aliança nupcial que me foi indicada?

– Não, cara irmã, o que vos aconselhamos é o modo de conseguirmos melhorar a vossa atual condição material. Não guardeis rancores contra quem se tornou delinquente por vosso amor menosprezado; amortecei o desejo de vingança, certa de que Deus não deixará de exercer sua infalível Justiça.

"Vossos espíritos constituem falanges inseparáveis, há muito ligados por ações meritórias e várias arbitrariedades. Após inúmeras transgressões, no escoar dos evos, chegastes, todos vós, à era bendita das reparações coletivas, dos sacrifícios redentores, das abnegações sublimes. Fostes elucidada sobre diversas tramas do passado sombrio. Tendes conhecimento integral dos crimes perpetrados antigamente, com repercussão no presente. Estais, agora, no limiar de uma estrada que teve uma de suas origens na Trácia[35] e se

---

[35] Região histórica do sudeste da Europa. Atualmente dividida entre Grécia, Turquia e Bulgária.

bifurca, podendo conduzir-vos a duas regiões diferentes: à dos sofrimentos superlativos ou à das reparações perenes, que vos darão o direito de remir vossos desvios morais e reunir-vos a todos os vossos entes bem-amados..."

– Quero resgatar todos os meus crimes – murmurou, flebilmente, Dioneia, e, com grande surpresa, a mesma expressão dolorosa foi emitida por Cláudio Solano, no aposento contíguo.

– Irmã querida, a dor é o escopro que afeiçoa e alinda o mármore divino da alma. Se ficásseis no Solar do Cisne, vivendo acarinhada pelo esposo, ao abrigo de qualquer penúria, vosso espírito ficaria em completa letargia, paralisado o progresso da alma, porque as venturas não impulsionam a criatura para a Luz e para Deus! Deveis, por isso, agradecer ao Criador e Pai o ter permitido que houvesse ensejo para aquisição de eternas experiências, que facetaram o diamante celeste de vossa alma, dando-lhe ensejo de poder alçar-se às maravilhosas regiões onde se congregam os conversos ao bem, os triunfantes das provas planetárias, os remidos e purificados pela dor!

"Tendes que volver à Dalmácia onde muitos dissabores vos aguardam, provindos do Solar do Cisne. Sem embargo, irmã Dioneia, tendes de compadecer-vos cristãmente de todos os que agiram nas trevas, todos os que foram detratores e companheiros de romagem terrena, de todos os que tentarem prejudicar-vos e ao vosso filhinho.

"Irmã, aceitai o cálice de amaritudes redentoras! Finalizo minha longa dissertação, dirigindo veemente apelo em benefício do infortunado irmão que se encontra neste lar, à espera da sentença que será proferida por vossos lábios; compreendereis, mais tarde, que ele é uma alma isolada e incontentável, que, durante o defluir dos séculos, tem nutrido vários ideais, que se desfazem qual neblina nos pincaros das serranias, e consagrado em diversas existências profunda e menosprezada afeição à cara irmã, que, agora e finalmente, deverá auxiliá-lo a galgar o cimo do Calvário que termina nas paragens siderais! Meu apelo é dirigido à nobre irmã, para que o leve na devida consideração: estendei a vossa mão tutelar a este desditoso irmão, salvando-o do sorvedouro do suicídio, encaminhando-o para o carreiro áspero e bendito da redenção, e bem assim a todos os outros peregrinos que se vos apresentarem no decorrer de vossa atual romagem planetária, e compreendereis quão infinita é a misericórdia celeste. Haveis, quando obtiverdes o triunfo definitivo, de abençoar todas as vossas amarguras.

"O carreiro do bem é cheio de escolhos e de víboras que ferem os pés dos que o transitam. No entanto, as almas valorosas não recuam nos instantes de árduas mortificações, não voltam ao ponto de partida depois de encetar a peregrinação dolorosa, e, apesar de todos os percalços, de todos os abismos que for mister transpor, vencerão toda a sorte de obstáculos e de decepções!"

....

Subitamente aquele laço espiritual que entrelaçava os corpos etéreos de Dioneia Isócrates e Cláudio Solano esfacelou-se, e ambos se apartaram, reentrando nos organismos materiais dos que pareciam adormecidos, ou, antes, desfalecidos sobre os leitos humílimos. Já, então, os alvores matinais penetravam nos interstícios das janelas do modesto abrigo. Dioneia, instintivamente, alongando o braço direito, procurou o filhinho. Despertou então bruscamente, elevou o pensamento ao Criador, e murmurou, debilmente:

– És o meu derradeiro tesouro sobre a Terra. Estou só para a batalha da vida, sem um arrimo familiar, tendo por único esteio a fé em Jesus, a proteção do Céu. Basta-me, no mundo material, apenas tu, meu filhinho adorado, e, no Infinito, uma falange de amigos.

Incoercível soluço lhe arfou o seio opresso. De tudo quanto ouvira enquanto sua alma se exteriorizara da matéria, apenas lhe restava uma vaga intuição, uma indefinível reminiscência de que novos pesares, outras adversidades a aguardavam.

Lúcio despertara e, percebendo que sua mãe soluçava, apertou-a nos débeis bracinhos, contornando-lhe o alvo pescoço, chorando, assustado.

– Mãezinha! – pôde ele dizer, naquela linguagem balbuciada que, para os corações maternos, vale mais do que inspirado poema de alguma celebridade mundial.

Dioneia retribuiu-lhe a carícia angelical e, ainda com os olhos enevoados de pranto, murmurou com o pensamento elevado para o Alto:

– Jesus, compadecei-vos desta desventurada mãe. Aumentai-me as dores, mas poupai esta cândida criancinha das desventuras terrenas! Tomai-a sob a vossa proteção. Encaminhai, para Vós, os seus passos ainda vacilantes. Tomai este adorado entezinho para discípulo e eterno protegido! Abençoai-o, dirigi-lhe os pensamentos, a fim de que estes sejam nobres e puros.

Seu pálido rosto tinha a aparência de uma efígie marmórea, aljofrado de lágrimas ardentes. Soluçou, ainda por momentos, presa de grande emoção; aos poucos, porém, fitando o filhinho, embora com os olhos lacrimosos, ergueu-se do leito, tendo a impressão de haver tomado parte em renhida batalha, durante a noite trágica do incêndio. Após cuidada a higiene, foi à procura do dono daquele lar que a abrigara, e, encontrando-o, assim lhe falou, em tom que revelava a emoção total da alma:

– Senhor, muito vos agradeço a acolhida que me destes, na hora mais sinistra de minha existência. Estou aniquilada, senhor, mas necessito agir, em benefício de meu filhinho!

– Senhora, somos cristãos, e temos o dever fraterno de socorrer-nos mutuamente nos instantes penosos – murmurou Clodoveu de Xerxes, que era o bondoso habitante da choupana a que Dioneia fora transportada. – Julgávamos que houvésseis desprendido o último alento, senhora, tal a vossa aparência. Por duas vezes, minha companheira recuou de vosso dormitório, supondo-vos já inanimada. Dir-se-ia que ressuscitastes.

– Para prolongar o meu martírio, senhor!

– Se tal suceder, será a vontade suprema, senhora, e a ela deveis submeter-vos, sendo grata à proteção do Céu!

Dioneia, com os olhos sempre enevoados de pranto, depois de expressar de novo o seu reconhecimento pela acolhida que lhe fora dispensada, interrogou-o, com a voz entristecida:

– Já fostes ao local do sinistro, senhor?

– Sim. Tudo está destruído, totalmente. Suspeitei, até, que houve intuito criminoso no incêndio que devastou vosso lar.

– Terei acaso secretos e malfazejos adversários? Por que tivestes semelhante pensamento?

– Porque, em todos os crimes, há sempre um vestígio denunciador. Pouco distante dos escombros, encontrei uma bilha com indícios de nafta que, julgo eu, deve ter sido despejada no local mais propício para provocar o incêndio: o alpendre próximo ao vosso dormitório, onde havia uma lâmpada acesa, segundo dissestes ontem...

– Deus fará justiça, senhor, pois não há quem o iluda. Dos que lá perderam a vida ficou algum vestígio?

– Senhora, é sumamente doloroso o que vos possa dizer.

– Desejo saber a verdade por mais cruel que seja!

– Eu e minha mulher, que muito já vos admira, estivemos nos escombros, e, após a comunicação que fizemos às autoridades de Tessália, foram retirados alguns ossos, conduzidos ao cemitério e ali sepultados em humilde cova, esses únicos despojos não identificados das abnegadas vítimas.

Dioneia, depois da expansão do intenso sofrimento moral que a oprimia, disse com emoção:

– Estou a braços com a penúria, senhor. Resta-me, de tudo quanto eu e os que me eram caros possuíamos, o terreno onde estava construído o humilde lar paterno, isso porque suponho que um cofre de valores, de meu filhinho, tenha desaparecido no incêndio.

– Nenhum indício foi encontrado de tal cofre.

– Peço-vos perdão do muito que vos incomodei, senhor, e, se algum dia melhorar de condições financeiras, não sereis esquecido!

– Senhora, estou ao vosso dispor, e de todos quantos possa ajudar em momentos angustiosos: o dever de verdadeiro cristão está acima de qualquer recompensa; tudo quanto faz é em nome do Mestre.

– Ele que vos recompense, generosamente, senhor! Tenho, porém, que concluir o que vos disse: resta-me, apenas, o local onde existiu o meu lar destruído, que ficará pertencendo-vos, se conseguirdes um emissário para ir ao Solar do Cisne, onde residem meus sogros, e ali pedir que me enviem recursos para meu regresso ao castelo.

– Não é preciso que façais tão grande sacrifício, senhora, dispondo da derradeira propriedade que vos pertence. Cláudio Solano, nosso hóspede agora, já enviou um mensageiro ao local a que vos referistes. Aguardemos, pois, o resultado das providências que foram solicitadas, e que aqui deveremos saber até final desta semana.

– Perdoai-me, senhor: quem é o enviado à Dalmácia?

– Um de meus cunhados, digno jovem merecedor de todo crédito: o que vos disser será a expressão da verdade!

– Bem, senhor, eu agradeço tudo quanto tendes feito. O mensageiro que foi ao Solar do Cisne trará a única solução que tenho a tomar.

– Não vos mortifiqueis em demasia, senhora, pois estivestes em estado bem grave. Agora, ides ficar na presença do infeliz cego, que deseja expressar-vos sentimentos pelo infortúnio que vos atingiu!

– Ele que me perdoe a escusa momentânea, senhor, e aguarde para mais tarde agradecer-lhe a prova de compaixão!

~

Decorreram alguns dias após o catastrófico infortúnio de Dioneia, cujo esmorecimento era patente, sentindo-se incapaz de reagir contra o destino adverso, indiferente a tudo quanto ocorria no lar onde se encontrava. Certa noite, após muitas horas de graves apreensões, foi ela chamada à presença de Cláudio Solano, que já estava no conhecimento do que soubera o emissário expedido aos solares.

– Senhora – falou ele, visivelmente emocionado –, deveis ser forte para receber mais uma decepção, pois não vos faltará, em hipótese alguma, o auxílio fraterno de que necessitais presentemente...

– Vossas palavras me apavoram, *domine*.

– Tende ânimo sereno, senhora, pois tudo quanto vos sucede será remediado.

– Estou ansiosa por saber a verdade. Estou preparada para todos os infortúnios. Não temais apunhalar meu coração.

– Concentrai a vossa energia moral, senhora! Os genitores daquele que foi vosso esposo dispuseram do Solar do Cisne, e desapareceram, afastando-se para local ignorado. O mensageiro que enviamos foi tratado com rispidez pelo atual proprietário do castelo, e até ouviu referências desabonadoras.

– Valei-me, Pai do Céu! Parece que vou enlouquecer! Será crível que Márcio Taciano, que sempre julguei alma

nobilíssima, espoliasse o netinho?
– Por mais acerba que seja, a revelação é real...
– Senhor, estou em lastimável contingência. O derradeiro haver que possuo é constituído por umas jeiras de terra, onde esteve edificado o meu lar... Pertencer-lhe-á, desde que eu possa indenizar ao generoso Clodoveu de Xerxes a acolhida, e conseguir o suficiente para ir em busca de um tio materno, que espero não me expulsará de sua presença, compadecido de meus infortúnios e os do meu pequenino Lúcio.
– São dignos os vossos projetos; mas, senhora, lembrai-vos de que, em situação próspera, possuidor de incalculável opulência, eu me encontro também em dolorosa conjuntura, pois estou quase totalmente cego, prestes a resvalar no abismo do suicídio. Bem vedes, senhora, que sou mais infortunado do que vós, e estou sem destino, sem futuro sobre a superfície terrestre!
Dioneia soluçava convulsivamente. Decorridos alguns momentos, quando ela recobrou algum domínio sobre si mesma, após uma prece veemente e angustiosa, formulada no recôndito de sua alma, ouviu a interrogação aflitiva de Cláudio Solano:
– Estais mais conformada com o destino, sempre hostil, senhora?
– Sim, embora perceba que morri para o mundo... em que vivemos!
– Assim sucede a muitos seres humanos, senhora, quando os flagela uma grande dor moral, alguma catástrofe irreparável; mas os que têm o radioso arnês da fé, ou um

afeto confortador, ainda recobrem os corações contra as lanças do desespero, do desalento, da revolta. Quem neste orbe de trevas não sofre um desses terremotos morais, não sabe avaliar o que se passa com seu semelhante em igual adversidade. Meu sofrimento, senhora, bem o compreendeis, é maior do que o vosso...

– Que padecimento poderá superar o de um coração materno, que não possui teto onde abrigar seu filho?

– E avaliais, senhora, o de quem, possuindo haveres incalculáveis, não pode adquirir uma gota de luz para seus olhos amortecidos, imersos na escuridão, que só deve existir no fundo das crateras de extintos vulcões, sentindo que as trevas invadem o seu íntimo, a sua própria alma?

Prolongado silêncio envolveu o recinto. Subitamente, tendo ouvido o diálogo de Dioneia com o senhor do Solar das Sereias, Clodoveu de Xerxes falou, timidamente:

– Perdoai-me... se vos ofendo com um conselho cristão, que ora me ocorre à mente: por que não vos aliais sobre a Terra para mútuo conforto às vossas angústias? A dor, quando existe em um coração isolado e sensível, sem um lenitivo sequer, é mais pungente do que a de quem padece rude prova rodeado de criaturas amigas. A dor, por mais violenta, quando compartilhada, diminui de intensidade! Não está patente a vontade do Céu, no que ora vos sucede, colocando-vos no mesmo carreiro isolado, na mesma *Via Crucis* da existência, cada qual mais excruciado, sedento de consolações, para, em conjunto, levarem o seu madeiro de expiações redentoras ao Gólgota da salvação das almas?

....

 Cláudio Solano e Dioneia escutavam-no, emocionados, sem que pudessem murmurar um vocábulo sequer. Durante a noite, retirados nos seus desguarnecidos aposentos, agradeceram ao anfitrião as palavras fraternas que lhes dirigiu, sem que houvesse, contudo, sido solucionado o que mais os preocupava, então, na extrema conjuntura em que se encontravam ambos.

# Livro VII

Quando o destino impera

As horas trágicas repercutem no âmago das almas com intensidade igual à dos cataclismos nas crostas terrestres, que, como os temporais africanos, nos instantes de violência meteorológica, ficam devastadas pelos tigres aéreos dos vendavais; assim sucede à criatura atingida pelo furor dos infortúnios, parecendo-lhe que torna em poeira todos os sonhos de ventura, todas as esperanças e ilusões. E, no entanto, a Fênix celeste que se oculta no organismo tangível – a alma – se ergue, rediviva das próprias cinzas das desventuras, carbonizada pela dor que lhe infligiram as vergastas de chamas, e retoma à vida, mal termina a fase aguda da desdita, embora sinta, no íntimo, uma devastação que lembra as ruínas da Pompeia de seus sonhos fanados.

Quanto mais sensível é o temperamento, ou, antes, mais sutil é o Espírito já acendrado pelas pugnas terrenas, maior é o reflexo da dor no âmago do ser, com a mesma diferença que não permite confundir o som argentino com o de um carrilhão de ferro espesso.

Dioneia, no curto espaço de trinta e seis meses, sentiu as mais tremendas decepções, os infortúnios mais acerbos, as dores mais excruciantes, humilhações superlativas, que deixaram sulcos indeléveis em seu espírito, como se fossem produzidos por látegos de fogo.

– Não tenho mais serenidade espiritual para prosseguir a jornada nas condições penosas em que me encontro – murmurou ela, ao recordar as palavras amigas de Clodoveu.

Abraçada ao filho que lhe acariciava o rosto, seu pensamento continuava a irromper do cérebro, com impetuosidade, meditando:

– Querer a morte, o aniquilamento da matéria, a liberdade integral da alma, a isenção das lutas terrenas, e ser compelida a buscar alimento para si própria e para um filho! Viver fisicamente, sentindo a morte, a algidez do sepulcro dentro do coração ou no próprio espírito!

Naquele instante, porém, uma voz suavíssima insinuou-se-lhe reconditamente:

– Minha cara irmã, sabeis amar os bons, os justos, os impolutos, bem o sei; mas muito maior mérito há em amar os delinquentes, os monstros morais ou físicos. Muitas vezes o próprio crime elabora a redenção dessa alma criminosa. Faço-me compreender: Cláudio Solano, que vos tem consagrado, em diversas existências, invencível afeição, veemente afeto, fracassou, eliminando o seu melhor amigo. Ele, porém, não é uma consciência falida, indiferente à dor do próximo, nem um coração empedernido. Por isso, o azorrague do remorso lhe fustiga a alma, tenazmente, flagelando-a com violência. Graças a essa vibração do açoite empunhado pela Têmis celeste, suas faculdades morais melhoraram sensivelmente. Ficou-lhe a herança paterna, mal adquirida; mas, segundo vos revelei, o Solar das Sereias pertenceu outrora a vosso esposo. Ides voltar ao que já vos pertenceu, em tempos idos, e aos que sucumbiram no incêndio há poucos dias...

"Tendes ao alcance de vossas mãos o futuro de dois seres humanos: um deles adorado, Lúcio; outro, indesejável, Cláudio Solano. Escolhei, irmã (que percebeis minha voz silenciosa no âmago de vosso coração), o que tendes a fazer: o triunfo integral de vossa alma, ou outra etapa terrena mais dolorosa do que a atual... Retrocedeis de pavor, pela antevisão de novas e mais tremendas catástrofes porvindouras? Não temeis as consequências de uma insubmissão às Leis Divinas?".

– Compreendo as vossas palavras – respondeu mentalmente Dioneia. – Sinto o peso das responsabilidades premindo o meu espírito, como se estivesse sob o Himalaia. Estendei vossa mão radiosa, para que eu tenha a precisa coragem.

– Vossa rogativa, humilde e fervorosa, será atendida, cara irmã!

Dioneia despertou bruscamente, compreendendo que algo de muito grave ocorrera consigo. Por momentos, soluçou amargamente, abraçada ao filho que adormecera profundamente.

Durante o dia, tendo-se conservado no aposento que ocupava, recebeu um recado de Cláudio, rogando que o atendesse com urgência. Dioneia foi à sua presença. Ele estava pálido até à lividez. Ela também parecia de alabastro. Suas feições esculturais tinham uma pureza de traços que a faziam digna de ser reproduzida por algum artista da famosa Hélade. Percebendo sua aproximação, Cláudio Solano, profundamente emocionado, disse, com a voz insegura:

– Tenho assunto grave a transmitir-vos, senhora! Estamos em um momento decisivo da vida, pois não podemos eternizar uma situação, senão desesperadora, pelo menos de extrema delicadeza!... Compreendo o que se passa em vosso nobilíssmo coração. Porém, essa penosíssima contingência não poderá prolongar-se indefinidamente, salvo se tendes algum projeto assentado. Sois muito culta e nobre para unir o vosso destino ao de um campônio que vos pretenda para consorte; muito débil para pesados labores; bela em demasia para inspirar proteção fraterna, pura, dos homens que a contemplem. Compreendo, assim, senhora, a angústia infinita que vos assalta e da qual compartilho, pois mais ríspida é a prova por que estou passando, sentindo-me dia a dia mergulhar nas trevas, no ocaso ilimitado da cegueira. A vida, desde tão fatal enfermidade, perdeu, para mim, todos os atrativos; estou alheio à opulência, ao amor, à felicidade!

– Vós, porém, senhor – obtemperou Dioneia comovida –, estais em diversa condição da que ora me oprime! Necessito tomar uma deliberação definitiva, e não a encontro. Sou cristã, responsável moral por todos os atos conscientes da vida, devendo velar por um arcanjo terrestre, que Deus colocou em meus braços. Bem vedes que sofro duplamente, mais do que vós, porque não tenho o direito de me refugiar num túmulo...

– Pois bem, senhora, eu o tenho, e por isso haveis de permitir que mande vir à vossa presença uma autoridade para dispor de meus haveres, revertendo a metade do que for apurado a meus fiéis servidores, e a outra metade à que...

foi consorte do meu melhor amigo – Marcelo Taciano! Assim terminando minha inútil existência em proveito de alguns entes nobilíssimos e dignos de uma sina menos dolorosa, talvez encontre o perdão do meu passado...

– Senhor, são dignos talvez de admiração os planos que concebestes e acabastes de expor. Deus levará em conta o que deliberastes! No entanto, senhor, o destino ora se me apresenta tão tenebroso que não me é permitido aceitar o vosso legado, por dois motivos de suma importância: consentir que leveis a cabo um crime contra as Leis supremas – o suicídio – que fere a Justiça divina. Se consentisse na vossa imolação, toda a responsabilidade desse ato trágico passaria a pesar sobre os meus ombros, e também para evitar a minha própria desonra aos olhos dos pais de meu adorado Marcelo, que me julgam conivente em seu assassínio. Diriam eles que a fortuna revertida em meu benefício seria a plena confirmação de suas odiosas suspeitas!

– Será crível que hajam feito tão deprimente conjetura? Julgam-me então assassino de um quase irmão? Estou apavorado pelo que acabais de me revelar!...

– Márcio Taciano não formulou a odiosa suspeita, mas foi dominado pela esposa, que passou a odiar-me e ao inocente netinho...

– Tão condenável proceder, agravado agora pelo desaparecimento, no intuito de vos lesar e ao neto, ainda merece o vosso sacrifício, senhora? Que vos importa que vos julguem a melhor ou pior das mulheres, se vos abandonaram justamente quando mais carecíeis de sua proteção? – falou Cláudio, trêmulo de indignação.

– Senhor, posso imolar tudo na vida, exceto a honra, não em homenagem àqueles que tiveram condenável proceder para comigo, e sim por este meu único tesouro sobre a Terra, meu filhinho, ao qual não temo sacrificar a própria vida!

– Sois nobre e digna, senhora; mas assim revolveis em meu coração o envenenado punhal da desdita! – murmurou Cláudio.

Após alguns momentos de reflexão, erguendo a destra vacilante qual trêmula asa de alguma ave ferida, falando, com solenidade, o castelão concluiu:

– Estou dolorosamente só. Ouvi-me, pois, senhora, pela derradeira vez: apesar de vosso orgulho, oriundo da nobreza espiritual que possuís, talvez em demasia, eu me compadeço de vossas tristes condições. Acabo de receber do mordomo do Solar das Sereias considerável quantia em moeda corrente, que eu desejava aplicar no supremo consolo desta existência, nossa aliança esponsalícia, se assim o permitísseis, senhora... Compreendo, porém, que isso jamais sucederá, pois parece-me que também destes crédito à deplorável suspeita. Não repelistes a falsidade de vossos sogros, acreditando na perfídia e na vilania contra o meu melhor amigo. Percebo a repulsa que, desde então, tendes por mim. É-me intolerável continuar a viver com uma inútil opulência, que não pôde suster a desdita que, dia a dia, mais agrava a minha situação. Hoje morrerei, legando a vosso filhinho esses valores. Não mais voltando ao Solar do Cisne, ninguém ficará ciente do sucedido e, desse modo, permanecerá a vossa honra ilesa. Podereis, desde então, viver tranquilamente, onde vos aprouver, sendo ditosa com o vosso filhinho... Haveis apenas de encarregar-vos de enviar um mensageiro ao Solar das Sereias, relatando que fui vítima de lamentável acidente. Quanto às disposições testamentárias, estão no cofre do castelo, conforme o sabe o fiel servidor Felipe Valdomiro...

As lágrimas fluíam dos olhos em trevas do abatido castelão; Dioneia, apiedada, sentiu estranha vibração repercutir em seu imo:

"– Se não o sustiverdes à beira do abismo, sereis responsabilizada pelo crime que premedita...".

De onde partira tão incisiva intervenção? Não estaria ela prestes a resvalar na voragem da loucura?

Subitamente, pálida e comovida, ela se ergueu, e, estendendo-lhe a mão, com a atitude de nobreza que lhe era peculiar, disse:

– Senhor, não sou insensível à dor alheia. Não posso aquiescer ao sacrifício, ou à imolação de vossa vida em benefício de minha ventura terrena. Eu me sentiria eternamente maldita!

Cláudio, emocionado e em pranto, murmurou, com a voz entrecortada:

– Quem sou eu para o mundo, senhora? Um farrapo humano, um mísero condenado ao sofrimento e à exclusão da batalha da vida: não mereço, pois, a vossa compaixão excessiva... Terei supremo conforto nesta misérrima existência, se conseguir a vossa tranquilidade e a ventura de vosso estremecido filhinho. Basta me prometais que não me esquecereis em vossas preces cristãs, que, certamente, serão ouvidas no Céu de onde viestes, senhora!

— Seria indigna a meus próprios olhos, se não correspondesse à prova de solicitude fraterna, de abnegação nobilíssima que acabais de dar. Desejo suavizar as agruras de vossa existência terrena, velar por vós, qual desvelada irmã, suster-vos à borda do abismo do suicídio. Seguir-vos-ei de retorno ao Solar das Sereias.

— Que dissestes, senhora? Acaso não estou alucinado: ouvi bem as vossas boas palavras? Ainda não enlouqueci? Quereis ser a irmã que o destino não me proporcionou?

— Sim. Para retribuir vosso fraterno interesse por mim e pelo meu querido Lúcio, devo proporcionar-vos o conforto moral de que necessitais, para vencer o acerbo embate que vos excrucia o coração e enche de trevas os vossos olhos. Entrego às mãos de Jesus o julgamento de nossos atos.

— Quanta felicidade vós me proporcionais, Dioneia, vencendo a repulsa que sentíeis por mim, e que eu percebia até nas palavras de simples cortesia social. Depois de legalizada a nossa aliança esponsalícia, ireis ao Solar das Sereias ser irmã ou enfermeira de um desventurado, até que o túmulo finalize os meus tormentos morais e físicos. Muito vos agradeço a compaixão que tivestes por mim, revelando a excelsitude de vossa alma. Proponho uma aliança nupcial, viso colocar-vos acima de qualquer calúnia ou referências deprimentes.

— Olvidemos o doloroso passado! Façamos esforços para pôr em execução o que Jesus ensinou à Humanidade:

considerar todas as criaturas humanas filhas do mesmo Pai celeste, não classificando uns de perversos e outros de virtuosos, e sim todos merecedores de nossa comiseração, de nosso auxílio e de nosso amor fraternal!

– Senhora, aqui não se acha mais o altivo Cláudio Solano, conde de Morato, e sim um autômato, uma sombra humana que continua a viver e a sofrer porque tem o coração pulsando, os pensamentos integrais, a vida, enfim! Sede, pois, a mão que ampare, o guia dos olhos mortos, apagados eternamente. Faço ardente apelo à vossa compaixão para que sejais, no meu desolado lar, um arcanjo dos afortunados que lá se encontram sedentos de conforto e piedade! Tereis ampla liberdade de agir – como vos inspirar o nobilíssimo coração junto do qual deponho a própria vida!

À vibrante rogativa de Cláudio Solano, Dioneia deu resposta muda: lágrimas ardentes. O silêncio reinou no recinto. Dir-se-ia que era apenas perceptível o ruído ritmado do coração de ambos, agitados prisioneiros de um cárcere vivo e palpitante!

– Senhora, quero ouvir repetida a sentença de vossos lábios! – murmurou Cláudio, com inexprimível amargura.

༄

Houve novo silêncio. Repentinamente, inspirada pela entidade tutelar que lhe sugeria intuições, recebidas no recôndito da alma, Dioneia respondeu:

– Senhor, reconheço a generosidade de vossa proposta, pois me encontrei em angustiosa contingência, na qual o ser humano se sente enfraquecido para lutar, e, para se libertar dessa dolorosa emergência, só nutre um pensamento: o suicídio! Este teria sido o meu proceder... se não temesse arrastar à desdita indefeso filhinho. Professo o Cristianismo, e devo por isso submeter-me, e não me revoltar contra as Leis supremas! Já não possuo sentimentos propriamente meus, e sim deveres ligados ao Mundo Invisível e ao pequenino e idolatrado orfãozinho. Para bem cumprir as determinações do Céu, serei capaz de praticar todas as abnegações, não medindo sacrifícios!

– Por que, pois, relutastes em atender o meu fraternal apelo... se vos encontrais na mesma desesperadora situação em que me acho?

– Porque sinto que morri para o mundo. Já não sou a mesma criatura em cujo coração fremiam belas esperanças e ilusões fagueiras no futuro.

– Deveis, então, compreender o que se passa em meu íntimo; a um náufrago não se deve recusar, em alto mar tempestuoso, um socorro, um batel salvador!

– Não reluto mais em aceitar o vosso compassivo apelo, e desejo minorar não só as dores de vossa rude sina, mas também a de todos os que padecem! Se morri para a ventura terrena, e não aspiro mais a opulências e regalias sociais, ainda resta um derradeiro ideal: ter incorrupta a consciência, praticar o altruísmo que estiver a meu alcance, redimir o meu espírito de todas as máculas. Entrego-me, pois, à suma Justiça, confiante na sua misericórdia.

Soluço profundo lhe abalou o seio ofegante, e estendendo uma das gélidas mãos a quem lhe rogara ser companheira de existência, pareceu-lhe ouvir ressoando no íntimo um doloroso hino de triunfo.

Cláudio apertou-lhe a destra de neve, e falou com veemência:

– Cumpra-se o nosso destino, Dioneia! Suavizarei todas as vossas angústias, quando puder fazê-lo, e seguirei os vossos nobres impulsos, sem os tolher, jamais! O que me pertence, doravante será vosso e de vosso filhinho. Agora, desejo ir à presença das autoridades do Epiro para legalizar a nossa situação, antes de regressarmos ao Solar das Sereias!

Decorridos alguns dias, foram realizados os desejos de Cláudio Solano, conde de Morato, efetuando-se o consórcio na mesma penumbra da habitação campestre, onde compareceram as autoridades constituídas, testemunhas e um sacerdote. No dia imediato aos esponsais, os consortes partiram para o Solar das Sereias, tendo, antes, gratificado os que os acolheram em horas trágicas. Clodoveu de Xerxes agradeceu a generosa dádiva recebida, e agiu com segurança absoluta, para que os desposados partissem em hora imprevista, evitando desse modo alguma perfídia projetada pelos dois campônios que, havia muito, se manifestavam enamorados de Dioneia, e sobre os quais recaíam as suspeitas do incêndio. Efetuou-se a viagem de retorno à Dalmácia, em modesta carruagem.

Dioneia, sempre mergulhada nas pungentes recordações do recente passado, pouco falava, correspondendo com ternura apenas aos carinhos do filho. Quando chegaram ao castelo, os recém-casados foram recebidos com surpresa e retraimento por alguns campônios, que já se consideravam legítimos proprietários do solar, principalmente o que ficara encarregado da administração e chefia.

No transcurso de poucos dias, um hausto de intensa vida reanimou o castelo com as atividades de Dioneia, infatigável em realizações benéficas para os seus habitantes e para os camponeses dos arredores. Ela observou, logo após à sua chegada, a escassez de conforto ou de recursos pecuniários à manutenção das famílias dos residentes na majestosa habitação e em suas proximidades, oferecendo um verdadeiro contraste entre a vida dos senhores e a de seus subalternos.

Tão logo completou os minuciosos informes a respeito da vida de todos quantos residiam no solar e em suas cercanias, dirigiu-se a Cláudio Solano, falando-lhe em linguagem franca:

– Cláudio, conheceste o nobre Joel, alma cheia de luz, que revelava a excelsitude de sua hierarquia espiritual, destacando-se dentre todos os que o cercavam. Lembras-te de que recomendou amparar a todos os deserdados da fortuna, extinguindo assim a luta hostil desses contra os abastados.

– Assim está constituída a sociedade, Dioneia! – exclamou Cláudio. – Há pobres e ricos, adversários irreconciliáveis uns dos outros, e assim sucederá eternamente!

– Não tenho ambições descabidas sobre os haveres que, efemeramente, o destino me tem concedido; desejo, apenas, o indispensável para a manutenção de um modesto

lar. Compreendo o suplício que reina nas habitações desprovidas do que é indispensável à conservação da vida.
— Que pretendes, então? Amparar acaso a Humanidade toda?
— Não tenho pretensões insensatas, Cláudio; desejo apenas atenuar a penúria nos lares humildes.
— Aprovo a tua ideia, embora não tenha, infelizmente, tão intensa quanto a tens, a chama da fé cristã! — respondeu-lhe Cláudio, sorrindo. — Só tenho um ideal: satisfazer todos os desejos teus que estiverem ao meu alcance, entregando-me às tuas mãos tutelares. Minha ventura se resume neste lar.
— Jesus te recompensará, Cláudio! — murmurou Dioneia, com os olhos fulgurantes de emoção — todos os esforços que fizermos em benefício dos que padecem. Vou reunir os campônios e suas famílias, para lhes dizer que pretendo interessar-me pela educação das criancinhas que, até a era presente, vivem semisselvagens, e ensinar-lhes a confortadora doutrina do Mestre de Nazaré.
— Enxergaste mais em um mês do que eu em seis lustros, e, talvez por haver tão pouco vislumbrado o clarão divino, é que me invadiram as trevas da cegueira, que tanto me apavoram!
— Não te mortifiques tanto com as sombras dos órgãos visuais, porque serão substituídas pelas irradiações do altruísmo e da redenção de tua própria alma, Cláudio!
— Ah! Dioneia, ver é a maior maravilha do organismo humano; é desvendar os portentos da natureza por intermédio de duas minúsculas ogivas de cristal vivo. Por mais infortunado que seja um ser humano, desde que possa abrir os

olhos ao dia e à noite, renovar aspectos de paisagens e criaturas, metamorfosear os pensamentos, poderá encontrar algum conforto espiritual. Tendo mortos os órgãos visuais, o ser não varia de ideias, só pensa na sua desdita, terminam, para esse infortunado, todas as regalias sociais, todas as seduções da vida, todos os encantos das crianças e dos rostos femininos! Compreendes, acaso, o suplício de um cego, Dioneia?

– Sim; mas tem as suas compensações: lucra espiritualmente o que perde materialmente! Estás adquirindo o lume de que necessita tua alma, com as trevas de teus olhos, Cláudio! Deves bendizer, e não te revoltares contra a sentença celeste; não és de todo infeliz, porque tens um lar confortável e honesto; estás rodeado de seres dedicados; tens mais do que o necessário, o supérfluo, qual se foras um príncipe, e, assim, privado da visão, não careces estender a mão à caridade alheia...

– Mas não te enxergo mais, Dioneia, e só este suplício desvanece todas as venturas que poderias apontar!

– Deves, então, bendizer duplamente a desdita, porque já não sou a mesma criatura, no físico, tal me conheceste outrora. Assim, não vês a lividez de meu rosto, não enxergas a neve que começa a invadir a minha fronte...

– Perdeste, então, a formosura helênica e impressionante que a todos os mortais seduzia e deslumbrava?

– Sim, Cláudio, e também tal qual os meus, os teus louros cabelos embranqueceram, tingiram-se da nevasca da dor e do infortúnio. Por isso, acaso ficarás arrependido, por haver aliado o teu destino ao espectro da que conheceste no esplendor da beleza da juventude, Cláudio?

– Não! não, Dioneia! Que esperamos mais da vida? Teremos de caminhar assim para o túmulo, derradeiro e insofismável abrigo dos desgraçados! – falou Cláudio, quase soluçante.

– Cláudio, é preciso esquecermos as vaidades mundanas, as efêmeras felicidades da Terra, pelas eternas conquistas do Céu. Lembremo-nos do futuro de nossas almas. Sejamos, agora e sempre, abnegados, honestos, olvidando desditas, para nos lembrarmos de que todos os seres terrestres deixam na escuridão e no lodo dos sepulcros os míseros corpos carnais, enquanto que o Espírito, cumpridas todas as penas planetárias, se arroja pelo Espaço em fora, deixa de ser réptil para se metamorfosear em águia divina, ébria de amplidão e de luz, em busca do fulgor do Astro portentoso que sobrepuja o de todos do Universo – Deus!

– Eu quisera possuir a tua prodigiosa fé! Se a tivesse, não sofreria tanto com a escuridão deste cárcere de sombras onde fui aprisionado, sem esperança de me libertar jamais!

– E quem te impede de que tenhas fé igual à minha, Cláudio? – interpelou Dioneia, com veemência.

– Como poderei dar-te uma exata resposta? Por que temos ou deixamos de possuir um ideal consolador? Por que duvidamos ou somos crentes?

– Tudo depende da lógica e do esforço próprio, Cláudio, para que tenhamos a certeza absoluta no destino e na intervenção suprema! O Universo não é irreal: existe, porque todos os sentidos confirmam a sua realidade. Tudo quanto nossos olhos contemplam, nossas mãos tateiam, nossos ouvidos escutam, todo o som que percebemos ou tudo que o paladar constata, revelam coisas materiais no domínio das sensações e da existência real; como, pois, duvidar da autoria do que fitamos, e não foi criação do homem? Não podemos chegar, facilmente, à conclusão lógica de que existe alguém cujo poder, sapiência e bondade ultrapassam os de todos os seres conhecidos e poderosos; que não nos abandona ao acaso, e nos deixa sob a proteção de entidades excelsas? Quem desconhece a vinda do Emissário celeste, que surgiu na Palestina, há pouco mais de doze séculos, e cujas palavras ficaram gravadas nas almas dos crentes?

– Não tenho tua elevação moral, e talvez por isso, pensando em Joel Sarajevo, pergunto a mim mesmo onde a decantada proteção celeste, que faltou a Jesus e a esse seu digno seguidor, esse Joel a quem me refiro?!

– Porque imaginas que a ventura está na mísera Terra e não no Céu, Cláudio! Todos os Espíritos missionários têm árduas provas para demonstrar as suas faculdades psíquicas, por meio das quais os seres humanos podem exteriorizar o fulgor da fé que lhes inunda os corações! O triunfo que alcançam, após todos os martírios purificadores, compensa, regiamente, tudo quanto padeceram na Terra!

– Não percebo bem o alcance integral de tuas palavras, Dioneia: para que e por que os Espíritos missionários, possuidores de todas as virtudes e aparelhados para todas as batalhas morais, ainda necessitam demonstrar faculdades já constatadas pelo próprio Juiz universal?

– Nas provas por que passam servem de excelsos modelos aos incrédulos, levando-lhes a fé e a confiança nos desígnios divinos. Conquistam triunfos próprios e para os delinquentes. Se Jesus houvesse reagido contra os seus perseguidores, lutado contra seus adversários e algozes, salvaria talvez o corpo, mas perderia o fulgor da vitória espiritual!

— Belíssima e confortadora filosofia a tua, Dioneia! Resta saber quem provará categoricamente tudo quanto disseste...

— Jesus, humilde na aparência, nascido no desconforto, pouco tempo após não provou ser um autêntico Emissário das Alturas, pelo proceder irrepreensível e pelos ensinamentos que ultrapassavam os de todos os seres conhecidos? Quem era Pitágoras, cujos ensinamentos científicos e morais sobrepujaram os da Humanidade de sua época? Onde aprenderam tudo quanto revelaram na Terra ou nos mundos siderais? Eles e outros luminares da Humanidade não vêm a este planeta demonstrar a imortalidade da alma e as consequências do proceder de cada um na arena da vida planetária? Não aconselham a fraternidade, a submissão às Leis celestes e terrestres, o perdão, a prática do bem e da virtude, que dão direito aos triunfos espirituais? Não é a dor a moeda luminosa com que todos neste orbe podem conseguir a salvação perene da alma, o resgate de todos os delitos? Onde estarão eles neste instante em que transmitimos, um ao outro, os pensamentos? Ouvindo-nos, talvez, tendo deixado em algum astro radioso o seu lar celeste, eterno e ditoso, enquanto nós estamos apreensivos com as coisas da Terra, sofrendo porque a beleza física vai declinando, os cabelos vão tornando-se de neve.

— Tens algo de luz que difere dos outros mortais, Dioneia, que me abala as convicções, os mais sólidos alicerces do pessimismo e da descrença! Não posso duvidar de que falas a verdade, porque és uma demonstração evidente, vívida, do que deve ser uma realidade nas paragens estelares! A diversidade moral das criaturas comprova a diferença de mérito, de idade, de proceder... Mas...

– Eu creio firmemente que, sendo Deus a suprema Justiça, não nos supliciaria sem uma causa fundamentada no Direito infalível que deve predominar no Universo. Quem muito sofre, muito pecou!

– Não professo a tua crença, Dioneia: acredito em uma só peregrinação terrena, e acho que é suficiente para o martírio de uma alma ou de um corpo. Seria cruel que tivéssemos o martírio em séries...

– Eis como se manifesta a Justiça suprema: punir todas as transgressões, não com o intuito de supliciar o delinquente, e sim o de lhe purificar a alma, destruindo todos os germens do mal e implantando nela a bendita sementeira do bem e da virtude!

– Merecias tu, acaso, todas as acerbas amarguras por que passaste, sendo fiel observadora de virtudes cristãs?

– Conheces o que sou nesta existência terrena, e não o que fui em outras... Por minha própria culpa, decerto, é que tenho sofrido grandes dores: os inocentes não são punidos por Deus, e sim glorificados por Ele!

Cláudio ouvia a esposa com a fronte pendida; ela o fitava compadecida.

– Eu percebo que sou detestado.

Depois de alguns instantes de penoso silêncio, falou, com emoção:

– O sofrimento acovarda o ser humano; sinto-me dia a dia mais debilitado na alma e no corpo, sem ideais, sem aspirações...

Depois dessas palavras de Cláudio, Dioneia retirou-se. Cláudio Solano mergulhou-se em intérminas cogitações. Desde quando teve a certeza absoluta de que o seu destino ia ligar-se ao de Dioneia (triunfo para obtenção do qual não hesitara em imolar a vida preciosa e sagrada de um verdadeiro amigo), dir-se-ia que não estava mais no domínio da realidade. Os pensamentos de fogo que lhe crestavam a mente antes de perpetrar o homicídio revoltante na pessoa de um quase irmão estiolaram-se como que por efeito de magia hindu, e deixando-lhe a alma repleta de cinza e de escombros, como os há após um abalo sísmico, tendo a sensação de que, no seu íntimo, todos os sonhos, todas as aspirações fagueiras, todas as esperanças áureas do porvir, se transformaram em ruínas profundas, em uma infinda necrópole ou vasta Pompeia destruída pelo Vesúvio da desventura. Até aquele momento, longamente premeditado, ele se considerava desditoso; mas, após o crime cometido, perdera quase a noção da realidade, dir--se-ia que os próprios pensamentos se metamorfosearam, e só então percebeu a avalancha da desventura premir-lhe o peito, vergando-o para o solo, onde caíra semimorto, despertando na correnteza de lodo que descia das colinas circunvizinhas, prestes a invadir-lhe a boca, a asfixiá-lo em lamaçal pútrido.

Depois do acolhimento na choupana de Sérvulo Sarajevo, da fuga para Eubeia, com o perpassar dos meses, não mais tivera a sensação de repouso, da paz de outrora, de antes da consumação do crime, e tarde compreendeu que, na Terra, a ventura que possuíra – aquela paz espiritual – jamais a reconquistaria! Convenceu-se de que teria sido feliz (mesmo com a dor do fracasso de sua afeição não correspondida) com a felicidade de ter isenta de máculas a consciência, e a havia perdido por todo o sempre! Percebeu que a verdadeira ventura é a íntima tranquilidade espiritual, a serenidade da alma, e só então interpretou a excelsitude da resposta de Sócrates encarcerado, quando Xantipa, sua esposa, em lágrimas, dissera:

– Ser condenado inocente! Não me conformo com essa grande injustiça!

– E quererias, acaso, que eu fosse condenado por haver praticado algum delito, Xantipa?

A hipótese de haver perpetrado uma transgressão às Leis celestes ou terrestres seria, para sua alma de iluminado apóstolo da virtude e da espiritualidade, o verdadeiro infortúnio: ser inocente de uma vil suspeita, ser inculpado de todos os delitos, era o conforto que lhe suavizava a dor da prisão e da próxima sentença de *morte* que o imortalizaria, através dos milênios! Se assim procedesse, ainda no plano material, teria atenuante para o delito perpetrado, crime para o qual não achava defesa na própria consciência!

Sensível metamorfose se operou no íntimo de Cláudio Solano. Nos meses anteriores à união com Dioneia havia nele grandes amarguras, desesperos e revoltas recônditas, com a ideia fixa no suicídio, que julgava o único meio para exterminar tais pensamentos atormentadoramente depressivos.

Compreendera ele, muito tarde, que, buscando a ventura no amor criminoso, sacrificara a que existia em seu íntimo: a serenidade de consciência, e que, perdendo-a, jamais conseguiria o verdadeiro afeto da esposa, mas apenas compaixão.

Após angústias e decepções inauditas, conseguira tê-la a seu lado, ouvir-lhe a voz suave e meiga, receber seus conselhos sadios, sempre inspirados no bem e na justiça. Existiam, porém, para ele, duas crucificações: a cegueira, quase total, e a inexplicável aversão do pequeno Lúcio Taciano por ele. Era patente a repulsa que a criança lhe votava: nunca lhe dirigira a palavra, evitava-o, e, por vezes, tentando abraçá-lo, não o conseguira, porque o pequenino se debatia corajosamente em seus braços e corria apavorado.

– Não gosto de Cláudio, mãezinha! Ele não é meu papaizinho que morreu! – tartamudeava o pequenino que, então, contava pouco mais de 36 de idade.

– Ele, agora, é quem está em lugar de seu papaizinho, Lúcio – disse-lhe Dioneia, experimentando indefinível amargura.

– Não! *ele* também não gosta de Cláudio!

Ouvindo-o o castelão, inexprimível agonia lhe oprimiu o ânimo. Desde então, evitava aproximar-se da criança, não podendo crer que a própria mãe lhe houvesse insinuado algo contra ele. Dioneia, aturdida, compreendeu a situação, presa de grande inquietude e mágoa irreprimíveis. Receberia o menino inspiração do Espírito paterno, sentimento consequente do que ocorrera no Solar do Cisne? Como explicar de outro modo tal animosidade contra Cláudio, que o tratava com todo carinho possível?

Desde que chegara ela ao solar, onde outrora fora algumas vezes em companhia de Marcelo, sentia-se engolfada em intensa melancolia, empolgada pela recordação dos entes amados, desaparecidos em curto espaço de tempo. Por vezes, sentia-se dominada por irreprimível angústia, e, à noite, observava entidades intangíveis a espreitá-la, identificando dentre elas a de Joel Sarajevo, sempre envolto por uma alva e resplandecente túnica, com a fronte aureolada de luz opalina, com o braço direito erguido para o firmamento, como que a concitá-la a aguardar a Justiça e a proteção do Céu.

Seus genitores também lhe eram visíveis algumas vezes, parecendo ditosos e serenos, enquanto que em Apeles transparecia notável melancolia.

– Só não me aparece o meu amado Marcelo! – exclamava ela então, no seu íntimo. – Certamente não aprovou o meu consórcio com o seu provável verdugo! Como, porém, poderia eu, fraca e indefesa, opor-me ao poderio esmagador do destino? Tenho receio de enlouquecer flagelada por este inconsolável pesar.

Certa noite, caíra ela em letargia, e, pela primeira vez desde que se instalara no solar, ouviu a voz balsâmica de uma entidade afetuosa:

– Irmã, é preciso reagir contra o desalento, que devasta e extingue a fé e a esperança que devem existir sempre vivas na alma cristã, a fim de que não se interrompa tua valiosa e redentora missão terrena. Suporta serenamente as dores morais, profícuas e purificadoras, para que possas colher o fruto luminoso de todas as provações. Dentro de pouco tempo vais levantar uma ponta do véu de Ísis no mistério do destino! Aquele, cuja ausência tanto lamentas, entrará em contato contigo. Vê-lo-ás em teus braços carinhosos!

Emudeceu a voz celeste, com a qual Dioneia experimentou inigualável dulçor espiritual, e a fez adormecer placidamente, o que não lhe sucedera desde quando fora atingida pelas acerbas mortificações.

~

Dioneia, passional e sensível, não podia olvidar o passado intensamente gravado no recesso de sua mente, por mais esforços que fizesse: parecia-lhe estar, incessantemente, em um teatro, assistindo com fidelidade às tragédias de sua própria vida, e um desejo incontido de rever os entes bem-amados lhe supliciava o coração, quando não os revia sob os aspectos de sombras fugaces.

Seus sogros, Márcio e Gelcira, continuavam desaparecidos. Os novos proprietários do Solar do Cisne não os visitaram, e costumavam hostilizar os campônios domiciliados nos domínios de Cláudio Solano.

Via ela, ao longe, as terras do castelo onde fora feliz, e inexprimível dor lhe contundia o emotivo coração.

– É preciso reagir contra tétricos pensamentos! – exclamou ela, um dia. – Necessito preencher o vácuo que a desdita cavou em minha alma. Devo suavizar a existência dos campônios e de todos os servidores que vivem a nosso lado. É tarefa abençoada.

Uma tarde, após intensas cogitações, Dioneia falou ao consorte:

– Ainda não providenciaste para as modificações imprescindíveis no solar... É-me intolerável a vida nesta inércia, sem um alvo a colimar!

– E o alvo de tua existência não é duplo: criar aquele que Deus te confiou, Lúcio, e velar por um cego?

– Sim; mas ainda me sobeja tempo suficiente para outro labor: minorar o sofrimento alheio!

– Tens razão, Dioneia, mas receio que a tua permanência a meu lado seja efêmera, para maior suplício de meu coração!

– Devemos, Cláudio, enquanto estivermos no mundo de trevas, procurar, por todos os meios que estiverem a nosso alcance, elevar a nossa própria alma, fazendo maior empenho na aquisição do que é do Céu e não do que é da Terra, já que ela, a alma, e não o nosso corpo, é a responsável por todos os delitos que cometermos. Nosso Espírito é que tem de comparecer no Tribunal divino, enquanto que o corpo físico se desfaz em vibriões no fundo dos sepulcros!

– Há momentos em que cuido ouvir, novamente, o inspirado Joel Sarajevo falar, o qual, por vezes, parecia estar repetindo palavras de entidades invisíveis.

– Falo por intuição, Cláudio; muitas vezes, nas palavras que fluem de meus lábios (sem coparticipação da minha mente) falam entidades que desejam o cinzelamento espiritual da Humanidade!

– Contigo sucederá isso, Dioneia, que tens os dons de Joel; pertences à mesma categoria espiritual. Bem conheço que ainda sou um ente inferior.

— Quem adquire a própria superioridade é quem a ela aspira, trabalhando tenazmente para conquistá-la.

— Bem quisera que assim fosse, Dioneia; mas é tarde. De há muito deveria ter despertado para a vida psíquica, e não agora, que percebo não estar longe o sepulcro.

— Julgas, acaso, que Joel conquistou a invulgar superioridade que transparecia em suas nobres feições que, por vezes, se iluminavam de fulgor recôndito, no curto espaço de tempo de uma etapa terrena, em que tivemos a alegria de conhecê-lo? Não, por certo.

— Mas como triunfarmos em uma existência, em limitado tempo, do acervo dos instintos e das imperfeições que nos dominaram nos séculos escoados?

— Não nos preocupemos com os séculos que morreram, e sim com o presente e o futuro de nossa alma, Cláudio! Trabalhemos, não para acumular tesouros corruptíveis, mas o verdadeiro ouro que tem valor no Céu: a virtude.

— E com o que é da Terra poderemos alcançar o que é do Céu, Dioneia?

— Sim, quando os tesouros da Terra servirem para mitigar as amarguras dos infortunados.

— E quem envia à Terra esses infortúnios que flagelam a Humanidade? Não é o próprio Criador — segundo a interpretação de todas as crenças religiosas? Devemos ir de encontro à Vontade suprema que no-los envia, derrogando aquilo a que chamas — *Leis Divinas*?

— Toda dor revela uma transgressão anterior; mas Deus, Pai clementíssimo, envia o sofrimento para corretivo do mal praticado, apresentando a oportunidade dos bons e dos justos exercitarem os seus sentimentos altruísticos e fraternos!

— Sempre tens lógica em tuas explicações e argumentos, Dioneia!

Depois desse diálogo, radical transição se operou no alcáçar, modificação material, moral e espiritual; um hausto de felicidade bafejou os que se encontravam sob a égide protetora da piedosa castelã. Ela própria administrava os serviços da reforma interna e externa do solar, amenizando também as modestas habitações dos agricultores. As humildes e desguarnecidas moradias circunvizinhas foram beneficiadas, antes que se aproximasse o inverno, sempre rigoroso naquela região. Foram contratados dois professores para instrução dos filhos dos campônios, e ela muitas vezes os auxiliava nos labores do magistério primário, organizando também um conjunto de estudantes de música, matéria predileta que ela já havia lecionado nos primeiros tempos de sua juventude, harpista consumada que era.

No andar térreo, havia um salão abandonado, no qual, depois de cabal reforma, reunia duas vezes por semana os serviçais do castelo, ouvindo-lhes as reclamações, atendendo-as quando lhes pareciam justas, providenciando para o tratamento dos enfermos, auxiliando pecuniariamente os necessitados, dirigindo palavras confortadoras a todos, tornando-se dentro em pouco a providência de todos os lares, a orientadora de todos os que eram, como costumava asseverar, companheiros de jornada que o Céu lhe havia concedido para compartilharem das mesmas lutas e dos mesmos e raros triunfos!

Cláudio estava, dia a dia, mais enlevado com os predicados de alma da consorte, e tudo lhe facilitava para realização do que ela projetava. Muitas vezes, à noite, congregava os habitantes do solar para lhes falar sobre o Cristianismo, que, por aquela época, ainda tinha tenazes perseguidores. Nesses momentos, ela mostrava recursos de oratória que arrebatavam a humilde assistência, surtos de inspiração que penetravam nas almas dos que lhe ouviam a palavra persuasiva.

Certa noite, ao terminar uma de suas eloquentes dissertações sobre a fé e o cumprimento dos deveres sociais, foi avisada de que a esposa de um campônio (a qual dias antes tivera laboriosa delivrança e para a qual já providenciara tratamento) se encontrava em estado grave ou desesperador.

– Quero vê-la! – exclamou ela, resolutamente, pois, devido ao mau tempo reinante, ainda não fora à choupana da parturiente.

– É longe a moradia de Teodoro Guadiâni, senhora! – explicou um dos servos presentes.

– Manda aprestar a sege! – ordenou Dioneia. – Não há tempo a perder!

Decorridos poucos momentos, Dioneia e o filhinho (este insistira em não se separar da genitora), acompanhados pelo administrador do solar, Felipe Valdomiro, sempre taciturno e incompreensível, dirigiram-se ao local onde estava agonizante uma camponesa, que dera à luz da vida um entezinho que se iniciava nas trevas da orfandade.

Durante a viagem, tendo o filhinho aconchegado ao seio, Dioneia aproveitou o ensejo da ausência do esposo para lhe dizer:

– Meu filhinho, quero que trates com bondade a quem está substituindo o teu paizinho, que morreu, antes de teu nascimento! Cláudio ficou triste, porque não quiseste fazer-lhe companhia, hoje, quando precisei sair do castelo.

– Não gosto dele, mãezinha! Tenho medo de ficar sozinho com ele!

– Ele é bom para o meu querido Lucinho!

– Ele é mau, mamãezinha!

– Como o sabes, filhinho? Não o viste fazer nenhuma perversidade...

– Mas *sei* que ele já *me matou*!

– Pois não estás vivo, filhinho? – perguntou Dioneia, com um doloroso sorriso, ao notar que Felipe Valdomiro estava atento às suas palavras.

– Agora estou, mãezinha; mas foi há muito tempo!

– Mas, agora, ele já não te fará nenhum mal; eu quero que meu filhinho seja bom para ele! – respondeu-lhe a castelã.

Reinou silêncio entre os que se dirigiam para o extremo leste do castelo, já em plenas trevas noturnas. Após uma hora de percurso, Lúcio adormecera nos braços maternos. O temporal, que havia amainado no início da jornada, recrudescera com violência. Dioneia, atemorizada por causa do precioso fardo que carregava, abraçara-o, e, transida de receios, alçou o pensamento a Jesus, implorando-lhe auxílio e proteção para ela e para os que lhe eram companheiros de viagem. Por vezes, observara estranha luz sinistra no olhar de Felipe Valdomiro. O ribombar dos trovões dir-se-ia que abalava a própria natureza. Coriscos rubros serpeavam na amplidão enegrecida, aclarando, por vezes, os matagais e as serranias circunvizinhas do Solar da Galileia.

Quando Dioneia chegou, inesperadamente, à choupana de um dos mais laboriosos agricultores, grande foi a surpresa de todos quantos lá se encontravam para confortar os que se achavam em perspectiva de doloroso transe. A habitação, coberta de colmo, com as portas e as janelas danificadas, não oferecia abrigo seguro aos que lá residiam.

Dioneia, impavidamente, encaminhou-se ao desolado esposo, e com este se encaminhou para o leito da parturiente, e, comovida, a interrogou com bondade:

– Como te achas, Helena? Melhor?

– Não... Vou morrer... senhora condessa... e deixar... meu filhinho! – murmurou a enferma, a custo, com as palavras entrecortadas. – Senhora... eu...

– Não te mortifiques, Helena, para que recobres a saúde. Eu me encarrego de auxiliar a criar teu filhinho, desde hoje, até que possas amamentá-lo!

Um profundo suspiro de alívio desprendeu-se do seio opresso da desditosa que, dir-se-ia, aguardava a presença da piedosa castelã para exalar o derradeiro alento.

Gritos angustiosos repercutiam então ante o doloroso desfecho de tão humilde quanto laboriosa existência, toda consagrada a um honestíssimo lar.

Emocionada e grave, Dioneia aproveitou o ensejo para dirigir a palavra consoladora aos circunstantes:

– Meu amigos, sofrei resignadamente a separação temporária de uma alma que se alçou à presença do Criador do Universo, e podeis estar crentes de que os que se amam e os que se odeiam não se separam nunca, até que seus espíritos purificados, redimidos, alcancem o supremo triunfo: a isenção de dores, o ingresso nas regiões celestes. Nossa irmã Helena partiu, cheia de pesar, deste triste refúgio humano, onde certamente tantas lágrimas, em horas amarguradas, deveria ter vertido, e por muito tempo ficará isenta das pesadas tarefas e mortificações domésticas; mas não esquecerá jamais os que aqui ficaram, mormente o filhinho, pedaço da sua própria alma, dádiva do Céu que teve de deixar na Terra!

– Ah! senhora condessa, por que morre uma extremosa mãe, que tanta falta faz aos entes queridos, e ficam os perversos, que infelicitam a Humanidade? – interpelou, chorando, um irmão da extinta, dentre os que a rodeavam, soluçantes.

– Porque estamos em um mundo de provas, temos a dor para companheira, do berço ao túmulo! Os flagelos dos povos, os potentados, os que galgam posições imerecidas à custa do sofrimento de nossos semelhantes podem ficar temporariamente isentos de qualquer sanção; decorrido, porém, o tempo, às vezes séculos, voltam à Terra, tal qual todos nós que aqui nos encontramos, suportando penosamente as consequências de erros, ou de crimes desse passado de culpas!

– Pois será crível, senhora condessa, que vivamos mais de uma existência, quando basta uma para que tantos sofrimentos tenhamos de suportar?! Não haverá inferno para os maus e céu para os justos e bons?

– O inferno existe, sim, no coração dos perversos e dos que têm remorsos, meus amigos! Céu existe, realmente, na alma do que cumpre todos os seus deveres morais e tem a consciência limpa!

– Mas eu nunca pratiquei um crime, e fui ferido rudemente, vendo morrer uma esposa honesta e boa, que deixa neste mundo um inocente com algumas horas de vida! – falou o esposo da desditosa Helena.

– Podeis ficar tranquilos, amigos, quanto ao pequenino Ismael, que acaba de ingressar tão dolorosamente na arena deste planeta. Eu o levarei comigo, como se fora um outro filhinho que o destino me presenteou, generosamente!

Houve um rumor de surpresa na resumida e humilde assistência, e uma campônia, desgrenhada e em pranto, ajoelhou-se aos pés de Dioneia, querendo beijá-los. A castelã ergueu-a, falando-lhe emocionada:

– Não posso permitir que sejam beijados os meus pés, amiga, porque não merecemos os aplausos da Terra, e sim os do Céu, quando cumprimos os nossos deveres cristãos!

Dioneia, que não repousara durante aquela inolvidável noite, reanimou os parentes de Helena, confortou-lhes os corações com palavras fraternas, falando-lhes do Cristianismo, ligado à lei das reencarnações ou da palingenesia, que tanta esperança incute nos espíritos atribulados e decepcionados pelas mais duras contingências humanas; cuidou do orfãozinho, deitando-o ao lado de Lúcio, que havia dito, tão logo soube que o pequeno Ismael seria levado para o Solar da Galileia:

– Que bom, mãezinha! Agora vou ter com quem brincar!

– Sim, meu filho, ele será um irmãozinho, que Deus te enviou, inesperadamente.

※

O temporal continuava a fustigar a natureza. Por vezes, os pobres seres humanos, reunidos sob o colmo da rústica habitação, sentiam-se transidos de pavor, invadindo-lhes os corações amargurados os preságios de novos dissabores. Súbitos clarões dos relâmpagos que, dir-se-ia, se arrojavam do firmamento enegrecido sobre a Terra convulsionada e em trevas, feitos víboras de fogo, amedrontavam quantos os contemplassem, fazendo-os estremecer em secreto augúrio. Hora houve em que a porta da humilde cabana, abalada pela violência do temporal, escancarou-se, como que impulsionada por mãos de gigantes invisíveis.

– Quanto sofre a criatura humana! – exclamou alguém, que fora tentar fechar a frágil porta de madeira tosca.

– Sofre mais quem maior número de crimes cometeu, meu amigo! – respondeu-lhe Dioneia.

– Que crime, então, deve ter cometido a bondosa Helena, que perdeu a vida ao conceber o primeiro filho, justamente quando mais necessária seria sua existência?

– Quem sabe, meu amigo, se em uma de suas findas existências (falou a castelã, fechando os olhos e com a voz um tanto alterada) a nossa pobre Helena, não possuindo ainda as virtudes reveladas nesta que terminou há poucas horas, era o inverso do que a conhecemos, isto é, leviana, frívola, de existência pouco airosa? Para ocultar uma falta de ordem moral, condenada pela sociedade, talvez haja cometido um crime, e se tornou matricida (por certo o mais horripilante delito perpetrado por um ser humano!). Quiçá, em noite igual a esta, de temporal violento, ordenou a um conivente na perversidade cometida que expusesse o fruto de amor delituoso em deserta estrada, sendo atirado afinal em lamacenta correnteza. O crime se consumou, porém a culpa exigiu punição futura!

– Senhora – respondeu o camponês –, a ninguém teria ocorrido supor o que ora nos expusestes!

– Deus é o sumo juiz universal e pai compassivo, meus irmãos, e não nos inflige dores sem causa justa e razoável. A nossa irmã Helena deve, hoje, ter resgatado, com a vida preciosa, o delito de outrora, quando não sabia cumprir os seus deveres morais. Remido o crime, Deus abre os luminosos braços para apertar ao seio estelar o pecador arrependido, como nos fez crer Jesus, o pegureiro celeste de todas as ovelhas transviadas do redil sideral ou da virtude! Nossa irmã Helena, doravante, será ditosa, pois certamente ressarciu o seu maior delito. Aqui, neste cadáver rígido, não está mais o alento vital, ou divino, e, por isso, tornou-se de mármore humano, putrescível! O que fazia vibrar, estremecer, movimentar este corpo agora morto, partiu ao anoitecer, e não mais sentirá as agruras da separação; terá, aliás, grande conforto, ao verificar que seu filhinho não está abandonado ao léu do destino, e que tem, em vez de uma, diversas mães piedosas!

Todas ouviam, com crescente admiração, o que a castelã lhes falava, e momento houve em que um deles exclamou:

– Não se deve duvidar da bondade celeste! Dela temos prova na compassiva senhora que deixa o conforto de seu solar principesco para passar horas de tristeza ao lado de pobres campônios.

– Meus amigos – respondeu ela –, Jesus aconselhou: Amai-vos uns aos outros, para que cessassem as guerras fratricidas, odiosidades e as consequências dos sentimentos malsãos.

– Senhora, somos cristãos; mas vós falais em mais de uma existência terrena, e ainda há pouco fizestes compreender por que a pobre Helena, que nos parecia impecável, foi sacrificada. Sois cristã ou reencarnacionista, senhora condessa?

– Esta resposta, creio, elucidará a todos: A doutrina dos renascimentos é milenária e a única que demonstra a Justiça divina em toda a sua plenitude. Não há crime impune, mas também não existe castigo eterno, pois, se tal sucedesse, seria derrogada a imortalidade! Sim, de que nos valeria a perpetuidade do espírito, se num momento, que é a vida terrena, perpetrado um delito, fosse condenado por TODA A CONSUMAÇÃO DOS MILÊNIOS o mísero delinquente? Eis por que os povos mais antigos concebem a palingenesia (a lei dos renascimentos sucessivos) pela qual é facultada ao delinquente a liberdade de ação, a aquisição de preciosas experiências, o resgate de todas as transgressões às leis terrestres e celestes, sendo aplicada a sentença de acordo com o delito. Jesus, o mais lúcido dos Emissários siderais, demonstrou cabalmente que não estamos abandonados ao acaso, e sim cumprindo o Código celeste, em cujas páginas está claramente exarada a lei dos renascimentos seriados.

"É provável que, desde agora, os Espíritos Helena e Ismael sejam ligados pelos elos afetivos, e mais tarde, ressarcidas todas as infrações às Leis Divinas, ambos ascendam às regiões ditosas do Universo, àquelas que Pitágoras denominava de hiperbóreas, e a que os cristãos chamam celestes! É assim que se exerce a infalível Justiça, não havendo necessidade de encurralar um desditoso delinquente nos antros infernais, perpétuos, criação essa que, se existisse, derrogaria toda a misericórdia e todo o perdão celestes..."

– Mal sabíamos nós – murmurou o compungido pai da finada Helena – que nesta noite, tão triste para tantos corações, havíamos de receber uma inesquecível lição!

– Que Jesus vos conserve a vida, senhora – falou outro assistente –, para conforto dos que vos possam ouvir os ensinamentos!

E assim dizendo, o reconhecido agricultor alçou os braços para o Céu que, fora do humilde abrigo, devia estar imerso em trevas.

A fúria dos vendavais que agitara os galhos das árvores – que se estorceram, entrelaçando-se como se fossem braços em mudas rogativas, fustigados pelos açoites invisíveis da procela, como para mútua defesa – abrandou ao alvorecer, e a natureza, que parecia em funeral, tal nos corações daqueles apavorados seres humanos, asilados em frágil tugúrio, dir-se-ia exausta de pelejar com intangível adversário, e começou a inundar de suave radiosidade os campos e as florestas, esses primitivos templos dos druidas.

Cláudio Solano determinou que o enterro da infortunada campônia fosse efetuado às expensas suas.

No momento em que o féretro foi retirado do tablado em que ficara durante a noite, Dioneia fez vibrante prece a Jesus, em expressões que comoveram a todos. Só então se retirou para o solar, onde, poucas horas após, foram abrigados os do lar de Helena. Ao penetrar no alcáçar, sendo percebida pelo consorte, antes que lhe transmitisse as ocorrências da noite finda, ouviu-o dizer-lhe:

– Nunca passei uma noite tão tétrica quanto a que terminou, Dioneia!

– E eu jamais passei uma noite tão luminosa, Cláudio! – respondeu-lhe a nobre castelã.

– Luminosa... por quê, Dioneia? – perguntou ele, agastado. – Acaso sentiste prazer por estares longe de mim?

– Não, Cláudio, não interpretes assim mal os meus sentimentos. Senti-me feliz porque tive ensejo de pôr em prática a piedade cristã, a caridade incomparável de confortar corações feridos pelas farpas do destino, desalentados e desditosos, que se julgavam abandonados pela Humanidade, flagelados pela própria natureza, em hora de amarguras e de apreensões; dessas que levam ao desespero as almas mal preparadas para as ríspidas batalhas da vida!

– E achas que exerceste maior caridade, ficando entre estranhos, deixando-me imerso em dupla escuridão, Dioneia, a cegueira e a tua ausência?

– Sim – exclamou ela, resolutamente. – É preciso desarraigares de teu coração o egoísmo, Cláudio! Eu te agradeço o valor que dás à minha presença, mas a solidariedade humana, nos momentos de angústia, deve sobrepujar os impulsos de condenável egolatria!

– Sem a tua presença, sofro muito, sem o esplendor de tua bondade incomparável!

– Ainda não sabes que trouxe outro filhinho, para ser criado ao lado de Lúcio Taciano.

– Que loucura, Dioneia! Vais com isso aumentar os teus labores, que crescem, assustadoramente, de dia para dia!

– São eles que me fazem esquecer as dores do passado, Cláudio!

Ele curvou a fronte com os olhos inundados de lágrimas.

Dioneia, aos poucos, com o auxílio dos Invisíveis amigos da Humanidade delinquente, ia triunfando de todos os obstáculos na missão de paz e proteção aos desditosos.

A modesta família enlutada, constituída de rústicos, foi alojada em uma das dependências do Solar da Galileia. Os seres que, então, encontraram conforto e acolhida fraternal, quase todos esqueléticos, esmaecidos e com roupagens andrajosas, reanimaram-se e adquiriram outro aspecto ao termo de alguns dias de permanência na senhoril habitação. O recém-nascido, débil, de tez trigueira, olhos negros e expressivos, era o maior encanto de Lúcio Taciano. Aos poucos, o olhar arguto de Dioneia observou a semelhança flagrante entre a fisionomia do orfãozinho e a do inesquecível e primeiro consorte, Marcelo Taciano!

– Deus! Como se parece Ismael com o meu adorado Marcelo! Não tive eu a intuição de que voltaria ele ao mundo em que me encontro, e seria entregue aos meus cuidados? – murmurou Dioneia, tendo nos braços o orfãozinho. – Tudo confirma a doutrina reencarnacionista, a pluralidade das existências terrenas. O mistério do destino humano: a morte e a vida, em série contínua, o túmulo e o berço, a dor e a alegria, o bem e o mal, o labor e a inércia, e, após lutas profícuas, a recompensa divina, a isenção de culpas, a remissão de todas as transgressões às Leis Divinas e terrestres – eis em que consiste a nossa estada no plano material! A infortunada mãe de Marcelo, cujo coração só sabe odiar, se não houvesse renegado o próprio netinho, e não tivesse usurpado o que, por lei, nos pertencia, teria agora inigualável conforto, nos derradeiros dias de sua atribulada existência: ver ressuscitado o adorado filho, pois a semelhança de Ismael com Marcelo é patente e, mesmo que eu esteja iludida em minhas conjeturas, a reprodução da fisionomia do querido *extinto* seria, para seu espírito torturado de saudades, inigualável lenitivo!

A ida da piedosa Dioneia para o Solar da Galileia foi o acontecimento mais notável para todos os que lá viviam. Um hausto de serenidade bafejou todos os corações desiludidos; os que residiam no Solar do conde de Morato tiveram os lares reformados, recebiam rendimentos proporcionais aos trabalhos, tinham escolas para adultos e infantes, eram-lhes proporcionados ensinos evangélicos de subido valor moral que muito lhes reconfortavam os corações. Uma era de paz cristã bafejou o ditoso castelo, que bem justificava a denominação escolhida por Dioneia.

※

A humilde família, constituída de cinco pessoas, Teodoro Guadiâni, seus velhos pais e dois irmãos, acolhida no andar térreo do Solar da Galileia, teve a impressão de haver sido transportada a outro planeta, bem diverso daquele em que, até então, estava lutando com escassez de recursos, sem conforto material e espiritual.

A alimentação conveniente, a tepidez do local em que foram instalados, a serenidade de espírito que lhes enflorava os corações, até então sempre angustiados, os remédios adquiridos para o tratamento dos que se achavam desnutridos e propensos à héctica, mormente o pequeno Ismael, que nascera definhado, sem resistência física, tudo isso constituiu incessante preocupação para Dioneia, até que foi normalizada a situação dos que se tornaram dedicados amigos e deram demonstrações de profundo reconhecimento à generosa castelã.

Outras famílias foram alojadas no Solar da Galileia, exercendo diversos misteres, vivendo em perfeita e fraternal harmonia, e todos porfiavam entre si no desempenho dos encargos, que buscavam executar com irrepreensível desvelo. Dioneia, que tudo observava com olhar benévolo, estava intimamente jubilosa, e o seu coração, tantas vezes rudemente flagelado pelo destino, encontrava conforto no bem realizado, como o têm as almas esclarecidas pelo cumprimento de todos os deveres da consciência cristã.

Cláudio a tudo aquiescia, e, uma vez, falou à consorte:
— Dioneia, és uma criatura bem diversa das que tenho conhecido. As mulheres geralmente são frívolas e belas, ou desprovidas de encantos físicos, desejam conquistar admiradores apenas pela formosura corporal, considerando-se triunfantes quando conseguem o objetivo culminado!
— Como pode fruir alegrias uma beldade, com o corpo envolto em brocado e ouropéis, e a alma enegrecida de remorsos, uma vez que o coração venal não deixará, certamente, de condenar no íntimo os triunfos criminosos?
— Tens razão, Dioneia, mas as damas, com essas vitórias mundanas, por vezes se vangloriam.
— Bem o sei, Cláudio, que assim procedem; no entanto, deploro acima de tudo essas infortunadas mulheres vítimas dos homens que as compelem a proceder de forma condenável, e só acham meritória a formosura corporal. Infelizes, porque têm de remir, com lágrimas de fogo, as vilanias cometidas, as efêmeras venturas conquistadas, infelicitando lares honestos!
Houve um longo silêncio entre os consortes.
— Vejo — prosseguiu Dioneia, observando o enleio de seu interlocutor — em tudo o que me sucede a prova patente da intervenção divina em minha existência: compreendo que as experiências, constituídas de dores que fustigam, nobilitando a alma, não podem ser arbitrárias e sim adquiridas com esforço individual, sacrifícios inauditos, resignação, labor, em diversas etapas terrenas! Se eu já não houvesse ficado, por duas vezes, sem lar, desprovida de recursos para a manutenção dos seres mais queridos, não compreenderia talvez o

sofrimento alheio, não me penalizaria ao se me depararem criaturas paupérrimas, em míseras choupanas, enfrentando a adversidade. Quero, pois, viver rodeada dos humildes, aos quais possa proporcionar algum conforto material e moral. Com a tua autorização, já contratei reformas gerais nos pavimentos térreos do solar, transformando-os em vasta sala onde se reunirão os habitantes dos arredores, para preces, e, durante o dia, será destinada à escola onde as crianças receberão condigna educação intelectual e evangélica.

– É curioso, Dioneia, que sendo tu de origem nobre, honesta, instruída e opulenta, niveles todos indistintamente para considerar, nobres e cativos, irmãos uns dos outros.

– Que valor têm, para Deus, a riqueza e os brasões heráldicos, maculados pela desonra e que se desvanecem no fundo dos sepulcros? Que diferença há entre o cadáver de um potentado e o de humílimo trabalhador? Ambos não se desfazem em vermes e em pó nas covas?

– Sim, Dioneia; mas a Jesus, que era humilde e tratava a todos fraternalmente, não crucificaram cruelmente? Quem, na Terra, lhe reconheceu o mérito espiritual?

– Quem reconhece o mérito dos bons e dos justos, além do Pai celestial? Não nos concedeu o Mestre a norma a seguir na trajetória terrena: não buscar o ouro material, que a ferrugem do tempo consome, e sim o do Céu, que acompanha a alma às regiões fúlgidas do Universo e será eterno e indestrutível?

Cláudio emudeceu.

Volvidos alguns dias após esse diálogo, o castelão disse à esposa:

– Creio que poderás converter um bárbaro visigodo, um canibal, ao Cristianismo, Dioneia. Por isso, quero que me digas: nas condições em que me vês, sempre revoltado com a desdita que me não deixa fruir um instante de felicidade, como agir para alcançar o divino perdão?

– Como? Sendo humilde e compassivo; espiritualizando os teus sentimentos; enfim, sintetizando, pondo em prática o que está gravado no Decálogo: amar a Deus e a nosso semelhante!

– Muito te agradeço os conselhos cristãos, Dioneia; mas sinto que minha alma ainda está árida, sem arroubos de fé, nem amor ao próximo. Só me domina um sentimento forte, invencível, empolgante: o amor que te consagro, Dioneia, a ti que alias à beleza do espírito a do corpo físico.

– Eu te agradeço as expressões, Cláudio; mas prefiro que me consideres irmã, empenhada em atenuar as tuas condições espirituais. Poderás ser punido por esse amor material, que sobrepuja o divino. Como? Sim! ficando eu, por exemplo, deformada por alguma enfermidade maligna, alguma queda... ou partindo para as regiões serenas do Universo, que constituem prêmio, após todos os tormentos da existência planetária!

– Não me tortures, Dioneia! Quero ouvir tua voz até ao derradeiro alento. Deformada ou enferma, muito sofrerei com isso; mas me conformarei. Formosa ou hedionda fisicamente, mas viva a meu lado, a fim de que me ensines a ser bom. Sem ti, cairia fatalmente no caos do suicídio, do qual me tenho desvencilhado a custo, sempre com o pensamento fixo no único e verdadeiro fim de meus tormentos morais – a morte!

– Enganas-te, Cláudio! O suicídio não atenua nem estingue as dores espirituais, antes, as intensifica e prolonga.

– Compreendo, Dioneia. Formamos um casal destoante, desconexo: luz e trevas, e estas me apavoram, quando me lembro do futuro! Tenho, às vezes, receio de enlouquecer!

– Porque ainda estás rebelde à evidência dos fatos, Cláudio! Foste criado e educado em Roma, e eu, em Atenas. Lá te habituaste à vida de esplendor e corrupção, que perverte os jovens, predispondo-os exclusivamente aos deleites materiais. Eu fui orientada por genitores austeros e espiritualistas, e, qual essência de flor rociada se irradia na atmosfera, jaz, ali, em Atenas, através dos séculos, a reminiscência de Platão e de Pitágoras, os dois luzeiros da espiritualidade que só foram excedidos pelo da Palestina, Jesus. E, portanto, recebi em meu coração o suave influxo dos três maravilhosos astros semidivinos! Teus genitores, opulentos e indiferentes às questões espirituais, descuidaram-se da educação que deve sobrepujar a intelectual. Os meus educaram-me na escola austera das virtudes cristãs, nos embates das lutas morais e das experiências profícuas, sem revoltas contra o destino que, por vezes, nos pareceu impiedoso, quando fustigados pela adversidade. Expulsos de um lar confortável, desde então começamos a peregrinar, quase sem rota. Para auferir meios de subsistência, eu me fiz harpista! Logo após a derrocada, minha mãe sucumbiu de desgosto. Eu havia, nos áureos tempos, adquirido esmerada educação e conhecimentos que me puseram em contato com os grandes mestres gregos. Eu e Apeles embrenhamo-nos na filosofia pitagórica, e chegamos à convicção plena de que o sumo Fator do Universo não nos concede a vida para o sofrimento, e sim para a remissão de débitos e transgressões às Leis supremas; porém, findo o degredo no planeta da lágrima, Ele nos outorga um porvir esplendoroso: partimos das trevas planetárias para as radiosidades siderais! Somos, na Terra, os fatores de nossa porvindoura felicidade, ou de nossa desdita, conforme o uso que fizermos de nossa liberdade individual, ou do nosso livre-arbítrio, da diretriz de nosso proceder, da prática de ações, meritórias ou condenáveis, durante nossa trajetória neste mundo de sombras e de dores remissoras.

Houve um interregno no diálogo dos consortes, após a chegada de Lúcio, cuja alegria se manifestava no rostinho angélico, com a destra entrelaçada à do pequenino Ismael que, então, já contava 3 anos, e, como descendente de napolitanos, era trigueiro, de cabelos negros, olhos expressivos, tristes e luminosos, sendo o seu organismo débil em demasia. Apesar da diferença social que existia entre ambos, eram inseparáveis, consagrando-se mútua afeição.

Dioneia, ao vê-los, beijou-os com ternura maternal, e pela palestra estabelecida entre ela e as crianças, logo Cláudio percebeu a presença de ambos, que se haviam aproximado e, por determinação daquela, foram falar-lhe. Notou ele, porém, tanta frieza na saudação das duas crianças, tanta falta de espontaneidade, que não se conteve, e disse, com indizível amargura:

— Como se elucidam as anomalias da existência humana, Dioneia: Lúcio e Ismael, que não são parentes, estimam-se como se fossem irmãos, enquanto que eu, tratando-os sempre com dedicação paternal, só lhes inspiro aversão!

— Não esqueças, Cláudio, que nas odiosidades e nas afeições espontâneas influem as reminiscências de uma vida anterior. Pena é que não possas distinguir as feições do amiguinho inseparável de Lúcio...

— Já sei a que te referes, Dioneia — falou Cláudio, com visível desagrado —; já me disseram que... Ismael muito se parece com o teu primeiro consorte. Não é verdade?

— Sim! Não sei, porém, por que não quiseste pronunciar o nome de quem era teu mais sincero amigo — Marcelo! Se eu houvesse notado de início essa manifesta semelhança fisionômica de Ismael com a do Marcelo, este seria o seu nome!

Cláudio empalideceu, e, defendendo-se de qualquer suspeita referente ao assassínio do amigo, respondeu, afetando serenidade de ânimo:

— Evito quanto posso pronunciar o nome dos que morreram. Já observaste que raramente pronuncio o de meus próprios pais?

— Sim, mas não percebo a razão de omitires a designação dos seres *amados*! Eu procedo de modo contrário.

Cláudio ouvia a esposa, com manifesto interesse, e, por vezes, voltou para onde estava ela os seus apagados e inexpressivos olhos, como que desejando fazer esta pergunta:

— Por que, se o pequenino Ismael comprova a presença de Marcelo em nosso lar, tendo sido o meu melhor amigo, não tolera de bom grado a minha presença?

Ele o compreendeu, sem que falasse, decerto temendo alguma resposta elucidativa de Dioneia, sobre a causa da aversão que lhe votavam os dois infantes.

Reinou silêncio no recinto. Cláudio, talvez para que a consorte não desvendasse totalmente o seu íntimo suplício, perguntou, com timidez:

– Como interpretas a repulsa de ambos contra mim?

– Tateamos ainda as trevas dos arcanos da vida humana, Cláudio; estamos rodeados de enigmas – passados e futuros – e, lutando com as sombras que os envolvem, não podemos dar-lhes cabal interpretação.

Os esposos quedaram-se novamente em opressor silêncio. Os pequeninos, que se aproximaram de Dioneia, beijaram-na, sorridentes, e um deles, Lúcio, falou:

– Mãezinha, nós queremos estudar na escola de Hélcio Sevérus!

– Tão pequeninos assim, e já querem estudar?

– Sim! – respondeu Lúcio, com firmeza, após breve meditação.

Escutando o pedido, Cláudio não deixou de sorrir. Dioneia disse novamente a Lúcio e Ismael:

– Vocês ainda são muito pequeninos; mas, visto o desejo que têm de estudar, quero saber se a mãezinha pode ser a professora dos dois, e não Hélcio Severus.

– Sim, mãezinha, mas havemos de nos sentar com os outros meninos. Eu quero aprender harpa, também! – concluiu Lúcio.

– Eles querem é a convivência com as outras crianças que aqui vêm estudar, Cláudio! – observou Dioneia, sorrindo.

O castelão tateava para frente, desejoso de encontrar as cabecinhas dos dois meninos.

– Aproximem-se do paizinho, meus queridos! – falou Dioneia, depois de acariciá-los ternamente.

Ambos, emudecidos, foram oferecer os rostos aos beijos de Cláudio, que teve uma crise de enternecimento, orvalhando-lhes as cabecinhas com lágrimas de intensa emoção. As crianças fitaram-no, sem compreender o motivo daquela explosão de ternura, e, após, Lúcio disse:

– Vamos embora, Ismael!

– Eles me detestam, Dioneia! – exclamou Cláudio, ouvindo o rumor dos passos das duas crianças que se afastavam.

– Meu amigo – respondeu Dioneia, entristecida –, creio que te estimam bastante. É a timidez que os torna um tanto retraídos contigo.

Assim terminando a palestra com o consorte, Dioneia foi ao encalço dos dois pequeninos e, apertando-os ao seio, falou ao filho:

– Lúcio, prometes à mãezinha que, de hoje em diante, serás amiguinho de Cláudio, que está em lugar de teu paizinho, que não conheceste? Prometes dar-lhe um beijo? Por que não gostas dele?

– Não sei – respondeu a criança, após ligeira reflexão.

– Qual o motivo por que não gostas de Cláudio, amorzinho?

– Porque... é feio e mau!

– Ele está doente, filhinho, e, por isso, não pode ser bonito; mas não devemos amar só os que têm beleza. Se a mãezinha ficar horrível, deixarás de lhe ter amor?
– Não! Eu e Ismael não gostamos dele; mas da mãezinha gostamos muito e muito! Ele *era* muito mau!
– Como sabes que Cláudio *era* mau?
– Eu sonhei que ele nos matou!
– Mas não estás vivo novamente? Não te lembres mais desse sonho, Lúcio! Os dois devem ter compaixão de Cláudio, que não pode enxergar, como nós vemos as plantas, as flores, as aves e o céu estrelado ou com o Sol. Cláudio não enxerga mais, filhinho! Compreende quanto ele sofre! Ele é bom para os meus filhinhos e para a mamãezinha.
– Sim... agora... vamos ter pena de Cláudio, mãezinha! – respondeu Lúcio. – Mas havemos de dar mais beijos na mãezinha, sim?

O Solar da Galileia ficou integralmente metamorfoseado, alindara-se, tornou-se verdadeiramente confortável e acolhedor. As crianças mereciam os maiores desvelos do castelão. Dois abalizados professores encetaram o ensino moral e primário, para a infância e para os adultos que desejavam estudar. Lúcio e Ismael, sempre fraternalmente ligados por intensa afeição, um já com 10 e outro com 7 anos completos, frequentavam as aulas, contra a expectativa dos rústicos, ao lado de todos os modestos filhos dos que trabalhavam no castelo de Cláudio Solano.

Os dois revelaram, desde as primeiras aulas, inteligência incomum.

Transcorria serenamente o tempo no Solar da Galileia e, raramente, os seus habitantes eram perturbados por algum sucesso digno de registro. Por vezes, porém, o proprietário do castelo que limitava com o do conde de Morato, e que pertencera a Márcio Taciano, mandara agredir os serviçais do Solar da Galileia, perseguindo-os com referências desabonadoras e insultuosas.

Enfurecido, Cláudio Solano proibira, terminantemente, que qualquer de seus subordinados fosse ao Solar do Cisne; mas, um dos serviçais, de nome Dácio Patrício, mantinha relações secretas com alguns servos do castelo vizinho, e tudo relatava aos pretensos parentes, ou disfarçados comparsas para algum plano sinistro, agindo na penumbra, para a realização do que arquitetavam e não queriam jamais fosse desvendado.

Dioneia, com bondade cristã, não quisera despedir esse fâmulo infiel, que continuava a manter relações clandestinas com o gratuito adversário dos proprietários do Solar da Galileia. Mas o ódio secreto do ilegítimo senhor do castelo que pertencera a Márcio Taciano um dia se manifestara, claramente. Dioneia, certa vez, ouvira de Cláudio, sempre mergulhado em invencível tristeza:

– Se encontrássemos quem adquirisse este castelo, eu disporia dele, pois não estou tranquilo com a proximidade de um gratuito adversário, qual o é o castelão vizinho.

– Já que essa é a tua vontade, tentaremos desfazer-nos deste remanso de paz, Cláudio; porém, se for nosso destino, aqui ou alhures as inquietações nos hão de assaltar. Tenho nítida intuição de que não conseguiremos adquirente para este castelo, onde nos aguarda morte trágica.

– Que disseste, Dioneia, *morte trágica, aqui nos aguarda*? Vamos, então, partir para um centro populoso, mormente Zara que tanto apreciava nos áureos tempos da primeira juventude. Quantas e gratas recordações nos trazem à mente aqueles ditosos tempos! Não fora a fatalidade que ceifou a vida de meus pais, e lá teria fixado residência.

– Eu confesso, Cláudio, que partirei daqui com intenso pesar, pois lá não terei oportunidade de espalhar os mesmos benefícios ao próximo. No entanto, se te aprouver passar alguns dias em Zara, mormente para que Lúcio e Ismael desfrutem, pela primeira vez, alguns divertimentos, iremos, conforme desejas. Posso afirmar-te, porém, que lá nos aguarda um sucesso inolvidável, que prejudicará nossos planos!

– Dioneia, tenho a secreta inspiração de que devemos ir, no início da primavera, àquela cidade, embora, para mim, não haja diferença para meus olhos inundados de trevas!

– Quem sabe se serás beneficiado por algum cientista, em Zara?

– A esperança, para meu coração, é uma planta estiolada, na qual jamais abrolhará uma folha ou uma flor! – respondeu o castelão, com infinita amargura.

Certa tarde, ao término das aulas, surgiu Dioneia no salão, de braço entrelaçado ao de Cláudio, para demonstrar assim que ele estava ciente e de acordo com as suas resoluções, e falou aos encarregados das lições:

– Mestres, lembrei-me de auxiliar-vos, encetando o ensino de música, a maravilha de todas as Artes! Podeis, contudo, contratar, com a nossa autorização, um outro professor para a lecionar. A música há de concorrer para suavizar as tristezas da vida, inspirando elevados ideais.

– Senhora, as vossas ordens serão fielmente cumpridas – respondeu Hélcio Severus. – Permitireis, porém, que formule uma observação?

– Sim; usai da máxima franqueza.

– Senhora, eu mesmo poderei encarregar-me de transmitir esse ensino, pois fui aluno de competente musicista.

– A música espiritualiza os sentimentos, nobilita a alma, diverte e enleva o ser humano! Tenho notado que, quando transmito lições de música aos meus dois filhinhos, várias crianças fixam, em ambos, olhares entristecidos, com secreta e incontida amargura ou inveja, talvez revolta muda, julgando-os assim dois privilegiados por Deus.

E, depois, alteando a voz, Dioneia perguntou às crianças:

– Quem quer aprender música, como o fazem Lúcio e Ismael?

– Eu! eu! – exclamaram todas, erguendo alegremente as mãozinhas.

– Vamos, então, render graças ao Criador, a fim de que possamos pôr em prática as inspirações do Céu!

Antes que iniciasse a oração, Dioneia murmurou:

– A prece é a luminosa linguagem da alma, com a qual falamos ao Pai celestial. Quem não reconhece o seu poderio e a sua magnanimidade não é digno de ser chamado filho de Deus.

~

Lúcio já completara 12 e Ismael 9 anos. Ambos possuíam notável lucidez mental, percepções psíquicas que ultrapassavam o normal das outras crianças da sua idade. Já sabiam ler e estavam aprendendo harpa, ora com a desvelada castelã, ora com Hélcio Sevérus. A única criatura que, naquele remanso de paz espiritual, não se conformava com o destino, nem se considerava ditoso, era Cláudio, embora bendissesse a presença da consórcia de existência, convívio que sempre lhe confortava o coração, com exortações salutares ou inspirações siderais. Uma tarde, estando ele mergulhado em intensa meditação, Dioneia aproximou-se, e, como era hábito seu, colocando a destra sobre seu braço esquerdo, falou-lhe:

– Cláudio, necessito ir a Zara, a fim de adquirir artigos escolares, outros de uso doméstico e alguns instrumentos musicais, visto que diversas crianças revelam predicados artísticos, e eu desejo fornecer-lhes tudo quanto lhes possa favorecer a vocação. Aproxima-se o inverno, que promete ser rigoroso, e eu pretendo também adquirir cobertores e agasalhos para os que nos servem. Suponho que os dispêndios não serão reduzidos; mas algo me adverte de que, este ano, será a última estação hibernal que passarei no plano terreno!

– Por que me amarguras, Dioneia, com essas fúnebres previsões? Acaso não percebes a desventura que me constringe incessantemente o coração?

– Devemos habituar-nos com a ideia da morte, sem receios do Além, tendo apenas a precaução de cumprir os deveres com o máximo escrúpulo! Somos eternos peregrinos, Cláudio, e não devemos arraigar-nos ao solo. Não façamos ideia lúgubre da morte, pois, às vezes, ela é a transição suave de uma vida de lutas e de decepções para outra serena e luminosa, na qual vamos encontrar muitos seres amados, que nos precederam no Além. Algo de imperioso e grave me atrai, há dias, à capital da Dalmácia, e sei que não devo desobedecer às vozes insistentes dos amigos invisíveis. Além disso, teremos a oportunidade de levar conosco Lúcio e Ismael, a quem daremos ensejo de conhecer a primeira cidade do país, e de irem ao teatro apreciar excelente orquestra.

– Somente eu, o mísero condenado às trevas, não poderei fruir nenhuma ventura além da tua companhia.

– Faço novamente referência ao egoísmo, que tanto domínio tem sobre teu coração, Cláudio. Acaso não poderás também apreciar a magnífica orquestra no teatro a que formos?

– Sim, mas a música muito me emociona e entristece, sendo esse o único entretenimento no qual posso tomar parte.

– É mister que te resignes, Cláudio.

Subitamente, Dioneia empalideceu, ergueu o braço direito, e, com o timbre de voz metamorfoseado, assim falou:

– Irmão, podeis formular a interpelação que tendes em mente...

– Obrigado por haverdes penetrado o meu íntimo. Não é propriamente uma interpelação, mas um anelo que desejo formular e ver realizado! – respondeu Solano, com tristeza. – Ouvi-me: deveis perceber que, para mim, Dioneia é o único e mais precioso de todos os tesouros terrenos. Ela teve intuição de que, em limitado tempo, vai desprender o nobre espírito, para certamente ascender às paragens estelares. Ela é luz, eu sou trevas. Desejo, pois, se possível, permutar a minha inútil vida pela de Dioneia, que representa uma lâmpada acesa em muitos lares, ditosos com a sua presença! Quero que Deus – que todos afirmam ser a Bondade e a Justiça inigualáveis – permita que seja trocado um pouco de trevas, que vão desaparecer em sepulcro, por uma estrela fúlgida que conforta e ilumina muitos corações!

– É um voto digno de louvor o que acabais de formular aos Mensageiros siderais, irmão! No entanto, amigo, quem sabe se, concebendo um nobre apelo, não tendes em mente apenas o término de vossas provas terrenas? Não? Protestastes? Tanto melhor para vós, irmão! Vosso ato de abnegação será condignamente compensado e atendido! Confiai, pois, na proteção dos invisíveis e celestes Mensageiros que inspiram à irmã Dioneia realizar uma excursão até Zara, para que se cumpram as determinações do Tribunal supremo!

༄

Houve um interregno na rápida exposição dos pensamentos do invisível amigo, que então se manifestava por intermédio da inspirada proprietária do Solar da Galileia.

Mais alguns instantes de profundo silêncio, e, após, prosseguiu:

– Meu irmão, escutai o que precisais saber: há o perdão celeste, pois Deus não relega para o sofrimento eterno os filhos delinquentes, antes lhes faculta os meios de resgate de suas culpas. Já deveis ter percebido como se exerce convosco a Justiça celeste, irmão querido. Assim, não vos revolteis contra os remissores sofrimentos da existência, porque a dor é a lixívia que saneia, embranquecendo a alma enodoada pelos mais hediondos crimes!

– Já me falta o ânimo preciso para suportar novos transes, amigo desconhecido, mormente se houver a separação da adorada companheira de existência!

– Aceitai os padecimentos, irmão, porque são o corretivo bendito aos erros perpetrados, às transgressões das Leis Divinas e terrestres, sem o que se prolongará, indefinidamente, vossa permanência no planeta das lágrimas.

– Tudo suportarei, com a resignação possível a meu temperamento exaltado, menos a separação da que se acha ante meus olhos, pois, por amor a esta criatura, fui e serei capaz de cometer todas as heroicidades ou todas as vilanias.

– Mal compreendido afeto, o vosso, irmão! Pelos entes que vos são caros deveis sacrificar-vos, e nunca praticar ações desonrosas, porque as sequências serão sempre funestas, e muitas vezes a sentença consiste precisamente em apartar o criminoso, por tempo indeterminado, do ser querido.

– Então, que vale a eternidade ou a imortalidade consumida unicamente em árduas provas?

– Não proporciona o misericordioso Pai faculdades semidivinas, percepções portentosas à criatura humana, até aos que erradamente chamamos irracionais? Não é da alçada humana reconhecer o bem e o mal como fatores antagônicos do progresso anímico, selecionados, lucidamente, pela consciência que julgamos a sede da partícula divina que existe em todo ser pensante? Não sabe a Humanidade que o bem é recompensado nas regiões ditosas do Universo, e que o mal é sempre punido neste cárcere, que se chama Terra, ou no próprio Espaço, uma vez que o delinquente arrasta consigo a desdita da compunção qual látego de fogo interior?

– Mas o que causa confusão é ver, quase sempre, o bom sofrer intensamente, e o perverso desfrutar regalias sociais.

Após completo silêncio, que durou apenas alguns segundos, a entidade continuou:

– Iludi-vos, irmão. O bom e o justo da atualidade foram os bárbaros e cruéis dos tempos idos, e, por isso, nós os vemos em grandes aperturas e pungidos de infortúnios, como tem sucedido à própria irmã Dioneia, que ora vos transmite as minhas palavras. Outrora, irmão, vaidosa de sua incomparável formosura, alheia à dor do próximo, coração empedernido qual o mármore das jazidas do Carrara, ou das lavas do Vesúvio, tendo vida faustosa, acarretou vários padecimentos, que ora ulceram sua alma. Arrastou ela, em findos avatares, diversos desditosos à voragem do crime ou do suicídio, por não lhe haverem merecido um sorriso ou outra prova de afeto.

– Como desgraçadamente ainda sucedeu na atual encarnação, Mestre...

– Mas, agora, a virtude já havia superado a vaidade e o desejo de conquistas condenáveis, e, por esse motivo, tem cumprido austeramente todos os seus deveres espirituais, humanos e sociais.

Bruscamente, Dioneia despertou, e durante o dia esteve entristecida. Quando, à noite, todos se reuniram no salão destinado às preces, após uma vibração de harpa, suavíssima qual gorjeio do rouxinol, a castelã empalideceu e, novamente inspirada por uma entidade imaterial, qual as pitonisas de Delfos ou de Elêusis,[36] dirigiu a palavra aos circunstantes:

– Meus queridos irmãos, não vos preocupeis, jamais, no transcurso de vossas existências com o destino dos seres amados, que inúmeras vezes estão ao lado dos que continuam a mourejar e a padecer sobre a Terra, embora não possais – pela imperfeição dos órgãos visuais – constatar a sua presença. Tivestes ultimamente um período de relativa felicidade, que durou algum tempo consagrado à prática dos deveres cristãos. Agora se aproximam novas procelas de amarguras; mas todos vós estais aparelhados espiritualmente para as profícuas batalhas do destino. Dentro em poucos meses, dar-se-ão diversas transformações na vida de muitos irmãos presentes.

"Nossa irmã Dioneia – e os que atualmente são satélites de sua alma – deverão transportar-se à capital da Dalmácia, onde os aguardam penosos acontecimentos imprescindíveis. Esforçai-vos, todos vós que me ouvis, por sair vitoriosos, e não fracassados no plano terreno. Quase todos os seres planetários se iludem em seus anelos: almejam regalias sociais, quando justamente na obscuridade dos lares desguarnecidos, no cumprimento rigoroso dos

---

[36] Cidade grega onde é cultuada Deméter (deusa da terra cultivada), cuja lenda é símbolo contínuo de morte e ressurreição.

encargos humildes é que se edificam os mais sólidos alicerces da felicidade futura. Vereis em breve as consequências de um ato fraudulento, consumado com objetivo de prejudicar herdeiros legais; mas o arrependimento mais doloroso marejou de lágrimas os olhos dos que o cometeram, julgando que ficariam impunes pelas leis sociais e divinas. Todos vós, em idêntica situação, deveis curvar as frontes perante a Justiça Perfeita, que não fere inocentes, e sim, sempre e sempre, os delituosos.

"Nossa irmã Dioneia, que ora recebe estas comunicações do Alto, será também atingida por mais uma prova rude, a derradeira neste planeta de lágrimas!".

– Se eu ficar novamente só para lutar, baquearei, porque só o influxo desta criatura leva consolo e ventura a muitos infortunados – exclamou Cláudio, com emoção e voz dolorosa.

– *Aqui* será substituída pelos filhinhos e por alguém que se aproxima deste Solar. Tudo ficará normalizado. Os que já colheram os frutos de dolorosas expiações, continuarão a missão desta nossa irmã e seu consorte.

Reinou incomodativo silêncio no recinto, até que, momentos decorridos, novamente a entidade imaterial prosseguiu, ainda por intermédio de Dioneia:

– Aquele que prejudicou o seu semelhante, que exterminou uma vida, sempre preciosa, poderá sentir uma compunção tenaz, avassaladora, ter um brado clamoroso da consciência, desperta bruscamente, e, voltando-se para o firmamento, murmurar com veemência:

– Pai incomparável, que estais em todo o Universo, sou um mísero criminoso, um odioso pecador. Compadecei--vos de meus tormentos morais e dai-me ensejo de remir os meus delitos nefastos, a fim de que sejam extintas as chamas vorazes do remorso que devastam o meu coração! Quero lutar por minha salvação, ser útil ao próximo. Eis, irmãos, por que me dirijo a todos os presentes para que melhor possais compreender por que vedes criaturas boníssimas cumprindo missões de altruísmo e de sacrifícios, receberem muitas vezes ingratidões e desconsiderações dos beneficiados. É que, amparadas pelas forças irradiadas dos Cirineus siderais, tudo vencem, pois, no tribunal vivo de sua consciência, está arvorado o estandarte da fé e da esperança e de todas as virtudes cristãs, que são os degraus alcantilados pelos quais os redimidos se alçam às regiões benditas do Universo, às paragens celestiais! Para essas, nada há sobre a Terra que possa fazê-las transgredir mais as Leis Divinas ou sociais; não existe mais, para elas, seduções nem suborno, porque visam a um único objetivo: suas vidas de sacrifícios pelo bem! Deus, unicamente, é o alvo de todos os seus atos, inspirados sempre pelos celestes Mensageiros que transitam por toda a ilimitada Criação! Quem proceder de modo contrário do que foi apresentado, e desfrutar as regalias sociais, fruir os frutos do crime perpetrado, menosprezar os direitos humanos, faz jus a sofrimentos indizíveis. Por isso, vemos indivíduos padecerem golpes dolorosos, parecendo não haver cometido nenhum delito, tudo porque o praticou em transcorrida existência, já olvidada, mas, muitas vezes, ligados às próprias vítimas, passam por acerbas expiações!

– Que mérito há na caridade, Mestre, se esta anula as penas aplicadas aos infratores? Não é justo que o órfão sofra a falta irreparável dos protetores naturais; que o mendigo fique faminto, tendo outrora negado o pão aos necessitados; que o homicida seja assassinado, para remir o crime de haver imolado uma vida?

– Assim deveria suceder ao delinquente a quem fizeste alusão, mas Deus não é inflexível; não tortura ninguém, impiedosamente, e sim com o objetivo de despertar sentimentos humanitários, dentro de situações indispensáveis ao progredir espiritual. Há uma verdade dolorosa que não deveis esquecer em nenhum momento de vossas vidas: assim como tratardes o vosso semelhante, assim sucederá convosco em idêntica situação. O Criador do Universo não está isolado no Infinito, e sim multipresente em tudo quanto existe. Se Ele nos envia a dor, não o faz qual um carrasco empedernido, mas para corretivo, antídoto ao mal, saneador da alma enferma, e, por isso, rejubila toda a vez que uma ovelha desgarrada do celeste Aprisco o busca novamente. A caridade, pois, sem anular as Leis Divinas, tem um duplo e inestimável mérito: beneficia o necessitado e o benfeitor! Alguém que esteja em um cárcere e tentar evadir-se terá aumentada a sua penalidade ou a sua desdita; aquele que se humilhar, que souber dominar os maus pendores, que cumprir rigorosamente todos os preceitos legais, no término de algum tempo poderá obter comutação da pena e alcançar integralmente a sua liberdade ansiosamente aspirada! O homem que se consagra ao bem da Humanidade, a curar os corpos ulcerados, por exemplo (e assim também os pegureiros da alma), está remindo débitos do passado pecaminoso e, por isso, não devem os discípulos de Asclepíades[37] exercer suas humanitárias funções com o fito exclusivo da recompensa material, e sim do perdão que lhes será concedido após penosos labores, missões de sacrifícios e de abnegações. Deus não se compraz com a punição de seus filhos: dá-lhes a dor para corretivo de faltas, tal qual o médico para o restabelecimento de uma saúde comprometida, ao indicar o remédio de sabor intragável. Agora, adeus, caros irmãos. Quando houver carência de algumas orientações fraternas, ter-me-eis ao vosso lado. Jesus, o Mestre, vos inspire nas vossas resoluções. Adeus!

O dia imediato a esse episódio, Dioneia passou-o entristecida, providenciando tudo, porém, com grande atividade, para a viagem à capital da Dalmácia. Dir-se-ia que algo de imperioso e grave atuava em seu espírito, necessitado de cumprir mais uma determinação do destino.

A presença de Dioneia era sempre saudada com alegria por todos os habitantes do solar. Por isso, ao comunicar que dentro em poucos dias partiria para a metrópole da Dalmácia, causara apreensão a quantos haviam escutado a memorável mensagem da entidade espiritual, vaticinando inolvidáveis acontecimentos para a castelã e seu companheiro de peregrinação terrena.

---

[37] Célebre médico grego, 124-40 a.C.

Suas ordens foram cabalmente cumpridas, e foi renovada uma carruagem que, embora pouco serviço tendo prestado, necessitava de diversos reparos, dado o tempo que contava. Quando foi iniciada a excursão a Zara, anunciava-se um novo dia por um rubor de rosas fúlgidas, apoteose divina, à hora da ressurreição do Sol, parecendo uma tela vívida e deslumbrante, desenhada por egrégios artistas siderais, que houvessem concebido um painel deífico. Era, então, o prelúdio de uma primavera ansiosamente aguardada por todos os europeus, mormente os da região meridional, que haviam suportado os rigores do inverno que se extinguia, lentamente. As árvores, meio despidas de folhagem, muitas ainda toucadas de neve, já mostravam alguns rebentos de esmeralda, despindo-se das folhas mortas que, tombando sobre o solo, tinham a aparência de aves fulminadas por invisíveis caçadores.

Dioneia, seguida pelo consorte apreensivo e pelos filhinhos, lançou um olhar significativo a tudo que os rodeava, irradiou uma prece silenciosa, implorando proteção para os que a acompanhavam e os que lá permaneceriam, e, após algumas recomendações amistosas, ordenou a partida da sege pela estrada real. O trajeto até a formosa Zara foi efetuado sem outros incidentes dignos de atenção. Chegaram os itinerantes exaustos e sonolentos, ansiosos de repouso e de contemplar a famosa capital, rainha portuária do Adriático; mas, porque as trevas noturnas já haviam baixado sobre o hemisfério Oriental, recolheram-se todos em modestos aposentos de uma hospedaria. Antes de adormecer, com a voz alterada por súbita emoção, Dioneia falou, erguendo a destra, como o fazia sempre, quando era inspirada por bondosa entidade sideral:

– Irmãos, que Jesus continue a proteger-vos conforme o fez durante a viagem, desviando um temível sicário que pretendia assaltar-vos. Quero avisar-vos apenas de que aqui vos aguarda triste surpresa! Não vos impressioneis, porém, e, mais uma vez, vereis em execução a inigualável Justiça perfeita.

– Não podeis melhor elucidar os vossos pensamentos, para nossa tranquilidade espiritual? – interrogou Cláudio, apreensivo, temeroso de algum sucesso nefasto.

– Hoje, não. Amanhã, porém, podereis cientificar-vos do que se trata, e, então, virei, à noite, aconselhar-vos. Estamos a postos, protegendo-vos!

Após este breve diálogo, Dioneia voltou à realidade, e dentro de poucos momentos todos adormeceram profundamente até o dia imediato. Mais por intuição do que pelos primeiros rumores da metrópole da Dalmácia, Cláudio conjeturou que, então, a noite já havia terminado, e estava ansioso pelo decorrer do dia, a fim de inteirar-se dos acontecimentos augurados para aquela data, por intermédio do emissário da região dos desencarnados.

Dioneia conservou-se, porém, mergulhada em indômito torpor, e foi mister que seu esposo a despertasse.

– O sono desta noite que findou (não sei se pela fadiga da viagem) me empolgou totalmente! Dir-se-ia que não poderia despertar, por mais esforços que fizesse! Estive em um local misérrimo e nele vi duas pessoas que custei a reconhecer, pois me pareceu que haviam envelhecido de um século!

– Quem eram essas criaturas? – interpelou Cláudio com incontida curiosidade.
– Meus primeiros sogros.
– Quem sabe se os encontrarás, hoje?
– Tudo é possível suceder, Cláudio. Soube, porém, que ambos estão residindo em Roma, onde têm parentes abastados.

O dia transcorreu alegremente. Lúcio e Ismael estavam maravilhados com os edifícios de diversões, com os templos, que atraíam diariamente centenas de adeptos, e bem assim com as casas comerciais, que ambos nunca haviam visto. Os dois estavam ansiosos por ouvir uma orquestra dirigida por algum famoso maestro, e Dioneia, compreendendo-lhes os intuitos, prometeu que os levaria ao mais célebre teatro de Zara, o *Apolo*, cujo rendilhado frontispício era uma verdadeira e primorosa escultura de arquitetos gregos. À noite, efetivamente, dirigiram-se os recém-chegados para o teatro onde seria representado um drama por artistas florentinos.

Quando iam entrar na casa de espetáculo, observaram algumas criaturas de vestes humílimas, estendendo as descarnadas mãos à caridade dos que iam fruir emoções artísticas. Subitamente, Dioneia notou a presença de um ancião, e quando dele se aproximou não pôde conter uma aflitiva exclamação: acabava de reconhecer, entre os mendigos, Márcio Taciano, o genitor do seu inolvidável Marcelo. Assustado com o grito de Dioneia, Cláudio, que se encontrava a seu lado, interrogou-a, com o coração vibrando de inaudita inquietação:

– Que tens? Estás sentindo alguma dor?

– Não! – respondeu ela, com a voz trêmula, atenuando-a para evitar a curiosidade popular. – Parece-me haver reconhecido o ex-senhor do Solar do Cisne, implorando um óbolo à caridade pública! Estou perplexa!

E, assim falando, premindo o braço esquerdo de Cláudio, contemplava o ancião, de compridas barbas de neve, tão brancas quanto os cabelos, mal coberto de farrapos. A piedosa castelã, ao vê-lo, fixou o olhar, e, após, quando já lhe tocava a mão esmaecida com a sua, para dar generoso óbolo, não pôde sustar novo grito de surpresa:

– Márcio Taciano!

– Dioneia Isócrates! – exclamou ele, também revelando nos olhos espanto indizível.

Paralisados, um em frente ao outro, ele andrajoso, ela com as vestes apuradas, a decrepitude e a mocidade, a opulência e a penúria; ambos, defrontando-se, dir-se-ia estavam transformados em duas estátuas marmóreas. Os meninos quedaram-se interditos, Cláudio Solano agitado por convulsivo tremor, que lhe paralisara o andar, ouvindo a dupla exclamação, perguntou à esposa, com a voz alterada por intensa emoção:

– Encontraste, de fato, Márcio Taciano?

– Sim, ei-lo, aqui, mendigando esmola dos que se aproximam do Teatro Apolo! – confirmou Dioneia, em voz baixa.

– Retiremo-nos deste local, Dioneia! – ordenou Cláudio, com energia.

– Não! Cláudio! Meu coração nunca se fechará, à hora da penúria (que já sofri também), àqueles por quem fui socorrida.

– Acaso se comoveu ele com as tuas desventuras, quando morreram teus protetores – pai e irmão?

– Nunca me vingarei, Cláudio! Não me vingarei de alguém que se encontre em horas de amargura, em instante de inaudito sofrimento! Perdoo o mal recebido pelo bem que o antecedeu! Quero inteirar-me da surpreendente e dolorosa realidade!

Assim dizendo, deixando por momentos de amparar o esposo, Dioneia abeirou-se de Márcio Taciano e lhe falou com emoção insofreável:

– Perdestes vossos haveres? Qual o destino de vossa esposa, mãe do meu inesquecível Marcelo?

– Ainda te recorda *dele*, ligada a outro homem?

– Sim! – falou ela, em segredo, mas com energia. – Eu me aliei ao único ser que se compadeceu de meus infortúnios! Foi Cláudio quem me estendeu a mão, em horas de inesquecíveis padecimentos! Se não houvesse ele me amparado, eu teria sido levada ao suicídio. Além disso, tem sido desvelado pai para o meu adorado Lúcio!

– Lúcio! disseste? Acaso não morreu ele, como me afirmaram, antes que tomasse a deliberação de dispor de nosso solar?

– Não! ei-lo! – disse Dioneia apontando com a destra o filhinho, e fazendo com que se aproximasse, e bem assim Ismael.

Ao observá-los à luz da iluminação externa do Teatro, não compreendeu o que seus olhos viam: um quase formoso adolescente, louro e esbelto qual o era Dioneia, e outro, trigueiro e impressionantemente parecido a Marcelo, morto havia precisamente doze anos antes.

– Dize-me... Dioneia... se este é o filho de meu amado Marcelo? – perguntou o ancião, apoiando a destra sobre a fronte de Ismael e abalado por incoercível soluço.

– Não! Este é um filho adotivo, um orfãozinho, que perdeu a genitora ao nascer, e encontrou guarida em nosso lar e em nossos corações! Vamos afastar-nos deste local para evitar prováveis curiosidades, e podermos, então, falar livremente.

Retomando um dos braços de Cláudio Solano, Dioneia, seguida pelos dois meninos e pelo velho sogro, afastaram-se todos da resplandecente casa de diversões.

Livro VIII

Lutas e conquistas espirituais

Márcio Taciano não cessava de contemplar, com olhos lacrimosos, o rosto de Ismael, cujos traços fisionômicos eram a semelhança dos do inolvidável filho, cujo dramático passamento trouxera em consequência tantos infortúnios morais e materiais.

– Precisamente ao que se parece com Marcelo não posso chamar de neto, Dioneia! Quanto o destino é impenetrável, Deus!

– A natureza muitas vezes nos desnorteia, Márcio Taciano, para demonstrar uma verdade incontestável! – exclamou Dioneia. – Não devemos, pois, duvidar da lealdade dos que nos cercam, porque não raro pretensos criminosos são inocentes, e os que julgamos inculpados são os verdadeiros delinquentes! Estas duas crianças, para mim queridas, Lúcio e Ismael, filhos de mães diferentes, são verdadeiramente irmãos pelo destino, porque suas almas se aliaram por vínculos de luz. Justamente o que não é filho de Marcelo lhe reproduz as feições com absoluta fidelidade!

– E, no entanto, Dioneia, deves ter percebido que toda a nossa desventura teve origem na dessemelhança de Lúcio com Marcelo! – murmurou Márcio, com os olhos sempre orvalhados de lágrimas.

– Tudo compreendi, Márcio, e muito sofri moralmente com a injustíssima suspeita. Tudo, porém, entreguei às mãos luminosas de Jesus, implorando-lhe Justiça e para fazer que seja patenteada a verdade.

– Já foste, quase, plenamente atendida Dioneia! – exclamou o ancião, alçando o braço direito ao Céu. – Fui levado, contra a minha própria consciência, a pactuar com a difamação que a infortunada Gelcira urdiu contra a tua fidelidade, e agora vou confessar a realidade condenável: vendi, simuladamente, o Solar do Cisne a um sobrinho de minha esposa, que apenas nos entregou uma parcela mínima do seu valor, ficando de dar-nos o restante dois anos após a posse do castelo, o que não fez, nem fará jamais! Quando, feita a cessão completa dos nossos direitos de propriedade, confessando uma dívida inexistente, solicitei o restante do que me devia, ameaçou-me com o cárcere, porque estava de posse de uma escritura de propriedade, legalizada. Em realidade, só me foi entregue menos da décima parte do que nos pertencia. Não pude promover a anulação da venda do solar, porque seria patentear a minha falta de probidade. Atribuo o desmoronar total de nossa prosperidade a esse ato indigno de almas nobres! Tudo quanto nos tem sucedido atribuo ao crime que cometi, levado por minha desditosa consorte, que, tardiamente o reconheci, havia muito estava com as faculdades mentais desequilibradas, desde a terrível tragédia que infelicitou o nosso lar outrora tão afortunado! Antes de decidir a venda do Solar do Cisne, informaram-me de que Lúcio havia morrido subitamente, e foi essa notícia que me conduziu à condenável fraude. Não necessitas ser vingada, Dioneia. Temos curtido fome e frio, abaixo de cães sem dono! Compreendes o que temos padecido?

– Sim... e Jesus me inspire para que vos perdoe e auxilie a vencer a dolorosa batalha da vida, como se o fizesse a dois desventurados irmãos! O pão que desejaram tirar-me e ao meu inocente Lúcio, nunca me faltou, por mercê do Alto, e ainda o temos tido de sobra para distribuir aos que o não possuem. Percebo tudo quanto nos sucedeu: fomos atingidos pela engrenagem do destino. Foi isso que nos aconteceu. Onde se encontra Gelcira? Quero vê-la, Márcio Taciano!

– Talvez não tenhas a precisa coragem de penetrar no sórdido pardieiro onde nos abrigamos, Dioneia! Ontem, ao virmos estender a mão à caridade, caiu ela inanimada, pois havia muito que curtíamos fome e frio. Levei-a a custo, quando recobrou os sentidos, auxiliado por um companheiro de infortúnio, para o desconfortável pardieiro onde nos acolhemos. Desde então, está delirando e, por diversas vezes, pronuncia os nomes de Marcelo e Lúcio, ora pedindo-lhes perdão, ora implorando que se aproximem do seu leito, para que possa morrer tranquila, abençoando-os!

– Levai-nos, *domine*, ao local em que se encontra a infortunada Gelcira! Aprendi a amar os infelizes e desamparados.

– No instante em que acedi a uma infame proposta, dispondo do castelo, não devia ter olvidado que mesmo fosse Lúcio filho bastardo – dando crédito a uma indigna calúnia – era uma criança desprotegida, da qual devia ter-me compadecido. Antes de atender ao teu generoso rogo, quero ouvir a palavra deste que se acha a teu lado, e que custei a reconhecer, ficando em dúvida se é ou não Cláudio Solano.

– Sim, sou como que o espectro do infortunado senhor do Solar da Galileia, e sem outro desejo que o de satisfazer às nobres aspirações de Dioneia – respondeu Cláudio, enxugando o pranto que lhe gotejava dos olhos apagados.

– Lamento muito a vossa desdita, senhor, disse-lhe Márcio; mas não sei quem mais haja sofrido. A cegueira é preferível à miséria em que me encontro há um decênio!

– Eu digo o contrário, senhor, pois a opulência sem a visão é semelhante a tornar-se miliardário na penumbra de um calabouço!

– Ambos têm razão no confronto de suas desditas; mas esqueceram que há um lenitivo inigualável, um eterno bálsamo para todos os que sofrem: a fé – falou a castelã fitando os dois interlocutores.

– Cláudio Solano deve ter padecido menos do que eu, Dioneia – repetiu Márcio, emocionado –, porque tem um lar, e eu vivo em trevas compactas desde o passamento de meu extremoso filho, e ainda perdi o Solar do Cisne.

– Deixemos o passado que morreu definitivamente para a condição humana. Desejo que me leveis, sem detença, ao local onde se encontra Gelcira! – disse a castelã, aproximando-se do sogro.

– O pardieiro em que nos abrigamos é indigno de visitantes! – respondeu o ancião, vexado.

– Enganai-vos, Márcio: não há local onde não possa entrar quem tiver Jesus dentro da alma – falou Dioneia, com energia e bondade. – Depois, fitando Lúcio, murmurou, brandamente repreensiva:

– Ainda não abraçastes o filho de Marcelo, do qual estivestes longamente separado, Márcio!

O ancião, comovido, enlaçou os braços trêmulos nos ombros dos dois meninos, com grande e muda emoção.

Dioneia, dirigindo-se aos meninos, disse, com a ternura que lhe era peculiar:

– Meus queridos, não podemos hoje ir ao teatro. Amanhã, sem falta, iremos.

– Está ameaçando chuva, Dioneia – falou Márcio, interrompendo-a –, e onde me acolho é longe. Amanhã, às oito horas, aqui vos esperarei para vos levar ao meu tugúrio. Não priveis estas crianças de alguns momentos de felicidade, tão raros para eles.

– Não; resolvi ir, hoje, visitar Gelcira. Aprestai uma sege para nos conduzir.

※

Após uma hora de percurso, tendo-se afastado do centro populoso, em região sombria, perto das ruínas de uma habitação de proporções gigantescas da qual ainda existiam alguns compartimentos habitáveis, Márcio avisou os itinerantes de que haviam atingido o ponto culminado.

O palafreneiro ficou à espera dos que conduzira em modesto veículo, e, por solicitação de Dioneia, cedeu-lhe a lanterna dianteira da sege para que todos pudessem chegar ao pardieiro de Márcio.

– Estais residindo nestas ruínas, Márcio? – indagou Dioneia.
– Sim, nestes escombros, semelhantes aos de minha vida.
– Sim, Márcio. O destino representa a sabedoria e a Justiça de Deus.
– Só agora apreendo o valor das tuas palavras, nas horas de inspiração, no Solar do Cisne, pois vivem dentro de meu coração, qual indelével sonho.

Depois de alguns instantes de silêncio, tendo tomado a dianteira dos visitantes, voltando-se para Dioneia, disse o ancião:

– Vê a penúria a que chegamos.

E, assim falando, apontava os escombros, mal entrevistos à luz da lanterna. Vencidas sérias dificuldades, mormente por Cláudio que, além de cego, caminhava sem segurança, tropeçando nas pedras do caminho, chegaram ao local desejado, a ouvirem uma voz incisiva, alterada pela dispneia. Márcio entrou em escuro aposento e, empunhando a lanterna que os iluminara durante a viagem, com a voz triste e transtornada pela emoção, disse:

– Gelcira, venho em companhia de Dioneia...
– Disseste Dioneia... Márcio? Enlouqueceste acaso? Não sabes que morreu num incêndio, com todos os parentes? – exclamou a anciã, com os olhos esgazeados de pavor e ansiedade.

– Esqueceste a realidade, Gelcira! Não foi Dioneia quem morreu, e sim seu pai e seu irmão!

– Não foi o que revelou meu sobrinho, quando se apoderou de nosso Solar. Afirmou ele que todos haviam sido vítimas do incêndio! Que vejo?! Márcio, onde encontraste

Marcelo, para no-lo trazer ao leito mortuário? Dize! dize! Quem são estes que vieram contigo?

– Acalma-te, Gelcira – tornou Márcio, mal sustendo as lágrimas que lhe afluíram aos olhos e deslizavam pelas faces esmaecidas pelo sofrimento. – Tive a felicidade de reencontrar Dioneia, Cláudio Solano, hoje seu consorte, e seus filhinhos, que residem no Solar das Sereias.

– Disseste o Solar das Sereias? Não me lembro mais dele... Ai! sim, sei onde fica... foi perto que mataram nosso adorado Marcelo. Como, agora, ele está aqui, novamente criança, junto do meu leito? Deixa-me abraçá-lo! Deixa-me apertá-lo nos braços! Quanto tenho sofrido por ti, Marcelo!

Assim falando, a enferma fez esforços inauditos por movimentar-se e sentar-se no leito, mal coberto de farrapos; mas, não o conseguindo, ergueu os braços lívidos em direção a Ismael.

– Aproxima-te da cama, Ismael – ordenou brandamente Dioneia –, e abraça aquela mulher.

Uma crise de emoção abalou o íntimo da infortunada matrona que, repentinamente, caiu sobre a almofada do catre, e, como se unicamente aguardasse a chegada daqueles que ali se encontravam para render a alma ao Criador, esgazeou os olhos, fitos no pálido rosto de Ismael, e falou arquejante, sem conseguir abraçá-lo:

– Eu te esperava... há muito para que visses... quanto temos sofrido... por tua causa! Vês a miséria a que chegamos, filho meu? Tudo... Tudo... porque mataram... nosso querido Marcelo! Vê... a penúria de nosso lar destruído... Maldito... seja... eternamente... o teu assassino!

– Gelcira! Gelcira! – murmurou Dioneia, abeirando-se do tosco leito, desejosa de lhe mudar o curso das ideias. – Não leves para uma vida melhor tanta odiosidade no coração! Perdoa. Esquece o passado, lembrando-te do Criador e Pai!

– Que viestes... fazer... aqui? – tornou Gelcira ofegante.

– Gelcira – disse Márcio Taciano –, aqui estão Dioneia, Cláudio Solano, o nosso netinho Lúcio e um amiguinho que vieram visitar-te! Não os reconheces?

– Cláudio... Dioneia... não foram eles que nos fizeram... assim desgraçados? Ali está o punhal maldito... ouviste, Márcio? Nunca o abandones, nunca! Quero que o tragas sempre contigo... até o dia... em que penetre ele no coração do maldito... assassino!

– Ela delira! – exclamou o ancião, tentando atenuar o efeito das palavras da sua agonizante companheira.

– Não! não! – repetiu ela, esforçando-se vãmente por soerguer-se no leito. – Quero morrer... na miséria... mas não... perdoar aos que nos desgraçaram! Esperava... apenas Marcelo para mor... rer! Eu... odei... o!

A derradeira expressão foi pronunciada com a voz completamente conturbada, e logo após rubra golfada lhe jorrou dos lábios, com um súbito inteiriçar dos membros extremos; abriu os lábios para pronunciar algo que desejava, com os olhos desmesuradamente descerrados e fixos em Ismael, não conseguindo mais manifestar os pensamentos, desprendeu esse profundo suspiro de quando se produz a separação total do Espírito. Então, imobilizou-se.

Acabava de expirar a infortunada Gelcira. Há nesses instantes inesquecíveis, na presença de um cadáver, a prova evidente de que um ser querido subitamente passa por uma verdadeira metamorfose, parecendo, aos que ficam no plano material, que se extinguiram todas as esperanças e ilusões da vida planetária. No entanto, essa incerteza é motivada por um insuficiente conhecimento da vida extratumular, e, pode-se dizer, com plena convicção, estar alguém pronunciando esta verdade insofismável:

– *Aqui* está consumada uma das páginas da infinita odisseia da alma, ou um capítulo da infinda novela da existência humana. *Aqui* jaz apenas o despojo de uma das batalhas, vestes rotas que em breve se metamorfosearão, no sepulcro, em vermes repulsivos! *Aqui* existe o que era imprescindível à campanha da vida material, um dínamo paralisado pela ausência do mecânico invisível que o impulsionava! Tendo partido a encarcerada invisível – a Alma – que vivificava todo o organismo, que impelia o coração e o sangue, que fazia trepidar o cérebro – onde se centralizam todas as atividades pensantes, tudo está consumado para a matéria que vai dissolver-se, em contato com a terra do solo, outro laboratório ativo da triunfante natureza! Aqui estão intactos todos os órgãos e vísceras; mas algo lhes falta, algo que, sem deixar vestígio, ocasionou a cessação de todos os fenômenos vitais. *Aqui* está o *nada* que, por algum tempo, aprisionou uma fagulha divina; o Espírito imperecível e eterno.

Sim, prosseguimos nós, o *nada* se consorcia com o perene, o corpo e o Espírito! Enquanto um tomba no sepulcro (tal a armadura de um cavaleiro cai no campo de batalha, ao finalizar o derradeiro golpe), o que era invisível e imperceptível durante a vida planetária – alma – o sopro divino se alia às falanges que o aguardam no plano etéreo, reconstitui sua individualidade, entra em outra fase da vida real de duração ilimitada. É a hora da realidade inconfundível: o Espírito, o peregrino do plano terrestre, revestido de ossos e de músculos, não pode mais ostentar a máscara da hipocrisia ou de uma farsa ilusória; apresenta-se perante quantos o veem na sua plenitude moral: com as vestes tecidas por suas próprias ações, benéficas ou perversas, formando um conjunto de neblina alva, radiosa ou cheio de trevas, conforme foi um justo ou um verdugo! Outras vezes, algumas almas têm a contextura dos novelos de fumo negro expelido das crateras dos vulcões, e, outras, a diafaneidade das brumas das mais elevadas serranias, toucadas da fulguração das estrelas ou a do Apolo sideral – o Sol.

A desditosa Gelcira, que passara por uma rude prova, não teve a precisa resignação, revoltou-se contra o destino, e daí o fracasso, a penúria extrema a compeliu e ao companheiro à humilhante mendicância, que ambos consideravam dolorosa degradação! Houve dias em que, sentindo-se enferma, mas obrigada a erguer-se do leito, para implorar a manutenção sua e do consorte, além dos mais plebeus misteres do lar, teve ímpetos de suicídio. Não o fez, devido aos conselhos cristãos que lhe dera o esposo, a quem convidara para partirem juntos, rumo ao desconhecido, ou antes ao sepulcro, para remate de todas as penas.

– Cometerias uma segunda loucura, Gelcira! – exclamara Márcio, em resposta à fúnebre proposta. – Vamos suportar, cristãmente, todos os tormentos morais que nos têm atingido, talvez por tentarmos fraudar os herdeiros do nosso solar.

– Não importa, Márcio! Prefiro a miséria, as maiores desventuras, a permitir que o nosso castelo passe aos assassinos do nosso filho!

– Nada há que confirme as tuas injuriosas suspeitas, Gelcira, e, mesmo que fossem reais as tuas suposições, não deveríamos ter lesado o nosso neto.

– Neto? Aquela criança confirmou o crime do adultério: não viste que é louro, tal qual o infame Cláudio?

– Não sejas injusta, Gelcira. A criança se parece, insofismavelmente, com a própria mãe! Não há leis infalíveis para o atavismo ou hereditariedade, salvo os caracteres de duas raças diametralmente diferentes – a branca e a preta, ou a caucásica e a africana! Os caucásicos são justamente os que apresentam a maior diversidade de tipos; alguns membros da mesma família, e muitas vezes os próprios irmãos, diferem completamente uns dos outros, têm aspectos vários, altura e inteligência diferentes! Não podemos, pois, saber ao certo quais são os característicos físicos da mesma família: às vezes, de ascendentes nobres, nascem criaturas que contrastam, integralmente, com a sua excelsa estirpe; são verdadeiros monstros, morais e corporais, que enodoam o nome de seus parentes ou vaidosos ancestrais.

– Pois bem, se não agimos de acordo com o Direito romano, vendendo simuladamente o solar, para que *ela* e o filho nada pudessem herdar, se algum dia for patenteada a verdade, sacrificarei a própria vida.

– Não quero enegrecer a minha alma com a responsabilidade dessa suspeita, sem provas esmagadoras. Isso será crime.
– Crime, disseste, Márcio? – prosseguiu a infeliz Gelcira.
– Muito maior não foi o *dela*, consentindo que fosse imolada a vida de nosso filho?

Começou para aqueles dois desolados anciãos uma verdadeira *Via Crucis* de decepções, de humilhações, chegando ao extremo da falta de recursos para a sua manutenção, sendo compelidos a recorrer à caridade pública, até que, na véspera da noite em que Dioneia e a família chegaram à capital da Dalmácia, caiu exânime a pouca distância de um antigo templo católico que, primitivamente, antes da era cristã, fora dedicado a Júpiter.

Voltemos, porém, às cenas do recinto onde ocorrera o desprendimento do atribulado Espírito de Gelcira. Após as explosões de dor, que dominam sempre os seres amigos dos que se libertam da matéria, há o pungitivo silêncio que avassala os corações em funeral.

Márcio, à beira do humilde leito mortuário, fitava a infortunada companheira de lutas planetárias, sentindo um verdadeiro vácuo dentro de si, na própria alma afetiva. Dioneia, com solicitude, dera as necessárias providências para o enterramento, que foi realizado com modéstia. Conveniente auxílio monetário foi dado a Márcio, que agradeceu, qual dádiva do Céu, o precioso socorro que lhe fora dispensado, e à falecida esposa, por Dioneia e Cláudio Solano. O desolado castelão murmurou, em pranto, fitando os dois protetores:

– Foi Jesus quem, compadecendo-se de nosso intraduzível sofrimento, nos enviou ao lar os que podiam socorrer-nos, filialmente! Se não fosse a presença e o auxílio que nos dispensastes, Cláudio e Dioneia, a pobre Gelcira teria sido levada à vala comum, coberta de farrapos! Se tal houvesse sucedido, amanhã, em vez de um cadáver, aqui encontrariam dois!

— Sirva-nos a lição para todo o sempre, Márcio! — falou Dioneia, comovida. — Jamais, em hipótese alguma, devemos entregar-nos ao desespero, à falta de coragem nos instantes de embates morais, por mais acerbos que sejam! Jesus não abandona as suas ovelhas, mesmo as desgarradas do Redil celeste.

— Acaso não fiquei mais abandonado ainda sobre a Terra, sem a companheira desta angustiosa existência, Dioneia?

— Não, Márcio; ireis conosco para o Solar da Galileia, que é antes um abrigo para os que desejam trabalhar ou viver fraternalmente, de acordo com os ensinamentos de Jesus!

— Não mereço tanta generosidade, Dioneia, pois, pelo meu proceder, não devo receber o teu perdão. É preciso sofrer mais e morrer na miséria, ser atirado à vala comum, para remir o delito que pratiquei.

— Basta o arrependimento profundo do erro cometido.

— É preciso saber se teu esposo está de acordo contigo, Dioneia — tornou o ancião.

— Eu concordo em tudo que a mais generosa das criaturas humanas resolver, Márcio! — exclamou Cláudio.

※

O convite de Dioneia foi finalmente aceito por Márcio Taciano, sinceramente arrependido.

Assim decorreram alguns dias, consagrados à compra de tudo quanto Dioneia desejava dar aos habitantes do Solar da Galileia, isso depois de ter ido, com o consorte e os meninos, aos principais logradouros públicos, e deleitado o espírito com algumas audições musicais. Afinal, foi deliberada a volta ao alcáçar.

No dia em que resolveram regressar ao lar, Cláudio falou à consorte, entristecido:

– Dioneia, o doloroso e inesperado acontecimento que presenciamos, há poucos dias, sugeriu-me uma grave resolução a tomar; pensei, como nunca o fiz, na minha partida para o mundo desconhecido... da morte!...

– Onde nos aguarda a punição ou o prêmio de nossas ações terrenas, Cláudio – concluiu Dioneia, com tristeza. – Que deliberaste, sugerido pelo que ocorreu?

– Aproveitarmos a nossa estada em Zara para regular tudo quanto possuímos no solar. Quero dispor de tudo em teu benefício, de Lúcio e de Ismael.

– Cláudio, mostras com esse proceder generosidade de sentimentos. Mas podes acaso prever o teu desprendimento espiritual antes de mim?

– Por inexplicável intuição.

– Não desejo, Cláudio, que julgues ter eu menos desprendimento das coisas materiais: faremos doação aos dois entes queridos que mencionaste; mas não esqueçamos os que nos têm servido com dedicação, e também Márcio Taciano.

Assim, amigavelmente foi deliberado que, por morte dos cônjuges, tudo ficaria pertencendo legalmente a Lúcio e Ismael, sob a tutela de Márcio Taciano, na hipótese de este sobreexistir.

Alguns dias transcorreram na famosa capital. Dioneia comprou o que pretendia para seu lar, e estava prometido aos que mourejavam no castelo. Ficou depois resolvido o regresso, que se fez normalmente. Márcio Taciano mostrava-se apreensivo. Hora houve em que disse a Dioneia:

– Seria preferível morrer ao abandono a voltar àquele local: alquebrado e humilhado, é um suplício aproximar-me do indigno sobrinho de Gelcira, Sertório Galeno, porque desejo reaver o que me pertencia, para restituir ao legítimo herdeiro tudo quanto foi usurpado.

– Não vos preocupeis mais com o que sucedeu Márcio – falou Cláudio, emocionado. – Quando eu e Dioneia baixarmos ao túmulo, ele e Ismael serão os proprietários do Solar da Galileia, sob vossa direção!

– Há ocasiões em que me parece, tal como aconteceu a Gelcira, vou também enlouquecer, contemplando as feições de Marcelo reproduzidas nas de Ismael. Quão enigmático são os desígnios do destino humano!

– Entreguemos às mãos do Mestre dos mestres a solução de todos os arcanos da existência, pois, melhor do que nenhum outro matemático, Ele os resolverá! – falou Dioneia.

Foi assim palestrando, amistosamente, que terminou a jornada de retorno.

Chegando ao Solar da Galileia, reformado e aformoseado sob a direção de Dioneia, Márcio, ao ouvir as harmonias que se desprendiam da harpa e da lira, dedilhadas em sua intenção pelos dois meninos, exclamou, emocionado:

– Meus filhinhos, sois dignos do meu eterno reconhecimento! Não distingo o legítimo neto daquele que se tornou seu irmão e verdadeiro amigo, pelo destino, sempre surpreendente! Mas é estranha a semelhança de Ismael com o nosso idolatrado Marcelo! Como se reproduziram, em desconhecida família, os característicos físicos de outra, que supomos pertencentes à nossa? Por que Lúcio não se assemelha ao extinto genitor?

– *Domine* – respondeu-lhe a castelã que se achava presente –, tudo nos demonstra a verdade das leis dos renascimentos, ou da palingenesia: o regresso da alma à vida carnal. É a alma, e não a matéria, que atua na reconstituição dos organismos físicos. Não se elucida de outra forma a semelhança de Ismael com o inolvidável Marcelo, assassinado três anos antes de seu nascimento, e que, saudoso do lar que fora seu, regressou ao nosso, para que se perpetue a nossa imorredoura afeição, que é recíproca!

– E por que não te lembraste de lhe dar o mesmo nome do adorado extinto?

– É que Ismael, logo ao nascer, não podia mostrar ainda a semelhança fisionômica que só mais tarde revelou. A ignorância humana não permite que a verdade excelsa seja desvendada como que em um palco teatral à hora em que se ergue o velário. Temos ainda vacilações que confundem a mente: há percepções que escapam à nossa inteligência, ainda falha, ou indiferente, aos magnos enigmas que se relacionam com a nossa própria vida; mas a verdade será patenteada ao escoar da eternidade! A ciência terrena os tem desprezado, e os que tentam dar-lhes uma condigna solução são apedrejados ou forçados a sorver o cálice de cicuta de atrozes padecimentos, como sucedeu a Sócrates, ou crucificados como fizeram a Jesus e a alguns de seus discípulos, arautos da fé, da imortalidade e da redenção de nosso próprio espírito!

"Os enigmas da vida humana, porém, mais tarde, terão lúcida interpretação: há de soar o momento em que será vibrado o clarim áureo da verdade, em que hão de ser desvendados, por meio de uma equação divina, o passado e o futuro de cada ente humano, e, então, um caso qual este que ora nos prende a atenção – o renascimento de Marcelo na pessoa de Ismael – será logo definido, se não o julgássemos já desvendado, observando a afeição, mais do que fraterna, existente entre estes dois seres queridos, que nossos olhos contemplam com amor infinito – Lúcio e Ismael!

"Dir-se-ia que nasceram no mesmo instante, sob o mesmo teto! Que digo eu, porém? Às vezes os que nascem no mesmo local, filhos dos mesmos pais, se detestam e odeiam! Como se elucida a aversão que Gelcira votava a Cláudio, desde antes do homicídio de Marcelo, acusando-o, sempre, como se o tivesse visto romper-lhe o sagrado fio da vida? Como se decifrará o motivo da repulsa de Lúcio e Ismael contra o infortunado castelão, cujo aspecto infunde comiseração, cego e acabrunhado por uma dor moral que lhe transparece no rosto definhado e nos olhos imersos em trevas?"

– É bem verdade o que observaste, Dioneia!

Quedaram-se ambos, Dioneia e Márcio Taciano, em retrospectivas reflexões.

– Dize-me, pois, Dioneia: estás convicta de que Marcelo e Ismael formam uma única individualidade espiritual?
– Sim! – respondeu, com firmeza, a castelã.
– Quanto conforto a desventurada Gelcira poderia ter fruído, com a presença destas duas encantadoras crianças, se houvesse suportado, com a devida resignação ou sem revoltas, o tremendo golpe desferido em nossos corações.
– Obscurecia-lhe a razão um amor exagerado. Seu coração enlouqueceu, *domine*! A dor que sofreu foi muito acerba.

....

Dias de lenitivo e paz espiritual decorreram no Solar da Galileia. Havia trabalho para todos os seus habitantes, exceto para o infortunado Cláudio, que lamentava a sua inércia improdutiva e a sua exclusão de todas as atividades do castelo, do qual era, no entanto, senhor.

– Dir-se-ia que estou morto, faltando-me a luz dos olhos! Escuto o ruído, ouço a vibração dos instrumentos dos artífices e a dos musicistas, e lamento não os poder acompanhar. Só, entre todos, permaneço inútil, desocupado, dando margem a que apenas o pensamento trabalhe, flagelando-me continuamente o coração! Por que não fica cego também o próprio cérebro, de onde jorram incessantemente ideias absorventes, ora devassando o passado sombrio, ora o futuro mais tenebroso ainda?

– É necessário que te resignes, não me cansarei de to repetir. Saber padecer é prova de perfeição humana, tal qual no-la deu Jesus! Os bandidos não sabem suportar o mais leve transtorno às suas aspirações ou à realização de seus planos sinistros, e, por isso, por uma palavra que o justo profere, mesmo sem intenção malévola, embebem eles em um coração palpitante de vida utilíssima a lâmina perfurante de um punhal fratricida, que o esfacela barbaramente, tigrinamente! A dor é o modo evidente de distinguir-se o bom do perverso pela resignação ou pela violência com que é suportada. Julgas, então – continuou Dioneia – que se não houvesses contraído um débito ante as Leis Divinas, estarias privado da luz dos olhos, qual o nauta em alto mar, proceloso, da de um farol salvador?

❧

Márcio Taciano, o venerável ancião andava seriamente preocupado, porque soubera, por um campônio, residente no castelo que lhe pertencera, estar o fraudulento parente de Gelcira irritado com a sua presença no solar vizinho, e que ordenara a um fâmulo dizer a ele, Márcio Taciano:

"Se tentar a reivindicação de qualquer direito, que julgue assistir-lhe, sua vida estará em perigo, e bem assim a de todos os que com ele convivem".

Márcio Taciano comunicara o ocorrido a Dioneia e a Cláudio, que também ficaram apreensivos, porque sabiam que o falso senhor do Solar do Cisne tinha proceder pouco edificante, era despótico, sem probidade, e os que com ele tratavam viviam intranquilos, receosos sempre de lamentáveis sucessos.

Um acontecimento, que poderia passar despercebido, aumentara as apreensões do ancião: o punhal que Gelcira lhe pedira jamais abandonasse, estava colocado em um móvel do aposento que ocupava, e, pela manhã daquele dia em que Dioneia e o esposo haviam palestrado longamente sobre temas transcendentais, notara ele sua falta. Interrogou os fâmulos, prometeu gratificar a quem descobrisse o paradeiro da arma fatal; mas não logrou qualquer vestígio do desaparecido objeto.

— Foi até ventura a desaparição do fatídico punhal! — exclamou Dioneia, tentando desvanecer os desagradáveis pensamentos de Márcio Taciano. — A presença daquela arma homicida era lembrança constante de um crime que entenebreceu os nossos corações.

— Dizes isso para atenuar minhas apreensões, Dioneia — respondeu o ancião —, mas, no íntimo, pensas igual a mim: a desaparição do punhal maldito é prenúncio de novos dissabores!

— Esse realmente foi o primeiro pensamento que me ocorreu, *domine*, quando soube do sucedido; confio, porém, agora e sempre, na Justiça celeste. O próprio Jesus, à hora em que se lhe apresentou o cálice de amarguras, implorou que fosse afastado, pois o sabia repleto de angústias; mas, compreendendo que era preciso sorvê-lo, o esvaziou até a derradeira gota. Nós temos de imitá-lo, porque não somos mais dignos da complacência suprema do que o fúlgido Mensageiro, padrão imortal pelo qual temos de guiar os nossos passos, os nossos ideais, as nossas aspirações, os nossos deveres, para triunfo espiritual definitivo! Ninguém foge ao destino, *domine*! Entreguemo-nos às mãos luminosas de Jesus, suceda o que suceder.

Sem que ninguém pudesse elucidar o que se passava na penumbra do embuste e da aleivosia, todos os habitantes do Solar da Galileia começaram a viver em ambiente de intraduzíveis inquietações.

Já, então, havia decorrido mais de um ano depois que Márcio Taciano chegara da capital da Dalmácia, e sempre entristecido meditava sobre o passado doloroso. A criatura humana tem, no transcurso de sua existência material, efêmeros instantes de ventura e longos períodos de infortúnio, sendo a dor quase incessantemente sua fiel companheira. A criatura concebe projetos de felicidade futura, trabalha e esforça-se para conquistá-la; mas o sofrimento supera as alegrias, que desaparecem no oceano profundo das amarguras, porque é na forja incandescente da dor que se enrija a têmpera das almas, e no cadinho ardente das lágrimas se despojam elas dos detritos do mal, a fim de que tenham a consistência e a pureza dos diamantes divinos, lapidados pelo buril mágico da virtude, do dever, do labor. A criatura humana aspira à serenidade espiritual, aos dias tranquilos, à harmonia dos lares; mas – ai dos pobres delinquentes ergastulados na masmorra terrena! – toda a ventura mundana é um estacionamento no progresso psíquico, enquanto que o sofrimento, nobremente suportado, é um impulso do Espírito para as regiões ditosas do Universo, onde têm guarida os libertos do mal, os conversos ao bem definitivo e perene!

A alma, qual legionário divino, carece de lutas e de labores, a fim de revelar a sua combatividade, as suas faculdades de resistência e os méritos adquiridos em centenas de pelejas morais. Por isso, saber sofrer é a Ciência do justo, do vitorioso do mal, do redimido, enfim! Sofrer é acelerar o progresso espiritual, é incentivar a alma para as batalhas renhidas que recobrem de glórias imarcescíveis os mais corajosos combatentes, e cujos triunfos consistem na virtude, na mansuetude, no trabalho honesto, no sacrifício, na abnegação, no amor ao próximo!

Tempos de paz haviam decorrido no Solar da Galileia, até a chegada de Márcio Taciano, cuja presença gerara desinteligência alarmante entre os habitantes do castelo e os do que lhe ficava vizinho, e pertencera ao ancião.

O salão onde se realizavam as preces cristãs, instalado no andar térreo, mereceu especial dedicação de Dioneia, que o tornara digno da atenção dos habitantes do solar, não só pelo relativo conforto que lhes proporcionava, mas também pelo cunho artístico que revelava.

Uma noite, após as refregas do dia, entristecida, Dioneia dirigiu-se para ali, como era hábito. Diversos assistentes já se encontravam reunidos, aguardando a palavra confortadora da inspirada castelã e a do professor ao qual estava afeta a educação dos camponeses e filhos. Sob notável silêncio, ouviu-se a voz persuasiva da castelã, que, olhos cerrados e destra erguida, assim transmitiu a palavra de uma entidade protetora.

— Meus amados irmãos da seara de Jesus, orai e vigiai os próprios pensamentos. É bem penosa a missão dos enviados do Mestre que tomou sobre seus ombros todas as ovelhas do mundo das sombras e das lágrimas! Aproximam-se verdadeiras procelas espirituais para todos vós; mas não deveis curvar as frontes em desalento, e sim voltá-las para o Alto. Que é a vida humana? Apenas um átomo da Eternidade: dura um segundo entre dois infinitos, dois oceanos incomensuráveis – o passado e o porvir, que se ligam por frágil e quase inexistente vínculo ao presente, aliando-se os três, por influxo sideral, por toda a consumação dos milênios! As trevas, neste orbe, sobrepujam as claridades celestiais, porque, aqui, ainda se encontram os seres em início de suas trajetórias infindas, as almas imperfeitas que, aos poucos, vão dealbando, vão diluindo as caligens dos crimes perpetrados em diversas eras. Os sofrimentos, as experiências purificadoras, os deveres nobremente cumpridos até que possam ascender aos planos siderais ou divinos!

"O Emissário celeste – Jesus – nos veio patentear a Verdade deífica, e sua palavra ficou eternizada em um conjunto luminoso, que terá duração ilimitada: o *Evangelho*! Rolarão os séculos no torvelinho da Eternidade, os homens continuarão a exterminar-se, a lutar contra os próprios irmãos, execrando-se mutuamente, porque um nasceu aquém ou além-mar ou separado por uma cordilheira, esquecendo-se de que o planeta em que vivem é seccionado apenas pelas fronteiras naturais – oceanos, rios e cordilheiras; mas a cúpula que o encima é contínua, indivisível. Aqui, os homens retalham os territórios, formando diversas nações; além, há somente uma pátria para todos os redimidos, o Céu, a Pátria Divina! Há, porém, na Terra, uma região ocidental, assinalada por um calvário de estrelas, ainda desconhecida deste hemisfério, onde se congregarão uma plêiade de Espíritos evoluídos, dos que já não se submetem às odiosidades de raças ou de castas, seres humanos amigos uns dos outros, não fazendo separações pelo local do nascimento, e sim pelos erros cometidos, procurando, contudo, conduzi-los para Deus.

"Irmãos bem-amados, muito custa vencer a batalha da vida! Muitas vezes as armas tombam das mãos desfalecidas; mas é mister apanhá-las do solo ensanguentado, e prosseguir sempre e sempre, até que as possam entregar ao General supremo, transformadas em gládios de luz! Eu, que vos transmito os pensamentos por intermédio de uma nobre pitonisa, venci os mais rudes embates morais, cometi desatinos e crueldades, resolvi, depois de muitos séculos de dolorosas experiências, empunhar o gládio da justiça, da abnegação, do dever e da dor; mas confesso-vos lealmente que muitas vezes me senti esmagado por tremendas decepções, desilusões acerbas que me esfacelaram o coração. Tenho a impressão de haver tomado parte em batalha que houvesse durado milênios. Nem sempre, porém, empunhei armas mortíferas, e sim também as de defesa dos desditosos, dos espoliados pelos déspotas; e desde que compreendi que o mal é o vírus que contamina a alma, e o bem o saneador divino, não perpetrei mais qualquer falta que pudesse prejudicar o nosso próximo.

"Sejamos doravante, irmãos, seguidores de Jesus, coesos pelo pensamento; não descuideis vossos deveres sociais e espirituais. Sede defensores da honra, da justiça e do dever, amigos uns dos outros, honestos e abnegados; estais laborando na Terra para receber no Céu o salário divino. O gozo material é a ideia dominante, a aspiração geral dos seres humanos, que desejam suplantar os adversários, cevando o ódio nas vinganças bárbaras, armando os braços dos bandidos para o extermínio dos desafetos. E, desse modo, são ceifadas vidas preciosas, arruinando a saúde e enegrecendo as almas nas vigílias nocivas ou nos prazeres nefastos. Esta é a norma seguida pelos que conquistam os cabedais da Terra, onde devem permanecer, e, enxovalhadas as almas, enegrecidas pelos delitos, estas se tornam conturbadas, infortunadas, misérrimas, impotentes e inúteis quais pedras de estradas desertas, águas que rolam em cachoeiras desconhecidas.

"Não acuseis, pois, com severidade os vossos adversários, porque o mal que cometem contra vós representa, às vezes, a remissão de um delito nefando, e, por isso, estais saldando, com lágrimas pungentes, uma transgressão às Leis Divinas ou humanas. Abreviemos esse instante inestimável que soará para todos os seres humanos, uns mais depressa, outros mais demoradamente. Todos terão, porém, a derradeira prova e a mesma vitória: a isenção das dores, físicas e morais, a aliança eterna com os entes mais adorados, a coparticipação com os arautos siderais na consecução dos mais nobres ideais, a libertação da morte, que é um dos suplícios por que passam os Espíritos."

Dioneia calou-se por instantes, reiniciando, como se houvesse repousado, a lição do Alto:

– Por que uma criancinha, que apenas dura horas, parecendo isenta de todas as máculas, cai em um abismo, sendo, às vezes, arremessada a uma estrada deserta pelos que deviam protegê-la, ampará-la e fazê-la feliz? Por que um recém-vindo à Terra, inocente e cândido, nasce contorcido, cego, mutilado, deformado? Ah! caros irmãos, tudo isso sucede porque cada criatura possui um passado muitas vezes secular que lhe acarreta punições inevitáveis. Por que nasce alguém sem o braço direito, parecendo decepado pelo certeiro golpe de gládio empunhado por um gigante, e assim vive infeliz, mutilado, sem poder trabalhar? Porque outrora o teve robusto e ágil, e só o exercitou na prática de crimes, no extermínio de vidas valiosas, esquecido de que a natureza lho havia proporcionado para o que é útil às coletividades e a si mesmo. Por que há cegos de nascença? Cada padecimento é o reflexo de um delito, de uma injustiça ou de uma arbitrariedade. Todos os entes humanos anelam possuir opulência invejável. Esta é a norma geralmente seguida pela impiedosa Humanidade: a expansão do egoísmo, a acumulação de tesouros excessivos, como se a vida fosse durar séculos no plano terreno, dando incremento à ostentação do orgulho e da vaidade. Aqui, pois, deveis, ao mesmo tempo, ser úteis ao próximo e a vós próprios, porque assim estareis colaborando na Seara celeste. Agora, caros irmãos, finalizo os meus conselhos fraternos:

"Preparai-vos para as ciladas dos que, faltando com os deveres de lealdade, urdem na penumbra represálias e emboscadas contra irmãos presentes. Alguém, dentre vós, tem conivência com um autêntico adversário da Luz, e que, imbuído de ideias anti-humanitárias, ainda se compraz com a destruição dos lares, da felicidade e da vida de irmãos devotados ao altruísmo! Preparai-vos para a defesa de vossos lares e de vossos seres queridos. Deus vos inspirará e dará eficiente amparo".

Houve, subitamente, um rumor inesperado no recinto, frouxamente iluminado por uma lâmpada pendente do teto, e quantos ali se encontravam reunidos ouviram a queda de dois corpos no pavimento, logo facilmente identificados: o de um camponês e o de Dioneia.

Geral e desconcertante tumulto se estabeleceu no auditório, e, decorridos apenas alguns instantes, os dois desfalecidos foram transportados para leitos e rodeados pelos que mais se interessavam por Genaro, o campônio, e por Dioneia, a piedosa castelã.

Bruscamente, uma convulsão abalou o organismo de Genaro, que, contorcendo os lábios, tornados lívidos, quase imperceptivelmente murmurou:

– Todos a postos!... O Solar da Galileia será assaltado esta noite, para que seja morto o ex-proprietário do castelo vizinho, e, principalmente, o legítimo herdeiro do mesmo. Sou o pai de Cláudio, o meu pobre filho. Sou Tasso Solano!

– Por que não nos revelastes, há mais tempo, os intuitos sinistros desse perverso, para que interessássemos as autoridades na defesa e socorro de todos nós? – interpelou Cláudio, trêmulo de emoção.

– *Aqui* onde me encontro... há muitas entidades às quais temos de obedecer... Só podem agir livremente os que souberam cumprir estoicamente todos os deveres... e não transgrediram a Lei. Há muito, desejava falar, avisando-vos do que vai suceder, no resgate de muitas *dívidas tenebrosas...*

— Que devemos fazer, agora, em tão angustiosa emergência?

— Congregai todos os serventuários e camponeses, neste andar térreo, com as armas existentes em profusão no subterrâneo deste solar. As famílias irão para o pavimento superior. Muita vigilância, principalmente com o ex-proprietário do Solar do Cisne, seu neto e Ismael, em torno dos quais há grandes interesses de ocultos inimigos. Estão à procura de todos os interessados nos teus haveres e nos que pertenceram a Márcio Taciano. Coragem e muita serenidade. Os que aqui se encontram não são todos fiéis a este solar... Embora em número reduzido, há coniventes na premeditada traição, e jamais deverão ser readmitidos nos serviços desta casa. Urge que vos apresteis para a verdadeira batalha... que se vai travar neste recinto abençoado por Deus!

Repentinamente, foi ouvida confusa vozeria que se aproximava do castelo. Fechadas com rapidez todas as portas e janelas do sólido alcáçar, foram trazidas as armas existentes no subterrâneo, e logo empunhadas pelos rudes camponeses, assaltados por um terror que os fazia silenciosos e pálidos.

Genaro e Dioneia ergueram-se nos leitos onde se encontravam e foram postos ao corrente da situação. Fora, já se ouvia o tropel de cavaleiros, certamente aguerridos.

Márcio Taciano, após alguns momentos de reflexão, dirigiu a palavra a Cláudio:

— Meu amigo, estou no derradeiro quartel da vida, no tempo de partir para onde estão os meus bem-amados! Ide, pois, para o andar superior do castelo, com Dioneia e as crianças. Eu ainda me lembro do tempo em que fui destemido cruzado: quero recordar essa fase, dirigindo a defesa do lar amigo. Sei como devemos agir, e ninguém fará melhor do que eu, indiferente à morte, a defesa do Solar da Galileia, implorando a Jesus inspirações e auxílio para tal conseguir.

– Obrigado, meu amigo – respondeu-lhe Cláudio, com os olhos marejados de lágrimas –, quero, porém, ficar convosco: também eu não temo a morte.

– É uma temeridade a vossa atitude, *domine*! – respondeu-lhe Márcio, com emoção. – Deveis abrigar-vos melhor dos que busquem tirar-nos a vida.

– Quero ficar ao vosso lado e dos defensores do Solar – repito.

– Eu ficarei com ambos, e com os amigos que aqui se acham – declarou Dioneia.

– E, no caso de perdermos a vida, quem ficará com a direção do Solar? – interpelou Márcio Taciano.

– Onde se encontra Felipe Valdomiro – o administrador do castelo? – interrogou a um camponês a amargurada Dioneia.

– Senhora... titubeou o campônio, que logo emudeceu, visivelmente receoso de prosseguir.

– Termina o teu pensamento, Sávio! – insistiu a castelã, com incontida aflição.

Todos se aglomeraram ao redor de Sávio, prevendo revelações de suma gravidade e de efeito sensacional.

– Senhora Condessa – falou o campônio, temendo o que ia revelar –, há muito o rancoroso Valdomiro deixou de ser amigo do Sr. Conde, porque, este, ao realizar a última viagem, comunicou a todos que, no caso de sua morte, o Solar seria repartido, com todos os cabedais existentes nos cofres, aos mais fiéis servidores, cabendo-lhe a maior parte no legado... Ora, o Sr. conde de Morato voltou... cego e consorciado convosco, que tendes sido o farol bendito deste castelo... Ele, então, deixou transparecer sua cólera e sua decepção por diversas vezes, e, clandestinamente, se aliou ao senhor do Solar do Cisne, para vos prejudicar no que fosse possível. Ele é aparentado com o mordomo daquele Solar e, muitas vezes, a horas mortas, se encontravam nas ruínas existentes entre os dois castelos. Projetou atentar contra a vida da senhora Condessa, por ocasião da visita à camponesa mãe de Ismael, não efetuando o crime porque eu e Genaro o acompanhamos, e prometemos matá-lo, antes que ele lhe tocasse as mãos. Ele nos odeia de há muito, tentando indispor-nos e até nos despedir deste Solar.

– Tuas palavras não me surpreendem, Sávio – falou Dioneia –, apenas confirmam suspeitas que se avolumam em meu íntimo. Mas por que não nos fizeste, há mais tempo, essa grave revelação? Como soubeste o que ora nos relataste, ficando em silêncio, Sávio? – interrogou ela, com a voz alterada pela emoção.

– Descobri por acaso, estando oculto nas ruínas dos arredores do Solar do Cisne, por causa de forte aguaceiro. Quis revelar-vos a verdade; mas tive receio de uma vingança, pois o adversário é de instintos perversos. Hoje me arrependo, por não vos haver revelado o que desde então me tirava a tranquilidade de viver nestas paragens. Não suspeitei, porém, que ele se aliasse, para atos criminosos, ao desalmado Sertório Galeno, mormente sendo este sobrinho do Sr. Márcio Taciano...

– Sobrinho de minha finada esposa – retrucou o ancião –, mas isso não impediria que houvesses relatado o que nos confessas, em hora tão aflitiva quanto esta!

– Duas nefastas ambições conjugadas! – exclamou Dioneia.

– *Domina*! – disseram diversos camponeses. – Se vossa vida ou a de vosso esposo for imolada, só obedeceremos ao senhor Márcio. O falso servidor que, neste momento, deve estar ao lado dos inimigos, caro terá que resgatar o crime que está cometendo!

Pronunciadas que foram estas palavras, todos ouviram o galopar de corcéis aproximando-se da ponte levadiça, que não havia sido suspensa, por lamentável esquecimento, e, logo após, da porta central do castelo, ouviram-se gritos sediciosos em imperiosa intimação:

– Rendei-vos, abrindo esta porta, para que não sejamos forçados a destruí-la!

– Havemos de resistir ao assalto, com vigor, miseráveis bandidos! – exclamou Márcio Taciano, encolerizado, parecendo reanimado de ardor cavalheiresco.

– Abri as portas... para evitarmos grande carnificina! – tornou um dos agressores, com violência.

– Os atacantes serão rechaçados, se tentarem penetrar no castelo! – respondeu Márcio, com desusada energia, cuja voz parecia ter-se avigorado, tornando-se quase estentórica.

– Não queremos sacrificar famílias. Abram a porta para que fiquem prisioneiros os culpados, os que tentam destruir quanto pertence ao nobre Sertório Galeno! – tornou a mesma voz, reconhecida pelos presentes ser a do traidor Valdomiro.

– Somos cristãos, e nunca prejudicamos o que usurpou o Solar do Cisne! Saberemos defender-nos; Deus virá em nosso socorro, porque a nossa defesa é justa!

– Caro pagareis o orgulho, velho ambicioso! – gritou uma voz enfurecida, cujo timbre revelava ser a do usurpador.

– Traidor e falsário! – exclamou Márcio, com veemência.

Violenta arremetida foi feita contra o castelo, sobre cuja porta central assestaram baterias, que a abalavam fortemente. Os defensores, sempre precavidos para qualquer assalto, haviam-se transportado para o corredor que dava acesso aos principais aposentos, e por onde, então, com grande açodamento e rumor, conduziram tudo quanto existia nos subterrâneos: bulhões, lanças, punhais e bombardas para o lançamento de pedras que fendiam os crânios, mal eram desfechadas.

– Jesus! – exclamou Dioneia, em pranto, unindo as mãos em súplica – tirai-me a vida para não assistir ao extermínio de tantos entes queridos!

Um frêmito de pavor percorreu o organismo de todos os pacíficos habitantes do Solar da Galileia; mas a indignação, a revolta, o desespero improvisam heróis. Crianças louras, que haviam adormecido ao colo protetor de suas genitoras, despertaram, em gritos aflitivos e choro convulso, sendo transportadas ao andar superior do Solar.

Dioneia dirigiu a palavra aos servos e aos campônios, concitando-os à defesa e à confiança que os levariam à vitória na lamentável emergência em que todos se encontravam; suas palavras, porém, eram abafadas pela violência da agressão, que fazia trepidar a porta central, recoberta de bronze de sólida resistência.

Naqueles instantes angustiosos, transformado em dirigente da defesa do Solar da Galileia, o venerável Márcio Taciano comandava.

— Ide ao andar superior! — ordenou ele a um grupo. — Prevejo que os assaltantes tentarão penetrar por alguma das portas ou janelas do pavimento onde estão acolhidas mulheres e crianças. Empunhai as armas — disse a outros — e assestai-as para a porta que está sendo forçada pelos bandidos!

— Quero auxiliar-vos, avô! — exclamou Lúcio, aproximando-se do ancião.

Márcio admirou as sugestões que o neto começou a dar, pois, adolescente, Lúcio, naqueles instantes, parecia inspirado por um nume apto para a defesa do Solar. Todos lhe viram a bravura, a estratégia, as ordens acertadas que, dir-se-ia, eram antes ditadas por um consumado militar do que por ele.

Dioneia fitava-o atemorizada, porque naquele belo adolescente estava congregado o que de mais precioso possuía sobre a Terra: amor filial, esperança, derradeira felicidade!

Os assaltantes duplicavam a violência. Mais alguns esforços e a porta cederia!

Bruscamente, o intrépido e inspirado jovem, por evidente intuição supranormal, deixou o recinto onde se encontrava, seguido de alguns bravos defensores, e foi a um dos compartimentos do andar térreo, precisamente quando um dos servos (que depois se verificou ser um dos aliados de Felipe Valdomiro – o infiel e despeitado administrador) ia abrir uma porta do lado anterior do prédio, para facilitar aos assaltantes a entrada e posse do alcáçar de Solano.

– Alto! – bradou Lúcio.

Compreendendo a gravidade da situação, diversos serviçais tentaram deter o traidor; mas, inopinadamente, desprendeu-se ele das mãos vigorosas que o prendiam, e, qual flecha desferida por ágil fundibulário, foi em direção do cego Solano que estava pouco distante da esposa, desfechando nesta um golpe, para logo após cravar o fatídico punhal (o mesmo que ceifara a vida material de Marcelo e desaparecido havia pouco tempo) no peito do desditoso senhor do Solar. Um grito uníssono de indignação ressoou no recinto. E quando o enfurecido e infiel servo homicida se dirigia a Márcio Taciano, antes que pudesse abrir e precipitar-se de uma janela, outro servidor, indignado com o que havia sucedido, trespassou-lhe o coração com um golpe de lança envenenada.

– Justiça seja feita! – exclamou Dioneia, ao tombar ao solo, ainda com os olhos fitos em Lúcio e Ismael.

– Minhas esperanças estão perdidas! – ouviram todos Cláudio Solano murmurar, dolorosamente. – Chamem Márcio Taciano... Quero confessar-lhe a verdade... odiosa. Chamem-no... depressa!

– Eis-me a vosso lado, *domine*! – falou o ancião, aproximando-se do infortunado Cláudio que, a custo, lhe confidenciou:

– Eu não merecia... a ventura que há muito desfrutava... com a posse do tesouro... que era de outro... e que eu, esquecido de meus deveres fraternos... usurpei... por meio de um crime... que me tornou desgraçado!

– Ficastes louco, *domine*! – falou Márcio, tornando-se lívido.

– Não, Márcio! Aproxima-se o... instante fatal, e sei que muitos dos que aqui se acham... vão ter morte cruel... Quero dispor do que vai ficar... na Terra!

"Tudo quanto... me pertencia ficará sob a posse legal de Dioneia... e dos filhos... legítimo e adotivo... Na falta de Dioneia, se ela também for chamada... será tudo vosso... que bem o mereceis... podendo premiar... os defensores... do Solar da Galileia... Mas por que me abandona... a querida... Dioneia?

Márcio, emocionado e grave, falou ao desditoso castelão:

– *Domine*, muito vos agradecemos a generosidade! Eu, Lúcio e Ismael, e todos os que vos servem com dedicação, continuaremos a prezar-vos muito, implorando a Jesus que seja conservada a vossa vida. Vede, porém, a causa da falta que sentis, da generosa Dioneia: também ela foi gravemente ferida, por um celerado.

– Dioneia... está ferida? Quero que ela me escute... antes que eu perca a voz... Quero que ela me perdoe o que lhe fiz sofrer... Ela, *domine*, tudo ignorava... e foi sempre... fiel a vosso... filho... Vossa esposa... está vingada!

Nesse instante, a luta dos agressores com os sitiados, que havia recrudescido, cessou, repentinamente, como que por encanto, e, do exterior, partiu um brado, um uivo humano, e vozes aflitivas foram ouvidas:

– Cessai a luta! Está morto o chefe... Agonizam Sertório Galeno e Felipe Valdomiro. Os que restam vão retirar-se.

Assim dissera alguém, que estava ao lado dos atacantes. Um brusco e aflitivo silêncio sucedeu ao rumor intenso, que, por mais de três horas, abalara o castelo assaltado.

– Estamos livres! – exclamou um dos que resistiram ao ataque.

– Vede, porém, a extensão de nossa desdita! Estão quase agonizantes os senhores do castelo! – ponderou outro.

Os sitiados escutaram o tropel dos cavaleiros, retirando-se do local do embate, ressoando sobre a ponte que dava acesso ao Solar. Prudentemente os defensores achavam razoável, para evitar nova traição ou emboscada, conservar as portas fechadas, principalmente por estarem quase todas avariadas. Convergiram todos os desvelos para os sobreviventes feridos.

Lúcio Taciano, depois das horas de excitação e sobressalto por que passara, vendo apunhalados e feridos tantos denodados serviçais, e sacrificados Cláudio Solano e Dioneia, seguido por Ismael, ajoelhou-se junto à bondosa castelã. Ambos estavam soluçantes e inconsoláveis com os trágicos sucessos que infelicitaram aquele remanso de paz e venturas, que parecia pouco antes bafejado por todas as bênçãos celestiais.

Os dois adolescentes que, nos primeiros instantes de sangrenta luta, haviam assumido atitude heroica, consagrando-se à defesa dos que foram agredidos, inopinadamente, após o término do assalto criminoso, sentiram-se desalentados diante dos agonizantes imolados à sanha de Sertório Galeno e do venal Felipe Valdomiro, que traíra a confiança dos senhores do Solar da Galileia, julgando-se prejudicado em seus planos ambiciosos.

Verificando a gravidade do estado em que se encontravam os que consideravam seus genitores, vendo-os ofegantes e ensanguentados, deixaram vibrar o coração ao primeiro látego da dor, precipitando-se para eles, apertando-lhes as mãos, quase álgidas, crispadas pela superexcitação nervosa em que se encontraram, compreendendo, porém, que as forças físicas decresciam de momento a momento... Lúcio exclamava, acometido de inenarrável dor moral:

– Minha mãezinha! Minha adorada mãezinha! Não me deixeis só no mundo; não sei viver sem o vosso amor e a vossa presença! Quero seguir-vos... quero...

Dioneia descerrou as pálpebras, murmurando, debilmente:

– Nunca... vos abandonarei meus filhinhos... É preciso que continueis... a batalha da vida! Márcio será... sempre amigo de... ambos, e de todos os que ficarem.

Depois, com supremo esforço, falou, quase pela derradeira vez:

– Vê... o pobre Cláudio... Fala-lhe... Ele deve... sofrer muito!

Meio alucinado, Lúcio fitou o cego que estava caído ao solo, com os braços em movimento, qual náufrago à procura de apoio salvador, com o peito perfurado, do qual fluíam as últimas gotas de sangue. Lúcio compreendeu-lhe a atitude e apertou-lhe as mãos. O agonizante estremeceu,

como que sob o impulso do contato de um adversário invisível, perguntando com angústia:
- És tu... Lúcio?
- Sim, sou... Desejais alguma coisa?
- Onde está... Ismael?
- Aqui... a meu lado...
- Perdoem-me ambos...
- Não vos tortureis mais, *domine*! Lembrai-vos de Jesus - disse-lhe Márcio, intensamente emocionado.
- É preciso... recordar o passado... e o presente, Márcio! Ouvi-me: tudo quanto possuía será vosso... de Lúcio... de Ismael... e dos fiéis servidores... que me auxiliaram... Quero que me perdoeis... para poder repousar... no seio... da morte...
- Nada tenho a perdoar-vos, Cláudio; fostes sempre um bom amigo... meu e de Marcelo!
- Não! Eu fui... cruel para com Marce...lo... Deus é justo... deve ter sido... o mesmo punhal que Gelcira conservou sempre... e que havia desaparecido... que me feriu... tal como eu o fiz... àquele nobre... amigo! Perdoem... este infeliz! Vou morrer... sem o peso do segredo maldito! Dioneia... ignorava tudo...
"Ai, Deus! Se ela estiver me ouvindo... não quererá seguir-me! Tenham compaixão... de mim! Muito sofri... muito... Peçam a Jesus... por mim!"

....

Pela vez primeira os dois adolescentes deram uma prova de afeto para com o infortunado Cláudio Solano, desejando que este sobrevivesse; porém, os seus votos não foram atendidos: o senhor do Solar da Galileia expirou, com o conforto supremo de perceber, sobre as faces que se iam tornando gélidas, gotas ardentes de lágrimas, que ambos deixaram fluir sobre elas.

Poucos momentos após, Dioneia, depois de abençoar os dois idolatrados filhos (pois o eram ambos, pelo enigmático destino), fez diversas recomendações a Márcio Taciano, terminando-as, com a voz entrecortada:

– Preciso partir... depois da dolorosa revelação... que confirmou as suspeitas de Gelcira! Eu vos entrego... os meus maiores tesouros... Dai-lhes... a mesma norma de vida... do nosso adorado... Mar...ce...lo!

– Ainda viverás, Dioneia querida! – falou o ancião, soluçante.

– Não... Márcio... Não poderia mais viver, depois da pungente certeza... de haver unido o meu destino... ao do infeliz... que sacrificou a vida... de nosso querido... Mar...ce...lo!

– Ouviste, acaso, a confissão do arrependido Cláudio Solano?

– Sim... Deus o perdoe... e se compadeça de sua alma... que muito deve... ter padecido! Eu virei... sempre... aqui... Lúcio... Ismael... e Genaro... hão de transmitir-vos... os meus pensamentos! Adeus! Não posso mais viver... depois da confissão... de Cláu... dio! Sede generoso com os nossos amigos... os defensores deste amado solar... Estou morrendo... Todos façam... em conjunto... uma prece... por nós! De...us! Je...sus! Meus amigos... a...de...us!

Todos os presentes percebiam a dificuldade crescente com que lutava a agonizante para transmitir os últimos pensamentos *in extremis*. Ela não concluiu o que, certamente, desejava dizer, ao pronunciar as duas últimas palavras, como se algo de extraordinário estivesse percebendo no Plano Espiritual, para onde ia sendo atraída. Mais uma vez concentrou todas as energias vitais, e pronunciou, pela derradeira vez naquela existência, o nome daquele que lhe dera ânimo preciso para vencer todas as lutas e dores terrenas!

– Meu... Je...sus!

Este foi o último vocábulo que a redimida castelã emitiu por seus lábios, meio invadidos pela algidez mortuária.

Assim dizendo, aquela que na trabalhosa existência tivera a designação nominal de Dioneia, cerrou, subitamente, os maravilhosos e celestes olhos, que, dir-se-ia, tinham sido modelados em safira luminosa, e expirou.

Exclamações de angústia saíram de todos os peitos opressos, e grande número de servos (ou antes, de amigos) se prosternou, carpindo o desprendimento do nobre e abnegado Espírito.

Dentro de poucos instantes o castelo se transformou em câmara ardente, e no salão onde se efetuavam as preces cristãs foram colocados os cadáveres dos senhores e dos servos sacrificados na refrega.

Todos os serviçais infiéis – coligados aos adversários haviam desaparecido, estando, porém, alguns deles exânimes no chão, uma vez que haviam lutado na horda dos assaltantes. Foram chamadas as autoridades ao local, e verificaram elas os intuitos criminosos do proprietário ilegítimo do Solar do Cisne, Sertório Galeno, que tinha sido mortalmente ferido e poucos instantes sobreviveu após a luta.

Aclarada a situação, feitas várias prisões, normalizou-se a vida no enlutado castelo, após o enterro das vítimas. O funcionário encarregado das investigações sobre o atentado à vida dos proprietários do alcáçar interrogou um dos servos feridos:

– Qual o móvel da agressão a este castelo? Não tentes iludir a justiça nos derradeiros instantes de vida!

– Não tenho interesse... em ocultar a verdade!... Sempre fui... amigo do conde de Morato... estimava muito sua piedosa esposa... Alguns companheiros... foram seduzidos com promessas vantajosas... pelos que residiam no Solar do Cisne... se quiséssemos auxiliá-los... no assalto...

– Por que não preveniu o conde de Morato, ou sua consorte, dos intuitos sinistros de Sertório Galeno?

– Porque... infelizmente... dois de meus irmãos... eram seus empregados... e Sertório Galeno... prometeu expulsá-los... com as famílias... se revelássemos a verdade...

– Foste, certamente, subornado e iludido... como deve ter ocorrido com os outros que se revoltaram contra os senhores deste solar!

– Sertório... Galeno... era muito mau... e havia prometido desforços cruéis... contra todos nós... se, por acaso, fosse descoberto o seu projeto... que era o de exterminar os donos deste castelo... para apropriar-se dele, na qualidade de único parente sobrevivente de todos os assassinados, sobrinho que era de Márcio Taciano!

– Fez ele vantajosa promessa aos que o auxiliassem no extermínio de Márcio Taciano e dos de sua família?

– Sim, prometeu... dividir o Solar da Galileia... entre todos os que o auxiliassem... na execução do seu projeto! Odiava... o ex-proprietário do Solar do Cisne!
– Havia motivo para essa odiosidade, Sr. Márcio Taciano?
– Sim – respondeu com firmeza o nobre ancião. – Temia ele a reconstituição da verdade; ele comprou o Solar do Cisne em vantajosas condições, em resgates parcelados, e, mediante um documento falso, apoderou-se do castelo, que me pertenceu legalmente. Foi o receio da reconstituição da verdade que o fez buscar imolar-me e aos que são meus legítimos herdeiros.

Em frases sinceras e expressivas, o ancião relatou o que tinha ocorrido entre ele e o fraudulento sobrinho da extinta consorte, terminando as suas alegações com a sinceridade que lhe era peculiar.

– Podeis arguir, sem a minha presença, secretamente inclusive, o professor que, há quatro anos, reside conosco e tudo tem observado durante esse lapso de tempo, e ficareis capacitado da verdade: tudo ignorávamos a respeito do atentado que nos infelicitou, até ao extremo instante, quando fomos atacados! Havia um traidor – um serviçal, encarregado de franquear o alçapão à sanha dos assaltantes... Eis o seu cadáver: foi ele o assassino do conde de Morato e de sua modelar esposa!

Depois do inquérito e do enterro de dez pessoas que haviam tombado no ataque ao solar, Márcio Taciano convocou uma reunião de todos os seus habitantes, dizendo-lhes, com visível emoção:

– Meus amigos, o que ocorreu, há poucos dias, consternando-nos os corações, causou-me a maior de todas as decepções desta dolorosa existência. Jamais pensei que, neste solar, onde todos têm vivido em paz, sob um regímen fraternal, pudesse existir alguém que empunhasse um punhal para ferir o coração de seus donos! Estou profundamente decepcionado, e não tenho a precisa coragem de permanecer nesta região com os queridos Lúcio e Ismael. Tenho que deixar-vos e buscar um novo refúgio, onde sejam menos intensas as recordações do que aqui padecemos.

Os assistentes ouviam de fronte abatida para o solo, pois o ancião soube emocionar-lhes os corações. Subitamente, elevou-se uma voz de timbre harmonioso, que despertou a atenção de todos os circunstantes: partira ela do filho de Dioneia, que se revelou inspirado tal como o fora sua piedosa mãe:

– Meus irmãos em Jesus: Não lastimeis o sucedido, embora fértil em dores inesquecíveis, porque muitos delitos foram ressarcidos. Não cogiteis, a exemplo do apóstolo Pedro, de fugir às provas planetárias: ficai em vosso posto, dirigindo o Solar da Galileia. Os amigos reais ficarão: a integridade de caráter é uma garantia à felicidade de todos os dirigidos. Continuareis, pois, as preces no "local", e deveis afervorar a vossa fé, lâmpada acesa nas trevas das almas aflitas, norteando-as para DEUS! Deveis, cada vez mais, orar com veemência, porque a prece revigora os espíritos. Esquecei a matéria e lembrai-vos mais de vossos espíritos.

Mal acabara de pronunciar estas palavras, Lúcio despertou e fixou o olhar nos circunstantes, com surpresa, percebendo que havia adormecido e algo de anormal ocorrera, parecendo-lhe haver regressado de um local desconhecido.

– Que estás sentindo, Lúcio? – perguntou-lhe Ismael, abraçando-o, comovido.

– Dir-se-ia que estive viajando muito longe, e que, de repente, levei uma suave queda.

– Não compreendeste o que ocorreu contigo Lúcio? – interrogou por sua vez o avô, colocando-lhe a destra sobre a fronte.

– Não, querido avô. Perdi, totalmente, a noção da realidade por alguns instantes, e não sei definir o que se passou comigo. Perdi a individualidade...

Todos os circunstantes ficaram em silêncio, não desejando torná-lo apreensivo. Às súbitas, voltou para Márcio Taciano, e disse, com desconhecida energia:

– Sei que alguém me ordenou transmitir-lhe este conselho: deveis permanecer aqui, continuando a missão de minha mãe. Se desobedecermos, seremos punidos severamente!

Todos os assistentes abraçaram-no, emocionados, por isso que nenhum pretendia ausentar-se.

༄

Encerrar uma novela, síntese dos episódios verídicos de algumas existências terrenas não é de fácil execução. A vida humana é uma série incessante de ações condenáveis, de odiosidades, de vinditas que, por vezes, explodem das almas em provas árduas, quando se acham adquirindo méritos e experiências remissoras.

A odiosidade é peculiar aos Espíritos primitivos, que iniciam as peregrinações planetárias, encontrando na vingança, no desforço sangrento, os únicos refrigérios para os seus desumanos sentimentos, sempre indômitos; mas, após a execução do revide, sentem-se mordidos pelas víboras da compunção, que lhes não concedem tréguas. É mister, pois, novas romagens, nas quais se reconhecem e se reencontram as mesmas personagens, reproduzidas as mesmas situações, e, então, aquelas criaturas humanas, que se compraziam com a vingança, voltam-se para Deus.

Os que residiam no Solar da Galileia cediam às vibrações possantes das exortações cristãs de Dioneia, que as repetia dos Mensageiros siderais, enquanto que outros, os do castelo que pertencera a seu primeiro esposo, capitaneados por um tirano de outrora, Sertório Galeno, tendo por arquivo espiritual incontáveis homicídios, revides, levaram ao paroxismo o rancor que o patrão votava àqueles a quem estava vinculado pelo parentesco consangüíneo.

Soube ele subornar e atemorizar os que viviam sob seu guante despótico, dizendo-lhes com vigor incomparável:

– Os que me seguirem de boa vontade serão galardoados regiamente após o assalto ao Solar da Galileia, onde vivem hipócritas, que desejam prejudicar-me; assalto que será efetuado, inesperadamente, ao anoitecer, quando todos os habitantes estiverem reunidos no salão subterrâneo, onde costumam perder precioso tempo roubado ao trabalho ou ao sono para se dirigirem a uma entidade, que, se existir, deve estar alheia às vozes humanas, tanto quanto ao zumbido dos insetos. O assalto será realizado à mão armada, de surpresa, sem que os moradores do castelo o pressintam. Tenho quem abra a porta principal do lado esquerdo, por onde entram os tais cristãos, que ouvem por bajulação as exortações da improvisada pitonisa, Dioneia Solano, que teve a desfaçatez de se consorciar com o assassino do seu primeiro esposo. Vamos livrar o mundo de criaturas capazes de todos os crimes, pois o genitor do inditoso Marcelo teve a repelente ideia de se aliar ao que lhe trucidou o próprio filho, tendo gasto, ilicitamente, toda a fortuna que possuía e lhe veio com a venda deste Solar, o que lhe foi escrupulosamente pago por mim. Conto, pois, com a dedicação dos que me cercam. E, quantos não queiram acompanhar-me na luta, serão expulsos, escorraçados deste alcáçar, como se fossem cães empeçonhados! e ai! de quem tentar alguma reação contra a minha deliberação, premeditada de há muito. Sei combater e defender-me. Já fui mercenário, às ordens de um general romano, adestrado na sublime arte de Marte, o deus que patrocina a guerra.

Foi assim, por falsas asseverações, promessa de suborno e temor da perda do lar e do pão, que o tirano Sertório Galeno conseguiu arrebanhar os atacantes do Solar da Galileia.

Nenhum dos que o serviam, atemorizados, pôde formular qualquer objeção. Havia descontentes, embora em número limitado, no castelo de Cláudio Solano, chefiados pelo próprio administrador que, havia muito, alimentava a ideia tentadora de se apoderar da vasta propriedade.

Falsamente informados e com promessas de tentadoras recompensas, os fâmulos do alcáçar que havia pertencido a Márcio Taciano foram assaltar o castelo vizinho, porque, assim, julgavam garantida a manutenção de seus humildes lares. Contava Sertório Galeno com a conivência da maioria dos habitantes do castelo; mas, em verdade, poucos foram os que aderiram ao levante contra os proprietários das terras onde viviam pacificamente, encontrando amparo e verdadeiros protetores quando em situações difíceis.

Sem as mensagens recebidas por Dioneia e Genaro, teriam sido sacrificados todos os pacíficos habitantes do Solar da Galileia, precisamente na hora em que faziam vibrar os pensamentos agradecidos à Majestade suprema do Universo. Os invasores, porém, foram ludibriados em suas pretensões: os emissários celestes haviam feito fracassar, quase totalmente, os planos perversos dos dois principais assaltantes: Felipe e Sertório sucumbiram tragicamente. Dos próprios assaltantes, prevendo a extensão da desdita que os aguardava, dois destemidos campônios lhes atravessaram o coração.

A realidade, pois, por mais que seja prevista, sempre traz confusão aos que a esperam com ansiedade, e, muitas vezes, sucede a antítese do que era aguardado. Foi o que ocorreu com os agressores que chefiavam o assalto ao pacífico alcáçar. Os dois responsáveis pela sangrenta agressão julgavam que a vitória estaria consumada dentro em poucos momentos, não lhes ocorrendo à mente que, à traição também, seriam trespassados por uma lâmina que lhes permitiria poucos segundos de vida.

Sem que ambos pudessem tal suspeitar, houve, pois, além da proteção dos Mensageiros siderais, a traição dos que temeram viver sob a tirania dos dois cúmplices.

※

Ali, naquele recanto de alcantilada região, os ancestrais de Cláudio Solano haviam instalado o Campo Santo, que, durante muitos decênios, só era destinado aos membros de sua família. Pouco a pouco, no entanto, tornou-se a necrópole de todos os habitantes do Solar da Galileia. Após os morticínios ocorridos no alcáçar, as autoridades haviam selecionado os cadáveres dos que, enquanto animados pela vida, foram adversários irreconciliáveis.

Márcio Taciano, porém, inspirado por sentimentos humanitários, assim se expressou:

– Deixai, senhores da justiça, que todos estes corpos sejam sepultos no mesmo local, neste solar bendito, que, conforme ficou apurado oficialmente, é de há muito consagrado ao bem e a Jesus – em homenagem de quem foi dada a designação Solar da Galileia.

Lúcio, ao lado de Ismael, ambos ajoelhados perto dos despojos mortais da idolatrada genitora e de Cláudio Solano, dirigindo-se ao avô paterno, perguntou:

– Estais vendo o que se passa neste recinto?

– Não, meu querido Lúcio! Apenas constato a presença dos cadáveres inertes – respondeu Márcio, apreensivo, temendo que o neto estivesse com as faculdades mentais alteradas.

– É pasmoso que ninguém esteja observando a neblina que enche este salão. Vejo, agora, vultos luminosos que se reúnem, formando um grupo circular, todos com a mão direita erguida para o Alto, inspirando-nos o prosseguimento do que foi posto em prática pela minha adorada mãe.
– Que estás dizendo, meu querido netinho? – falou Márcio, abraçando-o. – Estou receando por tua integridade mental, depois dos rudes abalos por que passamos.
– Estou plenamente consciente, meu bondoso avô. Então, a mãezinha bem-amada não merece também uma significativa homenagem dos amigos de Jesus?
– Sim; mas deves retirar-te deste recinto. Temo por tua saúde!
– Tende confiança na Justiça e na Misericórdia Divina, querido avô!

....

Seguiram-se dias calmos e de saudosas recordações que dominavam a muitos enlutados corações. Sem que o suspeitassem, ali se congregaram, nos derradeiros embates que enlutaram o solar do conde de Morato, muitos adversários dos tempos idos. O observado por Lúcio era a expressão da realidade, e o jovem estava fadado a prosseguir a missão espiritual materna. Opulento e de nobre estirpe, ele se aliara ao companheiro que o destino lhe concedera, não suspeitando que ambos eram espíritos de idêntica hierarquia.

À noite daquela data em que Márcio Taciano e seus netinhos regressaram da necrópole do castelo, tendo falado longamente sobre os mais recentes e infaustos acontecimentos que haviam presenciado e os tinham enlutado, Lúcio e Ismael adormeceram com os olhos turvos de pranto.

Subitamente, sentiram-se ligados, com as mãos entrelaçadas, iniciando um surto vertiginoso através do Espaço, ora intensamente iluminado com as irradiações dos astros, ora em regiões de penumbra, que lhes causavam receio e vaga tristeza. Após um decurso de tempo, que não puderam precisar com segurança, viram-se em local de raro encanto, ao lado de formosíssima entidade, que só então se tornou visível, deixando livres as mãos que eles julgavam enlaçadas umas às outras. Verificaram que outros seres igualmente formosos, trajados de túnicas alvinitentes, irisadas de luz com lindos cambiantes, foram ao encontro da ideal entidade que os seguira através do Espaço infinito, tendo todos o aspecto de flores humanas, alvas e eterizadas, com tonalidades inimitáveis na Terra.

Repentinamente, maravilhados com as habitações esguias, de contexturas de pedras preciosas, das quais fluía luminosidade incessante, circuladas por indescritíveis e floridos parques, recendendo suavíssimas fragrâncias, encontraram diversos seres angelizados, reconhecendo em um deles a saudosa Dioneia, resplandecente qual astro que tivesse a forma humana.

– Mãezinha! Adorada mãezinha! – exclamaram ambos, inebriados de ventura.

Enlaçaram-se, afetuosamente, sentindo que suas almas se confundiram naquele amplexo de intensa felicidade. Os recém-vindos estavam maravilhados, reparando em tudo, observando que aquela a quem puderam conceder o excelso nome de mãe, era uma das mais belas entidades das que contemplavam emocionados.

— Bem vedes, queridos filhinhos, que não existe a temida morte, e sim apenas metamorfose: o casulo ficou em tenebrosa tumba, cavada na terra sombria, mas a falena divina — a alma — aqui se encontra, eternamente indestrutível!

— Queremos permanecer aqui, ao vosso lado — exclamaram ambos.

— Não é possível, filhinhos bem-amados, pois tendes de ultimar as provas remissoras.

— Teremos de separar-nos outra vez, mãezinha idolatrada? — indagou Lúcio, tentando oscular-lhe a destra imponderável, sendo imitado por Ismael. — Dizei-nos se tendes saudades do Solar da Galileia, que foi santificado com a vossa presença e, agora, parece insulado no mundo em que carpimos a vossa ausência.

— Os Espíritos que consumam as derradeiras refregas experimentais de seu valor moral, estão isentos desse sentir humano, meus queridos filhinhos, porque a distância desaparece para eles; podem peregrinar pelo Universo todo, contemplar constantemente os seres bem-amados. Apenas sofrem, quando os veem, lacrimosos, lamentando os *mortos* idolatrados, que, muitas vezes, se acham a seu lado, orando a Jesus para lhes confortar os corações, onde se mantém vívida a chama das recordações!

A entidade que na Terra foi conhecida em sua derradeira peregrinação terrena pela designação de Dioneia, enlaçando as destras daqueles dois seres tão queridos, tinha o aspecto de uma açucena humana, de beleza indescritível na linguagem planetária, e de sua fronte radiosa partiam dois liames de luz intensa, com revérberos esmeraldinos, incidindo sobre as cabeças dos dois entes amados, fluindo de uma concessão só prodigalizada aos Espíritos triunfantes do mal e de todas as provas terrenas: a permanência, efêmera, dos seres mais queridos, em uma região sideral, reservada aos heróis espirituais.

Uma outra entidade que se encontrava a pouca distância daquele encantador grupo falou, enternecida:

– Apesar do que Lucídia (nova designação de Dioneia em um mundo etéreo) expôs aos entes tão caros à sua alma, percebe-se que ela desejaria permanecer por mais tempo no solar em que viviam.

– Os três seres que ali se encontram – respondeu outro Mensageiro celeste – são eternos aliados, de hierarquia semelhante; mas necessitam os dois recém-vindos regressar ao planeta da lágrima, para ultimar missões meritórias, e por fim transporem as fronteiras do Infinito.

– Podeis elucidar-nos sobre o que devemos compreender por fronteira do Infinito, mãe querida? – interpelou Lúcio (que ouvira a expressão) à fúlgida entidade que representava Dioneia angelizada.

– Sim, meu querido. Enquanto os seres cometem graves transgressões às Leis supremas, ficam aprisionados nos mundos inferiores, ainda obscurecidos pelas trevas, mal se oculta o astro rei, o Sol; mas, adquiridas todas as virtudes, os Espíritos deixam de ser planetários, mudam de categoria psíquica, tendo, desde então, por pátria a vastidão do Universo, sem limites, conquistando a autonomia ou a liberdade eterna! A Terra é a fronteira imersa no ilimitado ou no Infinito!

– Implorai a Jesus para que possamos ficar a vosso lado, neste remanso de paz e venturas.

– Bem o quisera que assim fosse, meus adorados filhinhos; mas ainda não está integral a minha missão, meus amados filhinhos. Comprometi-me a prossegui-la, por intermédio de dois entes idolatrados, que sois vós, auxiliados pelo nobre Márcio Taciano, no plano material, e Joel Sarajevo, no espiritual, sendo este um dos desvelados mentores de Cláudio Solano.

– Cláudio Solano! onde se encontra ele, que ainda não o vimos? – indagou Lúcio, admirado.

– Ele se encontra no Plano Espiritual circunscrito à Terra. Tenho-me desvelado por ele. Agora, meus amados, é preciso partirdes para o planeta das trevas e das dores. Embora tenha a permissão de vos avistar, quando me aprouver, confesso que desejaria estar ainda ao vosso lado, desvelando-me por ambos e por todos os que permanecem no longínquo castelo. Direis a Márcio Taciano que só se ausente do Solar da Galileia para a aquisição de coisas indispensáveis; que não restrinja os gastos necessários, continuando a prodigalizar todos os benefícios indispensáveis aos que foram seus companheiros de peregrinação. Não dispense os educadores dos campônios e dos filhinhos destes, e faça os esforços que estiverem a seu alcance para minorar os sofrimentos dos que buscarem o castelo. Sede, todos vós, amigos uns dos outros, compassivos com os pecadores, os enfermos da alma, os desditosos que deveis considerar infortunados irmãos (porque o são), indistintamente, quer sejam abastados, nobres, quer párias, plebeus, selvagens ou civilizados, quer delinquentes ou virtuosos! Ajoelhai-vos, agora, queridos de minha alma, para que sejais investidos nas funções nobilíssimas de Cavaleiros de Jesus, sagrados defensores dos fracos, Apóstolos do Bem, Arautos da Fé, Cruzados da Caridade, Combatentes do Mal, Legionários de Deus!

Intensamente emocionados, os dois, Lúcio Taciano e Ismael Guadiâni, prosternaram-se no solo de topázio, e, rodeados pelos que os acolheram fraternalmente, ouviram um hino divinal que, mais tarde, foi reproduzido na harpa e na lira que ambos sabiam dedilhar. Todas aquelas fúlgidas entidades ergueram os braços diáfanos para o firmamento, e foi feita uma vibração harmônica que enlevou os dois peregrinos, que, por instantes inolvidáveis, se encontravam em local que julgavam pertencesse ao domínio dos contos fantásticos dos seres mitológicos.

Comovidos e encantados, Lúcio e Ismael, inspirados por quem ainda chamavam mãe, proferiram solene promessa, comprometendo-se ambos a jamais transgredirem os seus deveres morais, espirituais, sociais e humanos. Uma das mais radiosas entidades, aproximando-se deles, traçou uma cruz em suas frontes, e pareceu-lhes que minúsculo calvário de luz se internara nas suas mentes, ou, antes, na própria alma, feito o que, falou-lhes com timbre harmonioso e grave:

– Voltai ao planeta das trevas, levando uma partícula divina, uma cruz simbólica da redenção, incrustada em vossas almas. Não vos afasteis jamais do alcantilado carreiro dos deveres, por mais penoso que seja. Tendes uma excelsa missão a cumprir junto àquele que teve atuação paternal em vossas atuais peregrinações: Cláudio Solano. Tendes de encaminhá-lo ao aprisco de Jesus. Encontra-se ele no próprio local onde delinquiu gravemente. Mais tarde, será vinculado a um dos caros irmãos presentes, e também terá de executar verdadeira missão apostolar. Dentro em poucos instantes, estareis em sua presença. Urge, porém, que regresseis. Aceitai, pois, a dolorosa missão, finda a qual tereis ingresso nas regiões hiperbóreas ou siderais. Sofrereis, sem revolta, as injustiças, as calúnias, as ingratidões, as traições? Tereis coragem de enfrentar a adversidade, as dores, as decepções tremendas?

– Sim! – responderam eles, em uníssono, com a voz firme. – Sim! com a proteção dos amigos de Jesus, que aqui se encontram!

Celestial harmonia se irradiou daquelas fúlgidas entidades, que pareciam lírios humanos, flores siderais. Após se erguerem, e sem que pudessem elucidar o fenômeno psíquico que com eles ocorrera, findos alguns momentos acharam-se nos arredores do Solar da Galileia.

Depois do fulgor da região sideral, onde estiveram por espaço de tempo inapreciável, subitamente, sem poderem elucidar tudo quanto viam, acharam-se circundados por uma falange de espectros, que se apresentavam com as mesmas vestes usadas nas últimas peregrinações terrenas, todos com os semblantes a ressumbrar íntimos pesares. Em um deles reconheceram Cláudio Solano, com o aspecto de que tão bem se recordavam, parecendo ainda vítima da cegueira. Compadecidos, aproximaram-se dele, falando-lhe, com bondade e compaixão:

— Cláudio! eis-nos a vosso lado! Ainda estais sem vista?

— Lúcio! Ismael! Sois vós? Onde está a minha querida Dioneia?

— Está feliz, em local indefinível; mas não se esquece dos que ficaram na Terra, torturados de saudades!

— Abandonou-me ao acaso, desde que meu corpo foi levado para o sepulcro! Será crível que me haja olvidado?

— Não! Jamais! – murmurou Lúcio. – Seu Espírito de luz não olvida um sequer de seus deveres morais!

— Ai! Lúcio. Não resisti aos impulsos de meu coração, vendo pertencer a outrem o objeto de meu amor; revoltei-me contra o destino, e, por isso, matei o meu melhor amigo, um quase irmão – Marcelo – teu nobre genitor! Compreendes, acaso, toda a extensão de meu suplício? Sentia-me desprezado e acusado por minha própria consciência!

Bruscamente, tornaram-se visíveis os mentores dos que ali se encontravam, tentando solucionar os problemas do momento. Um dos mais fúlgidos emissários adiantou-se, e, erguendo a destra luminosa, assim falou:

— Ouvimos com interesse as vossas palavras de queixa. Ainda padece a pungentíssima prova da falta de visão o nosso irmão Cláudio Solano, porque tem pensado unicamente em si mesmo, nos seus infortúnios, e não em implorar o perdão divino, comprometendo-se, solenemente, a jamais tingir as mãos no sangue de alguém. Lamenta-se da falta de sua piedosa companheira de existência, quando, em verdade, ela aqui tem estado incontáveis vezes, e acaba de seguir estes dois seres queridos – Lúcio e Ismael – que são satélites de seu próprio Espírito. Em sua alma radiosa não existe mais qualquer átomo de egoísmo ou de falta de compaixão. Cláudio ainda não rogou perdão às suas muitas vítimas, dentre as quais uma aqui se acha, Ismael, cuja presença lhe causava sempre dolorosa sensação. É que ele e Marcelo formam uma só individualidade.

– É verdade o que dissestes, Mestre? – interpelou Cláudio à fúlgida entidade.

– Sim, e aqui se encontra ele, compadecido de teus sofrimentos.

– Sou um ser indigno de piedade...

– Não se aflija irmão! – respondeu-lhe a entidade, acercando-se de Cláudio. – Suportai a crucificação, sem revoltas, nem lamentos desnecessários. Cada ser humano, e a própria Humanidade, progride por meio de sofrimentos eficazes, corretivos imprescindíveis aos transgressores das leis eternas. Mais tarde, sabereis o que ocorreu no transcurso de uma das existências de nossa irmã Dioneia, que, em sua última etapa terrena, mostrou todas as purificações do seu espírito.

– Ela não nos abandonará jamais, Mestre? – perguntou Lúcio à radiosa entidade.

– Jamais! jamais! – respondeu o Mensageiro. – Continuareis vinculados pelo destino, perenemente. Fizestes um pacto sagrado, em um dos refúgios siderais dos redimidos, Ismael e Lúcio, e tendes de executá-lo na Terra, sem a menor transgressão. Ficarei em contato com os três, e, de acordo com outros mentores, vamos orientar Cláudio Solano para que recupere a visão e a paz espiritual.

"Quanto aos irmãos, Lúcio e Ismael, deverão regressar ao corpo material, porque a noite está quase finda. De tudo quanto observastes, apenas ficará uma tênue ideia ao despertar; mas, no recesso da alma de ambos, tudo se gravará perpetuamente. Por este fundamento se explica por que, às vezes, compositores, artistas, cientistas têm uma ideia arraigada na mente, desejando exteriorizá-la, sem que saibam ao certo de onde lhes proveio. É que a tinham gravada na mente, desde quando, pela exteriorização da alma, entraram em contato com seres evoluídos, ou siderais, e, então, retornam ao plano material com pensamentos diversos dos demais entes humanos, ideias belas ou criadoras que causam a admiração dos contemporâneos e não raro dos povos do futuro!

"Ao iniciar uma vida na Terra, cada ser humano conserva, meio esmaecidos, conhecimentos científicos, artísticos ou úteis à coletividade; mas, gradativamente, qual noite caliginosa que dá lugar a deslumbrante alvorada, a mente sai da caligem por um clarão interior e alvorece, e, então o ser, evoluído que é, produz obras dignas de apreço, muitas vezes geniais."

– Muito agradecemos às vossas preciosas lições! – exclamaram os dois jovens. – Mas estamos entristecidos, porque nossa mãezinha, que tanto nos acarinhava, parece-nos que se retraiu com a nossa presença, sendo de supor que seu grande amor por nós decresceu!

– Estais iludidos, meus amiguinhos! Há Leis supremas que os seres evoluídos não mais transgridem. O amor terreno, exteriorizado em demonstrações de carícias, predominando o uso de aderir os lábios sobre os da criatura bem-amada, ou sobre as mãos veneradas, perde aqui a sua significação. As almas triunfantes expressam suas afeições por meio de preces e de pensamentos radiosos vibrados em direção e intenção dos que continuam a idolatrar; aguardam, com serenidade natural, o término das existências terrenas, auxiliando-os nos instantes oportunos, podendo seguir-lhes os passos, exortá-los, por exteriorização da matéria, e vê-los quando lhes aprouver. Nossa irmã Dioneia, hoje Lucídia, vem todas as noites contemplar os seus bem-amados e os locais inesquecíveis onde decorreram diversas etapas de existências terrenas. E, confortada com a presença dos que continua a idolatrar, não sente mais a angústia da separação *eterna*...

– Por que ainda não me foi permitido perceber a sua presença? – indagou Cláudio.

– Porque há maior evolução psíquica em Lúcio e Ismael, enquanto que vós, que me dirigis a interrogação, ainda não vos humilhastes bastante, não rogastes o perdão dos crimes que ainda tendes a resgatar.

– Não basta a tragédia na qual fui uma das vítimas, e cuja lembrança ainda perdura na mente de todos os que aqui se acham? Onde a Misericórdia Divina? Tenho receio de ser abandonado, agora que todos já não ignoram a pungente realidade, por Dioneia, Lúcio... e Ismael! – exclamou, com infinita angústia. – Isto me lança em um mar de tormentas, que me asfixia e me torna inútil a vida, votada à tortura e aos mais acerbos padecimentos! Ainda não pude ver Dioneia e isso é para mim o maior dos tormentos!

– Ela não vos abandonará jamais, irmão! Não a vistes ainda porque, repito, vós vos lembrais unicamente do vosso Eu, esquecendo-vos da Misericórdia suprema à qual deveis dedicar a vossa vida, que é eterna!
– Quero vê-la ao pé de mim, para lhe ouvir a voz.
– Vossa rogativa será atendida, não presentemente, e sim em outra etapa terrena. Ela vos aparecerá, então, em sonhos, e vos concederá valiosas intuições e conselhos. Ides, agora, apartar-vos aparentemente: Lúcio e Ismael voltarão à matéria, e Cláudio Solano será transferido para outro local, onde muitos delitos perpetrou. Despedi-vos, por tempo indeterminado, uns dos outros a fim de que se cumpram as determinações do Alto.
– Antes que nos apartemos, quero implorar perdão a Ismael... não, a Marcelo!
"Quero ouvir de seus lábios a sagrada palavra: PERDÃO!"

Houve, então, inesperada cena: Ismael pegou a mão direita de Cláudio Solano, e, carinhosamente, disse:
– Eu te perdoo, em nome de Jesus, e desejo retribuir o que por mim fizeste na atual existência, tratando-me qual se teu filho fora, até no direito à herança. Perdoo-te, e vamos implorar ao divino Pai e a Jesus que a nossa aliança e bem assim a de Lúcio Taciano sejam infindas!
– Bendito sejais, Deus clementíssimo, pelo triunfo espiritual conseguido por estes irmãos! – exclamou a entidade que os inspirava. – Dai-lhes, cada vez mais, a nítida compreensão de seus deveres morais, e norteai-lhes os

Espíritos para a Luz do Universo, que sois Vós! Que Jesus, o Mestre celestial, também vos abençoe!

"Agora, caros irmãos, deveis, repito, regressar imediatamente aos vossos corpos materiais, pois não tarda a surgir o novo dia."

....

Os dois adolescentes, após profundo suspiro, foram restituídos à vida material. Por momentos, conservaram-se entorpecidos, com a mente obscurecida pelas sombras do sono clarividente; mas, readquiridas as percepções normais, Lúcio exclamou, fitando Ismael:

– Que estranha impressão deixou, em meu cérebro, o sonho da noite que findou. Parece-me que estive longe deste solar...

– Eu, também, tenho a mesma sensação, Lúcio! – exclamou Ismael. – Que é sonho... no teu entender, Lúcio?

– Não tiveste a sensação de haver transposto as fronteiras da Terra, entrando em contato com nossa querida mãezinha?

– Sim! Sim! Lastimo que não nos lembremos nitidamente de todas as cenas que presenciamos, Lúcio! Ficou-me gravado na mente, porém, o termos assumido solene compromisso com a nossa inesquecível mãe e com o desventurado Cláudio, de quem agora tenho compaixão pelo seu sofrimento.

– Justamente o que ocorre em meu íntimo, Ismael!

Márcio Taciano que ouvia, já desperto, o diálogo dos dois jovens, aproximou-se de ambos, e ponderou:

– Lúcio, em tudo que nos acontece, há um motivo oculto, às vezes indecifrável, cujas bases estão no passado secular de cada um de nós.

– É verdade, avozinho. Eu que detestava Cláudio, instintivamente, e sentia invencível repulsa pela sua presença, agora, devido à sua cegueira, senti que o perdoei, que seria talvez capaz de amá-lo, se continuasse a viver a seu lado.

– Ele conseguiu um triunfo – murmurou Márcio.

Terminou assim, no início daquele dia, o breve diálogo amistoso do ancião com os dois adolescentes.

Tendo pretendido dispor do Solar da Galileia, para que fossem evitadas lutas futuras, Márcio Taciano recebeu salutar intuição em seu próprio íntimo, que o revestiu de indômita coragem moral para, dentro em pouco tempo, normalizar novamente a vida naquela pacífica região. Notara, porém, que alguns valores monetários e documentos, dos quais lhe falara o conde de Morato, não haviam aparecido, o que lhe causava intensa preocupação, pois até o testamento, em que fora feita a doação de todas as suas propriedades, estava em local para ele ignorado.

À noite, comunicara ele a sua perplexidade aos dois adolescentes, e, em comum, fizeram veemente prece ao Espírito do extinto castelão e de sua consorte, rogando-lhes uma elucidação que lhes permitisse agir de acordo com as leis civis de sucessão.

Depois da prece, os dois jovens adormeceram profundamente, não sucedendo o mesmo ao ancião, que permaneceu em longa vigília, antes de poder conciliar o sono, o que se deu tardiamente, quase ao alvorecer. Em sonho revelador, achou-se ele, então, na presença de Dioneia (metamorfoseada em entidade de refulgências indescritíveis). Sentiu-se deslumbrado, ouvindo-a com interesse máximo:

– Meu velho amigo, não vos aflijais pelo desaparecimento do que poderia causar prejuízos materiais, se, realmente, sumissem os valiosos documentos. A escritura e todos os papéis que procurais encontram-se em uma arca, num dos menores compartimentos do subterrâneo. Procurai esse cofre (que contém vultosos valores também) à esquerda da entrada do subterrâneo, em esconderijo disfarçado em uma lájea que parece incrustada na parede. Todos os tesouros vos pertencem e a Lúcio e a Ismael, em partes iguais. Não vos ligueis em demasia, porém, aos tesouros da Terra, e sim aos do Céu. Vós, Márcio Taciano, tereis ainda mais de um decênio de vida planetária; quando se aliarem Lúcio e Ismael a duas dignas damas, ainda que de origem modesta, com as quais se consorciarão, haverá ensejo de regresso à Terra para Cláudio e Gelcira, reencarnados irmãos, a fim de que se transmudem em afeto e dedicação os antigos rancores que reinam em suas almas, há muitos séculos. Não busqueis aumentar os cabedais que encontrareis, acrescidos dos rendimentos do solar; antes procurai conservá-los para dispêndios futuros. Ao fim de cada ano, porém, gratificareis todos os servos e camponeses, proporcionalmente aos serviços prestados, não só para incentivo no trabalho de cada um, mas também para conforto dos seus lares. Agora, algo direi sobre as coisas espirituais: os habitantes deste castelo, crianças e adultos, deverão partilhar das reuniões cristãs que eu dirigia, sob os auspícios de nossos desvelados mentores. Vós as conduzireis, auxiliado por Lúcio e Ismael, que têm faculdades psíquicas, grandemente evoluídos que são. Ambos pertenceram já aos templos de Elêusis e ali exerceram função quase sacerdotal, aliados ao inolvidável Joel Sarajevo, da mesma hierarquia espiritual.

"Sereis auxiliado, em todas as situações. Não vos descuideis dessas reuniões, para que todos tenham oportunidade de receber, a flux, bênçãos e proteção valiosas. Espinhosa é a vossa incumbência; mas o trabalho é a lei que rege o Universo, que nos proporciona o exemplo insofismável de incessante atividade. Portanto, os que têm a centelha divina, não podem deixar de imitá-lo e ao próprio Criador, que não repousa um átomo de tempo no transcurso dos milênios."

– Agradeço-te quanto acabaste de me dizer, Dioneia, minha filha.

– Vou partir, agora, Márcio Taciano, lembrando-vos, ainda uma vez, os encargos da administração e governo deste castelo. Perdestes o outro, mal adquirido por vossos ancestrais, dando origem a rancores remotos, cujas consequências verificastes em Sertório Galeno, cuja odiosidade teve origem nos séculos transcorridos. Deveis fazer preces em benefício daquele irmão delinquente, para que arrefeçam os ódios que nutriu por vós e vossos parentes. Que Deus vos ampare e inspire sempre, Márcio Taciano!

Bruscamente, despertou o ancião, ficando-lhe na mente a síntese de quanto ouvira da inesquecível Dioneia.

Algumas de suas palavras haviam-lhe ficado nítidas e indeléveis na reminiscência subconsciente.

No dia que se seguiu àquele inolvidável sonho nítido, durante o qual palestrara com Dioneia, Márcio procurou o esconderijo, então ignorado por ele, existente no subterrâneo do Solar, e encontrou, realmente, uma urna de grandes proporções e repleta de considerável tesouro em joias, moedas e outras preciosidades. Então, por escrúpulo, chamou os dois jovens netos, mostrou-lhes os bens, e, avaliado o que se encontrava no erário secreto, combinaram guardar segredo, para evitar a cobiça, os instintos perversos dos ambiciosos. Muito os tranquilizou a descoberta do valioso tesouro que os punha a salvo de qualquer dificuldade pecuniária durante aquela existência, além de ensejar a prática de atos de altruísmo.

Márcio Taciano disse a ambos, com emoção:

– Meus filhinhos, desejo que vivam sempre fraternalmente neste solar, unidos pela mais estreita comunhão de bens e de ideais dignificadores, prosseguindo a missão da nobre criatura que se chamou Dioneia!

– Sim, avozinho – disse Ismael, comovido – havemos de nos esforçar por bem cumprir nossos deveres.

Márcio fitou-o com ternura, e, por momentos, pareceu-lhe haver retrocedido à época em que vira Marcelo adolescente, pois Ismael teve então o mesmo timbre de voz e a mesma expressão que caracterizavam o filho assassinado.

– Jesus vos abençoe e a todos os vossos bons pensamentos – murmurou Márcio, abraçando os dois jovens.

Durante alguns meses, Márcio Taciano aplicou-se exclusivamente à organização dos serviços gerais, aceitando alvitres de alguns, atendendo às solicitações de outros, agindo com verdadeiro tino administrativo. Disseminou, mais amplamente, a instrução primária, não só para as crianças, mas também para os adultos, e, finalmente, restabeleceu o que tanto agradava a Dioneia, quando se encontrava no plano terreno: as preces em conjunto.

Certo dia, pela manhã, Ismael falou ao avô:

– Hoje, se estivesse vivo, Cláudio marcaria mais um aniversário. Vamos fazer preces em seu benefício!

– Esse interesse de orar pelo infortunado Cláudio – respondeu o ancião – comprova que teu espírito já se reconciliou plenamente com o dele, por inspiração cristã. Desta forma deverás proceder sempre, no decorrer desta existência.

Assim se sucediam os dias no alcáçar, suavemente, ocupados todos em misteres condignos. Aos domingos, ao entardecer, congregavam-se no salão instalado no andar térreo, iluminado suficientemente por lâmpadas de nafta, em reuniões dirigidas por Márcio Taciano e Rogério César, um dos professores contratados por Dioneia, e que era verdadeiramente inspirado por entidades extraterrenas.

Certa vez, quando já se achavam todos reunidos, uma camponesa, muito entristecida, recordando a data da morte de uma filha, começou a chorar.

– Que loucura, lamentar a morte! – falou um campônio que se encontrava com os olhos fechados, em atitude de prece. – A morte, para mim, foi a liberdade, a isenção de todas as dores e apreensões que afligem as criaturas humanas, quando aprisionadas na matéria, cárcere de carne e ossos.

Márcio, que o escutara, respondeu-lhe:

– Louvo muito o vosso desprendimento do domínio da matéria, meu amigo; mas nem todos os que partem para o plano imaterial podem fruir a mesma serenidade espiritual, que só é facultada aos que cumpriram as tarefas planetárias, sempre honestos, piedosos, austeros no exercício de todos os labores, nunca prejudicando o seu semelhante. Os que assim ainda não procedem, forçosamente terão que sofrer mais intensamente do que quando se encontravam na Terra. É preciso, então, o reingresso dos faltosos no mundo das trevas, a fim de que possam trabalhar para a remissão de todos os delitos, no plano material, na era dolorosa e bendita das reparações.

Nesse momento um campônio caiu ao solo, murmurando, comovidamente:

– Oh! cegueira que tanto me angustia!

"Mergulhado, como me encontro, nas trevas aterradoras, meu suplício ainda mais penoso se torna agora porque meus ouvidos não escutam a voz divinal e acalentadora de minha saudosa e inesquecível Dioneia. Minha desdita, após a morte que tanto almejava, agravou-se assim.

"Por que, querida Dioneia, tu que tanto bem fazes e pregas, não me retiras deste abismo de trevas... em que me asfixiam e flagelam? Queria vê-la! Queria extasiar minha alma... contemplando-a com a figura sideral!".

Houve um momentâneo silêncio, apenas quebrado pelos soluços do campônio, que, então, interpretava os pensamentos do ex-senhor do Solar da Galileia, que murmurou:
— Ouço uma voz angélica que diz: "Abençoemos as próprias trevas, pois de imersos nelas é que sairemos para as luzes da remissão!"
— Tu te iludes, Cláudio! — respondeu a entidade pela voz de Rogério. — Está sendo experimentado o teu valor moral. Lúcio e Ismael vão vibrar nas harpas uma prece sonora, e todos os irmãos presentes irradiarão espiritualmente em teu benefício que, mais do que nos olhos, tens a treva no próprio espírito.

Suavíssimo arpejo repercutiu no recinto. Todas as almas ali congregadas, em uníssono, vibraram em favor de Cláudio Solano, que, incorporado em um honesto campônio, o levou a prosternar-se, enquanto de seus olhos jorravam lágrimas e dos lábios esmaecidos se evolou humílimo rogo:
— Deus! Deus misericordioso e bom, graças porque me proporcionastes, novamente neste instante inolvidável, um clarão interior que me faz desvendar todos os rostos dos que aqui se encontram. Jamais a luz me pareceu tão bela! Vossas preces cristãs acabam de penetrar-me o recesso da alma; quero, por isso, doravante compartilhar de vossos trabalhos fraternos. Graças sejam rendidas ao Pai celestial que acaba de restituir-me a visão! Posso, enfim, ver! Jamais compreendereis o suplício de um cego, ao perceber que a natureza maravilhosa desapareceu como que sob o efeito de um eclipse eterno! Imploro perdão a todos quantos prejudiquei outrora, quando, envaidecido com os

tesouros que julgava meus... e hoje já não me pertencem... fui arrastado pela ânsia de ser feliz, amado, triunfante em tudo. Perdoai-me, pois, todos quantos prejudiquei, todos a quem ofendi...

Falou novamente a mesma entidade que se manifestava por intermédio de Rogério:

– Não posso desvendar, mais claramente, os desígnios divinos. Vamos, agora, concluir o que desejas, meu irmão: espera-te, hoje, uma confortadora surpresa. Reverás páginas imortais da natureza, ao lado de um dos mais dedicados amigos que tens tido no percurso do teu já milenário passado, Joel Sarajevo... Além de Joel, terás outro emissário celeste, o que te segue e já te amparou do berço ao túmulo, há séculos, e com eles poderás deslumbrar os olhos, após longo período tenebroso, com os domínios siderais. Vamos, pois, terminar esta reunião cristã, com a prece que vou transmitir aos assistentes, que a repetirão ao Divino Mestre – Jesus.

"Deus, Juiz Supremo de todas as consciências, Pai Compassivo e Misericordioso. Soberano de tudo quanto existe no Universo ilimitado, aqui tendes, com as almas prosternadas e contritas, humílimos filhos vossos, que só têm um objetivo a culminar: a *Redenção* de nossas almas, que muito carecem de vossa incomparável proteção! Abençoai todos quantos se acham aqui congregados, incrustando em todas as almas presentes o símbolo da cristandade – uma cruz – simbolizando a fé, a resignação e o sacrifício nos instantes de provas remissoras, confiança ilimitada em vossos desígnios, suportando-a heroicamente, em nossos ombros frágeis, tal qual Jesus o fez, até que possamos depô-la no calvário bendito da salvação de todos os seres, para que tal fé não seja obscurecida pelo fanatismo, e sim se torne consciente, alicerçada nas Leis sacrossantas que tão bem se fundem no 'Amai-vos uns aos outros', preceito de harmonia, de sentimento altruístico.

"O amor é um excelso sentimento, quando não contém um átomo sequer de egoísmo, de servilismo, de prepotência, e, por isso, mais se sublima quando se assemelha ao de Jesus: a piedade, que é o amor – luz, sem exigir recompensas, consagrada a todos, indistintamente, sem resquícios de domínio, transformada em compaixão pelos que sofrem na alma e na matéria; não é o sentimento impulsivo de escravidão nefasta sobre outro ser humano, cortando-lhe até a liberdade de pensamento! Esse afeto não é jamais condenado pelo Árbitro supremo, porque se transforma, no decorrer dos séculos, em sentimento impoluto. É ele semelhante à lagarta que se arrasta pelos caules das árvores, e mais tarde, metamorfoseada em falena sutil e alada, ascende aos ares, qual flor viva. Não há sobre a Terra outro paralelo mais exato da maravilhosa transformação de um ser material, que pode deixar o pó do solo e voar pelo espaço! Espero, pois, Cláudio, que substituas o amor senhoril, egoístico e exclusivo, pelo que só desabrocha no coração dos que estão atraídos pelos fulgores celestes, pelas harmonias siderais e pelo amor ao próximo!".

O intermediário de Cláudio começou a soluçar, emocionando todos os assistentes daquela reunião cristã.

– Apesar de tudo quanto desejo renunciar, para salvação de minha alma, será para mim o maior dos suplícios a separação daquela que continuo a amar sobre todas as criaturas humanas! – murmurou o intérprete de Solano.

– É mister que transformes o amor da criatura pelo do Criador, a fim de que seja real o teu arrependimento, Cláudio! É mister que te eleves moralmente, e consigas veemente e alentadora fé nos desígnios supremos!

– A fé será para mim a renúncia de todas as felicidades terrenas, crendo apenas nas venturas celestes, longínquas, conquistadas nos transcursos dos milênios!

– Sim; mas essa é a mais integral de todas as venturas humanas, porque norteia a alma para Deus e não a desvia do bom caminho.

– Deve ser Dioneia quem fala; mas, por isso mesmo, todo o meu pesar é saber que ela pode partir novamente, deixando-me em penumbra, por tempo indeterminado...

Todos os presentes escutaram, sensibilizados, as palavras que, dir-se-ia, tinham sido proferidas pelo próprio Cláudio Solano, sempre hesitante, meio contraditório, trabalhando pela dúvida e por pensamentos sombrios e eivados de egoísmo apaixonado.

– Vais receber uma prova magna da excelsitude divina, desditoso irmão! – falou Rogério, intérprete de Dioneia. – Vou partir; mas serás amparado e norteado por um fúlgido Emissário, e com ele poderás ser transportado ao Infinito e aprender que o amor predominante deve ser parecido ao de Jesus, transformado em fraternidade, isento de retribuição, de partilha ou de interesses. Se te conservares insensível ao magno cicerone celeste que te vai seguir através do Espaço insondável, prolongar-se-á a nossa separação, talvez por muitos decênios.

– Não! não! não! – murmurou a entidade manifestante pelo campônio. – Quero tudo sofrer e cumprir, as mais torturantes de todas as punições, menos a cegueira e a tua ausência indefinida!

Ajoelhando-se, bruscamente, com os braços elevados, o camponês, interpretando os pensamentos de Cláudio Solano, exclamou, quase soluçante:

– Perdão, perdão, meu amigo, meu inesquecível Marcelo! Quero que me perdoes, donde estiveres, e espero que te compadeças de meus acerbos padecimentos! Apavora-me o ser cego.

– Estás perdoado, Cláudio, meu amigo! – murmurou alguém, com voz emocionada e grave, dentre os assistentes.

Todos voltaram o olhar surpreso para quem pronunciara as inesperadas e comovedoras expressões cristãs, e ficaram perplexos, ante Ismael, hirto, lívido, com o indicador da mão direita erguido para o Alto.

Márcio Taciano, entre todos os que ali se achavam, era o mais comovido, tinha lágrimas ardentes nas faces esmaecidas, murmurando:

– Nós te perdoamos, Cláudio Solano.

Mal foram pronunciadas estas palavras, todos os presentes, sob o influxo de muitas entidades tutelares, que, embora invisíveis, ali estavam, prosternaram-se, quase que de um só impulso, e Rogério disse, com suavidade:

– Vibrai uma prece sonora, irmãos, em agradecimento às graças que vos foram concedidas, e em intenção dos sofredores que se encontram neste recinto!

Foram estas as últimas expressões do intangível ser que se manifestara por intermédio do já referido educador. De repente, cortou os ares uma vibração inolvidável:

– Luz! luz! Eu estou enxergando todos, todos! Deus é misericordioso, e patenteou-me sua magnanimidade, restituindo-me a visão! Acabo de distinguir Dioneia! Quanto está formosa e distanciada de mim. Luz! Já não me sinto maldito!

Após momentâneo silêncio, Lúcio e Ismael começaram a dedilhar as harpas, em conjunto harmonioso, modulando uma verdadeira prece de sons dulcíssimos, que a todos emocionou.

– Esta reunião – murmurou Márcio, ainda sensibilizado – jamais sairá de minha mente.

– Hei de ter saudade do que se passou neste recinto, avozinho, pois julgo haver reconhecido a voz bendita daquela que Deus me concedeu por mãe! – falou Lúcio.

– Meus filhinhos, mais tarde, quando estiverdes em pleno desenvolvimento mental, eu vos direi o que ouvi e entendi. A vida humana tem enigmas, que somente Deus poderá solucionar lucidamente. A reunião desta noite foi a mais longa e inesquecível de todas as que aqui se têm realizado. Vamos, porém, repousar agora, pois já está prestes a alvorecer.

⁂

Enquanto aqueles três seres ligados pelos elos da mais estreita afeição palestravam na intimidade de um amplo dormitório, nas sombras que rodeavam o hemisfério oriental àquela hora tardia, enorme falange de entidades invisíveis se aglomerava em redor de um fúlgido emissário sideral.

– Estamos ansiosos por novas lutas! – diziam quase todos os seres de cores sombrias, contrastando com a radiosidade do que parecia chefiar aquela falange espiritual.

– Meus irmãos – respondeu o Mensageiro divino –, podeis ficar com os espíritos serenos e confiantes na Justiça e na proteção do divino Pai, pois quase todos os que aqui se congregam estão sob minha responsabilidade, e, sendo ovelhas de Jesus, posso repetir as palavras memoráveis do Mestre: "Pai, das ovelhas que me destes – nenhuma se perderá no carreiro do mal!".

Após estas palavras, o lúcido emissário sideral, voltando-se para Cláudio, que se achava em atitude humilde e deprimida, ao reconhecer em alguns dos circunstantes serviçais seus e companheiros de jornada, já com a aparência de seres evoluídos, envoltos em túnicas alvinitentes e em situação superior à sua, falou-lhe:

– Ainda não me reconheceste, Cláudio Solano?

– Essa voz... sim... essa voz... lembra a de Joel Sarajevo! És tu, meu amigo, que estás a meu lado?

– Acertaste, irmão! Apenas reconheceste a minha voz?

– Não! Agora... mais do que a tua voz harmoniosa que me penetrou no íntimo da alma, em momentos de dores irreprimíveis, recordo-me plenamente de teu aspecto, que, por vezes, vislumbrei fugazmente, tal o fulgor do espírito radioso que teu corpo material mantinha sobre a Terra. És belo qual eu te idealizava... Compadece-te deste desgraçado, que, tendo possuído tesouros incalculáveis, hoje se vê despojado de tudo, sem amigos, longe da companheira de existência, e, neste instante, tem a impressão de haver recebido, por dádiva celeste, uma graça inestimável com a tua presença, Joel!

– Tudo compreendeste, amigo, que doravante assim te tratarei fraternalmente. A inapreciável opulência que pode ser transportada ao plano espiritual, não se acha encerrada nas arcas, nem edificada nos cimos das serras. Existe, sim, dentro da própria alma – escrínio divino – e constitui um eterno tesouro, que a ferrugem do tempo jamais destruirá: é a Virtude.

– Bem reconheço em ti o mesmo que, embora com vestes modestas, tinha arroubos de fé e expressões que penetravam o meu íntimo, qual réstias de Sol em calabouço sombrio... Tu e Dioneia fostes os mais excelsos seres humanos que conheci na penumbra dessa finda existência, tão fértil em dores e em pesares inconsoláveis!

– Inconsoláveis, irmão? Não temas nova invasão de trevas, desde que tenhas na mente esta aspiração: jamais transgredir as Leis supremas.

– Obrigado, meu amigo, por tuas expressões confortadoras! Tu, porém, que já és digno discípulo de Jesus, não poderás levar-me, agora, para onde se acha a adorada Dioneia? Sofro, intensamente, longe daquele ser divinizado.

– Não te lamentes mais, caro irmão! Sofre com resignação as provas imprescindíveis à depuração de tua alma de revoltado e delinquente!

– Joel, meu amigo, não me condenes, nem me abandones jamais! Leva-me à querida Dioneia! Suplico-te essa concessão, que me fará ditoso!

– Há muito que eu me encontrava ao teu lado, sem que me houvesses percebido, Cláudio! Estamos aliados, eternamente, para a campanha do bem e da virtude; mas tens de obedecer, sem rebeldias, às Leis Divinas. Vou ser leal contigo: não estás em condições psíquicas de ingressar no orbe sideral onde se encontra Dioneia, digo, a radiosa Lucídia!

– Quão profunda é a minha amargura, ao reconhecer, pelo que me dizes, a infinita dessemelhança de nossas almas; luz e treva não se associam.

– E te consideras infortunado, porque aquela a quem consagras real afeição está em região digna dos seus predicados morais e psíquicos?

– Não lamento a sua felicidade, e sim a nossa separação, talvez secular!

– Será o desejo ardente de vê-la a teu lado, o motivo primordial de teus esforços para o triunfo de tuas imperfeições? Ouve uma observação fraterna: o desejo predominante da alma deve ser o da aquisição de todas as virtudes e do perdão celestial. Tens estado muito afastado de Deus, que nos prodigaliza a imortalidade, a vida ilimitada para a conquista das mais excelsas venturas imateriais.

– Obrigado pelo fraterno esclarecimento, Joel! Reconheço a magnanimidade do Pai celestial, com a tua presença, pois, se me apartei da querida Dioneia, Ele me concedeu o desvelado e iluminado amigo que encontrei à beira do abismo do mais intenso sofrimento, estendendo-me a radiosa mão para não me arrojar à ardente cratera do suicídio.

– Ainda bem que reconheces a clemência divina.

– Sou ainda muito imperfeito, amigo Joel; mas imploro a tua benevolência e a tua compaixão. Desejo também que me elucides uma dúvida: onde se encontram os que foram meus pais? Onde estão Gelcira, Apeles, Túlio Isócrates? Quero abraçá-los, com a alma repleta de gratidão!

– A prova máxima de reconhecimento, Cláudio, melhor do que um amplexo, deve ser manifestada por uma prece sincera.

Os primeiros albores matinais fulgiram no Oriente, inundando tudo de radiosidades indefiníveis.

Na noite que precedeu a esse amanhecer, após a sua presença no Solar da Galileia, a entidade que em vida teve o nome de Joel Sarajevo, dirigindo-se a Cláudio e a outros desencarnados, ávidos de progredir, assim falou:

– Vamos peregrinar por longínquas paragens siderais, a fim de que se gravem bem em todos vós as grandes lições do cosmo ou da natureza. Observai onde está a superioridade do ser pensante: não se localiza nas vestes luxuosas nem nas regalias, e sim no recôndito de cada criatura. Partamos, pois.

"A força que detém na Terra os corpos tangíveis, e os espíritos delinquentes, deixa de existir para os redimidos e para os que se acham em santificantes excursões, proveitosas às almas que aspiram a acelerar o progresso moral, pois, as que já triunfaram de todas as expiações remissoras, não se acorrentam mais com a atração magnética deste orbe, podendo alçar-se ao Espaço constelado, onde lhes aprouver, sendo anulada para elas as atrações do mal, que retêm os delituosos ao solo como se fossem penedos dentro de um revolto oceano, o intérmino pélago das paixões malsãs, dos crimes e da falta de cumprimento dos deveres cristãos! Os Espíritos sem virtudes cristãs, impuros, egoístas, perversos, estão imantados ao planeta da dor e das purificações excruciantes, quais os bergantins ancorados nos portos marítimos e amarrados por inquebrantáveis cabos, e só podem transitar na atmosfera terrestre, como se fossem aves de limitadas forças, e só lhes é permitido o voo rasteiro, próximo ao solo. Só conseguem ascender às regiões siderais, como sucede agora a muitos, quando impulsionados apenas pela força motriz do pensamento dos agentes celestes que, momentaneamente, o fazem com um objetivo humanitário e meritório.

"Ides perceber as minhas palavras, dentro de poucos instantes. Os Espíritos dos seres materializados pelo domínio das paixões nefastas, sem diafaneidade, não podem invadir os orbes superiores, destinados aos libertos de todos os erros e rebeldias; de igual modo que os habitantes de um continente não conseguem transportar-se a outro, sem elementos apropriados, sob o impulso exclusivo da vontade, em uma frágil galera, pois seria arriscada a trajetória, sujeitando-a a naufrágio iminente. Na Humanidade, selecionada por diversas raças e distintos caracteres inconfundíveis, estas raças raramente se aliam e ainda patenteiam os defeitos ou as nobres qualidades de cada agrupamento. Os habitantes do Norte não têm os característicos físicos dos da região meridional. Cada agrupamento fica em sua esfera, e somente com a evolução espiritual de todos os seres humanos haverá igualdade de condições individuais ou coletivas, de meios de subsistência e de ações voluntárias. Ora, os Espíritos de todas essas criaturas podem renascer onde houver carência, conforme o mérito ou o demérito de cada ente humano, que, quanto mais evoluído for, menos egoísta se manifesta, sem amor excessivo a determinada região terrena, à qual se sente aprisionado apenas pelas recordações da família, dos seres amados, e, portanto, idolatrando sua pátria, não menospreza a de outro companheiro de romagens planetárias. É uma prova de crueldade querer alguém trucidar um irmão, porque este nasceu além ou aquém de uma serra, de um rio, ou de um mar, quando o supremo fator do Universo nos concede o excelso exemplo de coesão de todo o planeta, acendendo a mesma lâmpada, uma para o dia, o Sol, que a todas as nações ilumina, e outra à noite, igualmente formosa, a Lua.

"Irmãos, tudo demonstra que a Humanidade, embora selecionada por diversidades raciais e culturais, marcha para um único objetivo: a fraternidade; mas, para tal conquistar cabalmente, os milênios escoarão... Por quê? Porque o progresso individual deve ser atingido penosamente, através de lutas e esforços ingentes! Não é possível, por enquanto, igualar, por exemplo, a cultura de um indivíduo da raça grega com a de um hotentote inculto, nem nivelar Platão a um selvagem das mais afastadas regiões do planeta terráqueo, pois o tirocínio espiritual e intelectual de uns não pode ser posto em promiscuidade ou confronto com o de outros. Assim acontece aos Espíritos: celerados, antropófagos ou corruptos não podem fruir a mesma regalia, no Plano Espiritual, de Jesus. A diferença é sensível e inconfundível. O lastro dos crimes retém os desencarnados nas trevas planetárias, enquanto que a prática das virtudes e da benemerência, aliada à cultura psíquica e à abnegação, aprimora os seres humanos, outorgando-lhes culminâncias e primazias espirituais que os tornam detentores dos galardões divinos.

"Assim como há diversidades raciais, apresentando à análise científica tipos tão dessemelhantes, na conformação óssea, coloração da epiderme, dos olhos, dos cabelos, também existem quase que infinitas gradações espirituais, desde o ser animalizado, embrutecido, com impulsos tigrinos e instintos sanguinários, até o mais puro, alvinitente, fúlgido, com aparência astral. Os Espíritos imperfeitos, os que têm graves delitos a remir, não merecem ampla liberdade, da qual poderiam fazer uso lamentável, e não têm permissão para ascender ao Espaço ilimitado, exclusivamente sulcado pelas caravelas celestes ou astrais, o qual só deve ser transposto pelas águias siderais. Poderá um galináceo cindir a amplidão etérea, qual águia real? Não! há uma linha divisória para o surto das almas libertas da matéria, e, só em casos excepcionais, tal o que sucede neste instante, sob a responsabilidade de um redimido, culminando um objetivo moral e instrutivo, poderá ser transposta. Eis a verdade."

Após este exórdio, imperfeitamente reproduzido, o radioso mentor de Cláudio Solano e de outros Espíritos em igualdade de condições, seguido de outras pulcras entidades de igual hierarquia espiritual, com a aparência de estrelas humanizadas, prendendo as diáfanas mãos às dos que iam receber inesquecíveis elucidações em pleno Espaço constelado, partiram velozmente para as regiões siderais.

– Observai, irmãos – disse Joel aos companheiros de jornada etérea –, como ainda sentis a atração do sombrio planeta que deixamos por momentos!

– É verdade – murmurou Cláudio –, tenho a sensação de que, se me deixardes livre, tombarei no vácuo.

– O vácuo, propriamente, não existe na Criação, amigo! – respondeu-lhe Joel. – O que todos supõem vazio está preenchido pela atmosfera nos arredores deste planeta, e pelo éter interplanetário, desde que a região esteja afastada de qualquer orbe material. Avalio, porém, quão penosa é a tua impressão, Cláudio, igual à de todos quantos se erguem acima do horizonte terráqueo antes que termine a atração existente para todos os seres que não são alados, o que não sucede mais quando finda o lastro dos delitos e o das ações condenáveis. Justamente esse temor é que inibe os seres materializados de se distanciarem da Terra. A alma humana está chumbada ao solo – em cuja superfície transgrediu as Leis Divinas e sociais; mas perde a força centrípeta desde o resgate de todos os débitos, tornando-se, desde então, imponderável, etérea, sideral. De igual maneira que os encarcerados não têm permissão para se ausentarem da masmorra, senão em condições excepcionais, os calcetas divinos também não possuem o livre-arbítrio ilimitado, não podendo evadir-se do cárcere terreno, quando lhes apetece.

– Meu querido mentor – murmurou Cláudio, com entonação indefinível, predominando tristeza infinita –, neste momento em que vejo fugir a Terra, na qual tanto padeci, invade-me a alma incontida saudade do próprio sofrimento e da região onde me angustiei. Quanto desejo, após nossa maravilhosa excursão sideral, rever o Solar da Galileia, onde me prendem dolorosas e felizes recordações.

— Essas expressões de teus sentimentos, amigo e irmão, muito dignificam o teu Espírito, patenteando que o egoísmo que o ensombrava já foi dissolvido, sabendo amar a própria dor. Os ideais que desabrocham em teu íntimo são nobres e merecem incentivo.

— Obrigado! Sinto que não serei mais capaz de humilhar quem quer que seja, nem aniquilar uma vida.

— Louvo teus sentimentos, prezado irmão. Agora, porém, admira o que nos rodeia: o esplendor da ilimitada Criação!

Atônito, perplexo, fascinado, Cláudio Solano, com a impressão de ser arrojado a inefável abismo, fixou o olhar alucinado em torno, murmurando, timidamente:

— Parece-me que, depois da prova acerba da cegueira... o excesso de radiosidade enlouquece, Joel!

— Essa a sensação de todos os seres que, pela vez primeira, se encontram na amplidão sidérea, onde se acham todos os corpos celestes, Cláudio! No entanto, o homem que se rasteja pelo pó também é um dos habitantes do Espaço, um ser celestial, pois a Terra, a exemplo de todos os outros planetas, está bailando no intangível, na atmosfera que, vista ao longe, observada com a curva que caracteriza a cúpula do globo terráqueo, todos denominam Céu (onde nos encontramos agora)...

Houve, após estas palavras, um prolongado silêncio; o deslumbrante aspecto da Criação empolgou os peregrinos siderais.

A Terra, vista do Espaço, tinha a aparência de uma estrela veloz, fendida ao centro, contrastando uma parte iluminada pelo fulgor intenso do Sol e a outra sombria, trevosa, onde reinava a noite, parecendo que um manto negro e vaporoso envolvera a fronte luminosa de uma divina Salomé – a inesquecível dançarina de Herodes, já metamorfoseada em deusa resplandecente.

O movimento observado por Cláudio, em tudo o que sua visão alcançara, dotado, então, de uma faculdade perceptiva indescritível, como se a luz, recalcada durante a cegueira, houvesse aumentado, naqueles instantes de infiltração radiosa, decuplicada por um poder extra-humano, ofuscava deslumbrantemente. Distinguiu, então, a incalculável altura do orbe terrestre, a infinidade dos sistemas planetários, a rotação e a transladação dos corpos astrais ciclópicos! As estrelas distinguiam-se dos planetas pelo fulgor contínuo e intenso, irradiado de toda a superfície, quais crisântemos de luz guarnecendo a maravilha do Espaço, cujo limite era impossível atingir pelo olhar.

– Joel, por que me trouxeste tão alto, para melhor perceber a minha dolorosa miserabilidade? Quem sou eu, senão um átomo de areia em confronto com a vastidão deste oceano etéreo e portentoso que nos circunda?

– Sim, irmão Cláudio, somos realmente átomos do fator supremo do Universo; mas, também, herdeiros do Onipotente, desse Criador. Viste apenas o limiar do Infinito. O Pai Celestial, e nisto consiste o seu incomparável perdão: galardoa os delinquentes, os transgressores, após cumprirem todos os seus árduos deveres, todas as

penalidades imprescindíveis à remissão das transgressões. É o que sucede à lúcida irmã Dioneia, hoje Lucídia!
– Dioneia é integralmente ditosa no orbe dos redimidos? Onde se encontra, Joel? – interpelou Cláudio.
– Não, amigo, porque se recorda, com indizível emoção, de todos os seres queridos que se acham imersos na penumbra planetária, e sofre com a separação dos que são caros à sua alma luminosa! Desejando vê-los com frequência, embora desfrute inexprimível conforto, percebe, através das distâncias interplanetárias, suas lágrimas e seus pesares, e acelera sua descida até eles, para lhes inspirar resoluções e pensamentos dignificadores!
– Como podeis elucidar esse fenômeno? – indagou um dos componentes do grupo.
– Irmãos, esse fenômeno por muito tempo ainda ficará sem solução no orbe sombrio de onde partimos há momentos: os Espíritos despojados da matéria concreta têm um grau de percepção que não se pode explicar, dentro do vocabulário terrestre; não só as criaturas, mas também determinados minérios permitem encurtar as distâncias geográficas, possibilitando a transmissão, mútua, dos pensamentos e até da própria voz e das imagens.[38] Vejamos, porém, novamente a natureza – a epopeia divina; vejamo-la, com a alma em recolhimento, vibrando uma prece veemente, que expressará ao mesmo tempo admiração, assombro e reconhecimento ao Ente supremo – Deus!

---

[38] Nota da psicógrafa: Referência ao rádio e à televisão que, talvez, sejam utilizados, há milênios, nos orbes siderais. Não conterá o pensamento idêntica substância atuante dos referi dos aparelhos, que causam o assombro dos viventes?

Surpreendente espetáculo extasiou os peregrinos do Espaço: as deslumbrantes estrelas e os planetas, diversos no aspecto pela fulguração, rodopiavam quase todos silenciosamente, formando elipses e círculos impecáveis, como se estes tivessem sido traçados a giz de luz pelo inimitável Geômetra do Universo. Quando conseguirão os seres planetários idealizar e construir algum motor, em pleno movimento, em vertiginosa expansão giratória, sem ruído, sem uma vibração, qual águia celeste, ou esfera de plumas arrojada aos ares pela mão leve de uma criança?

Raios luminosos entrecruzavam-se, vapores incandescentes interpenetravam-se, tudo formando um conjunto estupendo, alucinante. Aos poucos, os peregrinos se aproximaram de um astro de inenarrável esplendor, com irradiações esmeraldinas, de onde evolava suavíssima harmonia, inebriando os que a escutavam.

Dirigindo-se a Cláudio, disse Joel:

– Este formoso Éden, que ora vemos, irmão, serve de guarida ao Espírito de Dioneia, da qual foste consócio em duas etapas terrenas, tendo sido ela quem, aos poucos, ergueu o nível moral de tua própria alma. Quero que graves, bem no recesso de tua mente, o local onde se encontra nossa irmã, para avivar em ti o desejo ardente de redenção, abreviar assim o suplício da separação (aliás aparente) de dois seres que já viveram mais de uma vez sob o mesmo teto. Gravai todos vós este portentoso espetáculo antes de regressarem ao Solar da Galileia.

– Mais alguns momentos – murmurou Cláudio, emocionado. – Quero conservar, indelevelmente, dentro de minha alma e por todo o sempre, o deslumbramento deste orbe divino.

— Todos os orbes são divinos, irmão; os mundos, porém, e assim os Espíritos, têm diferentes gradações: há os luminosos e os iluminados, os que servem de abrigo aos mais excelsos ou aos mais tétricos seres. É mister, agora, irmão, o nosso regresso ao planeta da lágrima, onde tendes a desempenhar tarefas espirituais. Os que nos viram alçar aos esplendores do firmamento, estão pensando serem vítimas de inqualificável injustiça.

— Como sabes, Joel, o que está ocorrendo no Solar da Galileia, que se acha a uma distância incalculável do local em que nos encontramos presentemente?

— Por uma faculdade perceptiva muito desenvolvida nos desmaterializados, de determinada hierarquia espiritual. Esses sentem a mais leve vibração atômica, o menor ruído, as sonoridades das preces; observam todos os sucessos do cosmo, as irradiações das almas em aflição. Por isso, quando alguém, em angústia, recorre a uma entidade radiosa, pode ser atendido, prontamente, às vezes, por diversos Mensageiros celestes, maravilhosos aparelhos psíquicos, transmissores maravilhosos.

"Não me é permitido, irmãos, satisfazer mais plenamente a aproximação de todos vós do local da harmonia que ouvimos; o livre-arbítrio é limitado; só os redimidos de todas as máculas têm ampla liberdade de locomoção, sendo-lhes permitido o ingresso voluntário onde lhes aprouver, não sucedendo o mesmo aos que ainda se acham em provas no labor do seu triunfo espiritual."

– Somos então – objetou um dos excursionistas etéreos –, coarctados em nossas aspirações, mesmo que não tenhamos intuito de prejudicar a quem quer que seja, Joel?

– A liberdade outorgada aos habitantes terrestres, irmão Estênio, é limitada, para coibir abusos e delitos lamentáveis, e isso constitui um dos acerbos pesares para as almas que têm ânsia de autonomia, que é sempre a derradeira conquista, o galardão supremo que os Espíritos alcançam! A liberdade ampla e incondicional é uma das mais ardentes aspirações do calceta planetário. A criatura pensante tem que tomar parte ativa em inúmeras refregas, purificando, lucificando a alma, sob as inspirações de seus radiosos mentores, de seus bondosos pais, seus mestres e das Leis Divinas e sociais, sempre desejando triunfar para a conquista da herança celeste: a isenção de provas, a felicidade e a remissão eternas.

"Não perdem, nunca, os que pelejam na Terra e nos planetas similares, os seus esforços, pois, após todas as lutas profícuas, plenamente resgatados todos os delitos, lucificam-se as almas afeitas ao cumprimento de todos os deveres – sociais e psíquicos, e, incapazes da prática do mal, inteiramente devotados ao bem e à virtude, despojam-se de todas as máculas, perdem a atração da matéria, e, então, conseguem ampla, máxima redenção, que é o galardão de todos os seus sacrifícios e sofrimentos, podendo ter ingresso em todos os mundos planetários e estelares, imperfeitos ou impecáveis, livres do látego da dor e aptos para a execução dos mais dignificantes empreendimentos!"

Por instantes, os peregrinos do Espaço permaneceram em silêncio, contemplando o núcleo resplandecente de um corpo astral cujo aspecto era o de uma turmalina verde incendiada, e de onde se evolavam as vibrações sonoras que ondulavam no éter, percebendo todos que os seres angelizados que nele se abrigavam estavam irradiando uma prece maravilhosa, e quantos desta compartilhavam eram verdadeiros instrumentos harmoniosos ou harpas humanas quintessenciadas.

– Quanto desejaria permanecer neste excelso local, perenemente! – exclamou Cláudio, fascinado pelos maravilhosos fulgores do referido astro.

– Se a tua aspiração se realizasse, caro irmão – respondeu Joel –, interceptado, por tempo indefinido, o teu progresso espiritual, ficarias em inércia condenável, sem evolução psíquica, que é o alvo a culminar em qualquer recanto do Universo onde estiverem as almas humanas! Necessitamos regressar ao planeta da dor, meus irmãos!

Inopinadamente, Cláudio percebeu que ele e seus companheiros de jornada sideral iniciavam vertiginosa descida através do Espaço constelado, tendo a sensação de que jamais terminaria aquela excursão portentosa, tão vasta lhe pareceu, embora fosse de incalculável velocidade a arremetida de seus mentores.

Cláudio, empolgado pelo movimento da descida, teve a sensação de estar sendo tragado por uma tromba marinha, ou sugado por um turbilhão apavorante, em plena região africana.

Quando compreendeu que ele, Cláudio Solano, e seus companheiros de peregrinação sideral já se aproximavam da Terra, emitiu prolongado soluço, até que sentiu a resistência do solo, onde reencontrou os mesmos que lá deixara, não sabendo avaliar por quanto tempo se havia ausentado daquele Solar.

Joel, esse luminoso Espírito, olhando-os, com meiguice, proferiu as seguintes palavras:

– Caros irmãos, rendam graças ao Pai por haver permitido conhecerem uma partícula da grandeza imensurável da Criação, através do rápido percurso que fizemos pelo Espaço em fora. Que o espetáculo, então desfrutado, sirva de incentivo para as lutas que todos temos de sustentar, a fim de usufruirmos a farta messe de bênçãos que Deus concede àqueles que sabem fazer uso da faculdade extraordinária, que se chama livre-arbítrio.

– E onde o nosso livre-arbítrio, Joel?

– Consiste no cumprimento integral de todos os deveres morais, psíquicos e sociais que facilitam a conquista da autonomia individual, da eterna libertação do cativeiro carnal e planetário, das provas árduas e das dores mortificantes – elucidou Joel. – Liberdade, pois, e redenção se fundem em uma só aspiração, e constituem o sumo galardão espiritual. Infelizmente no âmbito terreno as paixões humanas sobrepujam as ambições de amor divino. Eis por que os Espíritos, aqui, podem ser classificados em inúmeras categorias: neófitos ou ignorantes, perversos, arrependidos, conversos ao bem, redimidos, missionários, mentores espirituais, agentes siderais.

– Em qual dessas categorias estou eu classificado? – interrogou Cláudio, ansioso, a Joel Sarajevo.

– Arrependido e converso ao bem, Cláudio; mas necessitas comprovar o arrependimento. Vais ser aliado ao nobre Ismael, que reencarnou Marcelo, e precisas sacrificar tua vida em seu benefício, a fim de que possas remir o teu mais hediondo delito: o assassínio para te apoderares da sua ventura doméstica, da qual não podias compartilhar criminosamente!

– Quão difícil é para a alma sair vitoriosa! – exclamou Cláudio, com indizível amargura. – Porém, desde que me aproximei da região refulgente onde se acha a adorada Dioneia, pela ansiedade de conseguir aproximar-me dela, de conquistar o perdão divino, radical transição se operou em meu íntimo, dando-me a necessária energia para suportar todas as mortificações, a fim de que triunfe do mal e conquiste o perdão.

– Caro amigo, todas as lutas, quando enfrentadas com ânimo sereno, esforços ingentes, fé absoluta nos desígnios supremos, labor profícuo, abnegação, imolações remissoras, moral irrepreensível, levam à vitória em todas as batalhas, e o Espírito atinge o grau máximo da evolução psíquica.

Bendirás, então, as ásperas experiências do ser humano ou planetário.

– Ah! mentor amigo, sinto-me encorajado para a luta que me há de libertar dos grilhões do passado; saberei triunfar de todos os obstáculos, criados por mim mesmo, porque sei que Deus é Pai, justo e misericordioso; estou certo de que o imorredouro exemplo de Jesus há de avivar minhas forças e dar-me coragem nos momentos de dúvida e indecisão! Saberei lutar e vencer, por não ignorar que, pelo poder da prece humilde e sincera, terei o auxílio dos incomparáveis mentores invisíveis, sempre atentos à voz de Jesus!

– Sim, disse Dioneia, tudo conseguirás, tendo por futuro a ETERNIDADE!

ALMAS CRUCIFICADAS				
EDIÇÃO	IMPRESSÃO	ANO	TIRAGEM	FORMATO
1	1	1948	5.000	13x18
2	1	1976	10.000	13x18
3	1	1977	5.100	13x18
4	1	1982	5.100	13x18
5	1	1983	5.100	13x18
6	1	1987	10.200	13x18
7	1	1990	10.000	13x18
8	1	1993	5.000	13x18
9	1	1994	10.000	13x18
10	1	2000	5.000	13x18
11	1	2005	500	13x18
12	1	2006	1.000	13x18
EDIÇÃO	IMPRESSÃO	ANO	TIRAGEM	FORMATO
1	1	2007	10.000	14x21
1	2	2014	4.000	14x21
1	3	2020	100	14x21
1	POD*	2021	POD	14x21
1	IPT**	2022	100	14x21
1	IPT	2023	100	14x21
1	IPT	2024	80	14x21
1	IPT	2024	100	14x21
1	IPT	2024	150	14x21

*Impressão por demanda
**Impressão pequenas tiragens

CARIDADE: AMOR EM AÇÃO

Sede bons e caridosos: essa a chave que tendes em vossas mãos. Toda a eterna felicidade se contém nesse preceito: "Amai-vos uns aos outros". KARDEC, Allan. *O evangelho segundo o espiritismo*, cap. 13, it. 12.

A Federação Espírita Brasileira (FEB), em 20 de abril de 1890, iniciou sua *Assistência aos Necessitados* após sugestão de Polidoro Olavo de S. Thiago ao então presidente Francisco Dias da Cruz. Durante 87 anos, esse atendimento representava o trabalho de auxílio espiritual e material às pessoas que o buscavam na instituição. Em 1977, esse serviço passou a chamar-se Departamento de Assistência Social (DAS), cujas atividades assistenciais nunca se interromperam.

Desde então, a FEB, por seu DAS, desenvolve ações socioassistenciais de proteção básica às famílias em situação de vulnerabilidade e risco socioeconômico. Fortalece os vínculos familiares por meio de auxílio material e orientação moral-doutrinária com vistas à promoção social e crescimento espiritual de crianças, jovens, adultos e idosos.

Seu trabalho alcança centenas de famílias. Doa enxovais para recém-nascidos, oferece refeições, cestas de alimentos, cursos para jovens, serviços de convivência e fortalecimento de vínculos para idosos e organiza doações de itens que são recebidos na instituição e repassados a quem necessitar.

Essas atividades são organizadas pelas equipes do DAS e apoiadas com recursos financeiros da instituição, dos frequentadores da casa e por meio de doações recebidas, num grande exemplo de união e solidariedade.

Seja sócio contribuinte da FEB, adquira suas obras e estará colaborando com o seu Departamento de Assistência Social.

O EVANGELHO NO LAR

Quando o ensinamento do Mestre vibra entre quatro paredes de um templo doméstico, os pequeninos sacrifícios tecem a felicidade comum.[1]

Quando entendemos a importância do estudo do Evangelho de Jesus, como diretriz ao aprimoramento moral, compreendemos que o primeiro local para esse estudo e vivência de seus ensinos é o próprio lar.

É no reduto doméstico, assim como fazia Jesus, no lar que o acolhia, a casa de Pedro, que as primeiras lições do Evangelho devem ser lidas, sentidas e vivenciadas.

O espírita compreende que sua missão no mundo principia no reduto doméstico, em sua casa, por meio do estudo do Evangelho de Jesus no Lar.

Então, como fazer?

Converse com todos que residem com você sobre a importância desse estudo, para que, em família, possam compreender melhor os ensinamentos cristãos, a partir de um momento de união fraterna, que se desenvolverá de maneira harmônica e respeitosa. Explique que as reflexões conjuntas acerca do Evangelho permitirão manter o ambiente da casa espiritualmente saneado, por meio de sentimentos e pensamentos elevados, favorecendo a presença e a influência de Mensageiros do Bem; explique, também, que esse momento facilitará, em sua residência, a recepção do amparo espiritual, já que auxilia na manutenção de elevado padrão vibratório no ambiente e em cada um que ali vive.

Convide sua família, quem mora com você, para participar. Se mora sozinho, defina para você esse momento precioso de estudo e reflexões. Lembre-se de que, espiritualmente, sempre estamos acompanhados.

---

[1] XAVIER, Francisco Cândido. *Luz no lar*. Por Espíritos diversos. 12. ed., 7. imp. Brasília: FEB, 2018. Cap. 1.

Escolha, na semana, um dia e horário em que todos possam estar presentes.

O tempo médio para a realização do Evangelho no Lar costuma ser de trinta minutos.

As crianças são bem-vindas e, se houver visitantes em casa, eles também podem ser convidados a participar. Se não forem espíritas, apenas explique a eles a finalidade e importância daquele momento.

O seguinte roteiro pode ser utilizado como sugestão:

1. Preparação: Leitura de mensagem breve, sem comentários;
2. Início: Prece simples e espontânea;
3. Leitura: *O evangelho segundo o espiritismo* (um ou dois itens, por estudo, desde o prefácio);
4. Comentários: breves, com a participação dos presentes, evidenciando o ensino moral aplicado às situações do dia a dia;
5. Vibrações: pela fraternidade, paz e pelo equilíbrio entre os povos; pelos governantes; pela vivência do Evangelho de Jesus em todos os lares; pelo próprio lar...
6. Pedidos: por amigos, parentes, pessoas que estão necessitando de ajuda...
7. Encerramento: prece simples, sincera, agradecendo a Deus, a Jesus, aos amigos espirituais.

As seguintes obras podem ser utilizadas nesse momento tão especial:

- *O evangelho segundo o espiritismo*, como obra básica;
- *Caminho, verdade e vida; Pão nosso; Vinha de luz; Fonte viva; Agenda cristã.*

Esse momento no lar não se trata de reunião mediúnica e, portanto, qualquer ideia advinda pela via da intuição deve permanecer como comentário geral, a ser dito de maneira simples, no momento oportuno.

No estudo do Evangelho de Jesus no Lar, a fé e a perseverança são diretrizes ao aprimoramento moral de todos os envolvidos.

FEB editora
Livro espírita para um novo mundo
www.febeditora.com.br
@febeditoraoficial
@febeditora

Conselho Editorial:
Carlos Roberto Campetti
Cirne Ferreira de Araújo
Evandro Noleto Bezerra
Geraldo Campetti Sobrinho – Coord. Editorial
Jorge Godinho Barreto Nery – Presidente
Maria de Lourdes Pereira de Oliveira
Miriam Lúcia Herrera Masotti Dusi

Produção Editorial:
Elizabete de Jesus Moreira

Revisão:
Elizabete de Jesus Moreira

Capa:
Thiago Pereira Campos

Projeto Gráfico:
Júlio Moreira

Diagramação:
Rones José Silvano de Lima – instagram.com/bookebooks_designer

Foto de Capa:
www.istockphoto.com / Dolas

Normalização Técnica:
Biblioteca de Obras Raras e Documentos Patrimoniais do Livro

Esta edição foi impressa no sistema de Impressão pequenas tiragens, em formato fechado de 140x210 mm e com mancha de 104x173 mm. Os papéis utilizados foram o Off white 80 g/m² para o miolo e o Cartão 250 g/m² para a capa. O texto principal foi composto em Minion 12,5/16,8 e os títulos em Requiem 38/39. Impresso no Brasil. *Presita en Brazilo.*